육조단경과 마음공부

육조단경과 마음공부

법상 지음

민족사

머리말

　필자를 포함하여 오랜 세월 불교를 공부한 많은 이들은 현재 불교계에서 실천되어지고 있는 온갖 기도방법, 수행법, 불교교리 공부, 경전공부 등 다양한 방식으로 불교를 공부해 왔을 것이다. 주로 처음에는 기복적인 기도를 하다가, 불교대학이나 경전강의를 들으며 혹은 불서를 통해 불교를 조금씩 알아가고, 점차적으로 조금 더 높은 수준의 수행법을 단계적으로 행한다. 주로 염불, 독경, 사경, 다라니 독송, 절 수행, 좌선, 위빠사나, 간화선 등을 열심히 실천한다.

　수행을 하다가 사람에 따라 때로는 소소한 경안輕安이나 기쁨, 고요와 삼매를 느끼기도 하고, 때로는 깊은 삼매를 체험하거나 신비체험을 통해 '아! 이 수행이 뭔가가 있기는 있구나!' 하고 직접 느끼면서 더욱 더 열심히 수행에 매진했을 수도 있다.

　물론 한 발 더 나아간 사람이라면 위빠사나를 본격적으로 공부해 보고자 미얀마나 남방불교 국가의 위빠사나 센터를 다녔을 수도 있고, 한국 전통의 간화선을 공부하고자 선방에 방부를 들이거나, 시민선방에 다니시는 분들도 계실 것이다. 어떤 분은 여기 기웃 저기 기웃대면서 조금씩 맛보기 체험을 해 본 뒤에 머리로 경전에서 배웠던 불교와 짜 맞춰 보면서 '이것이 불교구나' 하고 정리를 내린 분도 계시겠고, 또 어떤 분은 한두 가지 수행을 비교적 오랜 시간 꾸준히 정말 열심히 수행해 나가는 분들도 계실 것 같다.

하지만 이렇게 10년, 20년, 30년 혹은 그 이상 열심히 불교를 공부하고 수행을 해 왔어도 여전히 깨달음은 요원해 보인다. 아니, 아예 깨달음은 일찌감치 포기한 사람이 많다. 큰스님들도 어려운 깨달음을 어떻게 나 같은 근기 낮은 사람이 가능하겠나 하고 미리부터 좌절한다. 그렇게 열심히 수행을 했고, 물론 그 수행을 통해 어떤 분들은 삶이 많이 가벼워졌으며, 집착도 내려놓아 졌고, 이 정도만 해도 참 행복하다고 여기는 분들도 계실 것이다. 그런데 중요한 점은, 이런 분들이 모두 여전히 완전히 자신의 괴로움을 다 해결하지는 못했다는 점이다.

불교의 깨달음이라는 것은 어떤 거창한 별도의 이상 세계를 말하는 것이 아니다. 아주 단순하다. 4성제四聖諦로써 괴로움을 직시하고 괴로움의 원인을 깨달아 괴로움에서 벗어나는 것, 그것이 곧 불교이고, 불교의 깨달음이다.

그 오랜 세월의 공부와 수행으로 괴로움의 문제가 해결되었는가? 이제 삶에서 더 이상 아무런 문제도 없는가? 여기에 자신 있게 'Yes!'라고 답하지 못한다면 아직은 공부의 길에 있는 사람이지, 공부를 끝마친 사람은 아니다.

필자 또한 이상에서 말한 것처럼 오랜 세월 불교 공부와 수행을, 아마도 국내외에서 알려진 어지간한 수행은 다 해 보았다고 해도 과언이 아닐 정도로, 심지어는 외국에서 유행하는 최신의 명상 기법이나 심리 치유 같은 것들조차 안 해 본 것이 없을 정도로 조금씩은 다 기웃거려 보았다. 필자가 아는 수많은 스님들, 수행자들 또한 사정은 비슷하다. 미얀마에서 몇 년 동안 공부하고 오신 스님도 계시고, 선방에서 수십 안거를 보내신 스님들도 계신다.

이런 수행자들의 공통적인 의문이 하나 있다. 이 공부는 도대체 언제쯤 끝나는 것인가? 과연 끝나기는 할까? 이렇게 공부하는 것이 과연 올바른 방법일까? 방법이 잘못된 것은 아닐까? 물론 여기 저기 수행처에서는 확신을 주려고 애쓴다. 이 공부만 하면 확실하게 깨달을 수 있다고 유혹한다. 그러다 보니 공부 과정에서 '그래 내가 찾던 것이 이거야' 하는 확신 같은 것이 들기도 하지만, 시간이 흐르고 나면 '역시 여기도 아니었군' 하고 절망하게 되기를 반복한다. 혹은 이 수행이 잘못된 것이 아니라, 자신이 공부를 열심히 안 한 탓으로 돌린다. 아마도 거의 이쪽이지 싶다. 대부분의 수행자들은 이 완벽한 공부를 본인이 부족한 탓에 여전히 끝내지 못하고 있다고 굳게 믿으며 자신을 탓한다. 그렇게 수십 년을 열심히 정진했음에도 불구하고.

'도대체 어느 정도까지 더 열심히 해야 한단 말인가? 무엇을 더 해야 한다는 거지?'

필자도 다른 분들과 마찬가지로, 이런 시간을 보내다가 만난 책이 바로 『육조단경六祖壇經』이다. 물론 예전에도 공부할 때 육조단경 한 번 쯤 안 본 사람이 어디 있으랴? 그러나 근자에 다시 만난 『육조단경』에서, 전에는 전혀 보지 못했던 놀라운 보배를 발견하게 되었다.

전에는 그냥 경전 상으로, 교리 상으로 그런가 보다 하고 아주 쉽게 넘어갔던 부분이, 앞서 설명했던 이런 지난한 과정을 겪으면서, 도대체 무엇이 문제인지를 근원에서부터 파고들어 가다 보니, 바로 이 지점, 『육조단경』에서 모든 의문이 대부분 해소되고 있음을 깨달았다. 『육조단경』이 나에게 또 우리 불자들 모두에게, 현재의 한국 불교에 무엇이 문제였는지를 명백하게 보여줄 뿐만 아니라, 어떻게 공부해야 하는지에 대해 역설적이게도 그 '길 없는 길'을 선명하게 보여주고 있다.

불교에 있어서 '오래된 미래'가 바로 『육조단경』이다.

오랜 시간을 돌고 돌아 다시 만난 『육조단경』은, 내가 그동안 읽어 왔던 수많은 불교와 명상 관련 서적들, 베스트셀러에 올랐다는 수많은 영성 서적들, 그 수없이 무릎을 탁 치게 만들었던 기가 막힌 책들, 그 현대적이고 세련된 감각으로 무장한 무수한 책들을 전부 가져다 버리게 만들었다. 말 그대로 『육조단경』 이후 나의 그 많던 서재의 책들은 거의 다 군법당에 기증되었다.

『육조단경』은 말 그대로 '오래된 미래'다. 한국 불교가 나아가야 할 명백한 미래가 바로 이 6조 혜능 스님의 가르침 속에 고스란히 담겨 있다. 그럼에도 우리는 두 눈 뻔히 뜨고 『육조단경』을 보면서도 진짜 『육조단경』을 보지 못했던 것은 아닐까. 『육조단경』이야말로 완전히 드러나 있지만 찾지 못했던 비밀이었다. 내게 『육조단경』은 그랬다.

6조 혜능 스님은 당시의 수많은 전통과 관습, 틀에 박힌 불교를 당신의 깨달음의 안목으로 과감하게 깨뜨려 버린다. 말 그대로 파사현정 破邪顯正으로 진리를 드러내신다. 다만 우리는 여전히 자기가 이해하는 불교, 자기가 받아들이는 수행, 자기만의 분별과 아상에 갇혀 있고, 그것이 옳다고 믿고 있기 때문에, 아직 그 금강보검으로 얻어맞을 준비가 안 되어 있다. 자기가 지금까지 배워 왔고, 옳다고 믿어 왔고, 불교계에서 전부 다 이것이 옳다고 너도 나도 모두 가르치고 있는데, 6조 혜능 스님만 다른 것을 말하고 있다면, 그것을 믿고 따를 수 있겠는가?

물론 『육조단경』을 절대시하거나, 이것만이 진리라고 말하고 싶은 마음은 없다. 그렇게 여긴다면 그 생각 자체가 전혀 『육조단경』과 어긋나는 생각이기 때문이다. 그러나 앞서서 언급했던 우리들의 오래고 지난했던 수행과 공부의 과정에도 불구하고 여전히 괴로움에서 벗어나지 못하고, 깨달음은 요원하기만 하다면, 무언가 문제가 있는 것은 아닌지 살펴볼 필요가 있다.

바로 그 답을 여기에서 찾을 수도 있으리라는 마음으로 『육조단경』을 살펴보면 어떨까? 왜냐고? 『육조단경』은 말 그대로 선禪의 교과서와도 같은 경전이기 때문이다. 수많은 참고서에서 헤매느라 참뜻을 모른다면 본래의 교과서로 돌아가야 하듯, 그간의 오랜 불교 공부를 내려놓고 초심으로 돌아가 『육조단경』이라는 근원의 텍스트를 다시 살펴보자.

조계종이라는 종단의 이름 또한 6조 혜능 스님께서 머무셨던 조계라는 지명을 따서 이름 지은 것이니, 조계종이 곧 6조 혜능 스님의 가르침, 즉 『육조단경』을 선양하는 종단이다. 종단의 정신적인 원천이 바로 『육조단경』이다. 『육조단경』은 정말 파격적이고 놀랍도록 우리의 고정관념을 끊어준다. '뭘 저렇게까지 할 필요가 있었을까' 싶을 정도로 깨야 할 것은 과감하게 도려낸다.

우리는 그동안 방편이라는 이름으로 너무 많은 것을 허용해 왔다. 방편이라는 이름 아래에서는 모든 것이 용납되었기에, 그것이 오랜 불교 역사를 흘러오면서, 이제는 방편과 본질이 뒤바뀌는 전도몽상의 우愚가

광범위하게 범해지고 있다. 너도 나도 방편이 진실이라고 굳게 믿고 있다. 이제는 어떤 선지식이 나와서 그것은 방편이었다고 아무리 법문을 해 주더라도 도저히 그 말을 믿지 못한다. 방편을 불교로 알면서 공부해 왔기에, 그것을 깨버리라고 하면 지금까지 공부해 온 나의 모든 것이 부정되는 것 같기 때문이다.

그래서 들고 나온 것이 『육조단경』이다. 이 경전을 진심으로 읽고자 한다면, 지금까지 공부해 왔던 모든 것들, 모든 방편들을 전부 다 스스로 부정할 준비가 되어 있어야 한다. 지금까지 '이것이 불교다'라고 알고 있던 모든 것들은 전부 다 방편이었다. '이거다' 싶은 모든 것은 전부 '아니올시다'다. '전부 다', '싹 다!' 말이다.

왜냐고? 말로 표현된 모든 것은 전부 다 방편이기 때문이다. 방편을 버려야지만 참된 것이 드러난다. 손가락을 놓아버려야 달이 보인다.

이 경전을 통해 무언가를 더 쌓으려고 하거나, 더 배우려고 하거나, 얻고자 한다면, 당신은 이 책을 덮어 버리는 것이 좋다. 무언가를 얻게 해 주기는커녕, 이 경전은 당신에게 있던 모든 것을 빼앗아 갈 것이다. 빼앗길 준비가 된 사람이 바로 이 경전과 만날 준비가 된 사람이다.

준비가 되었나? 그렇다면, 마음을 완전히 비우고, 내가 무너져 내릴 준비를 하고, 이 『육조단경』으로 뛰어들어 보자.

이 『육조단경』은 중국 선종禪宗의 제6조이며, 조사선祖師禪이라는 선불교佛敎를 실질적으로 창시한 6조 혜능 스님의 행적과 가르침을 담고 있는 경전이다. 이 경전이야말로 선불교의 교과서요, 조사선의 핵심을 잘 담고 있는 가르침이다.

『육조단경』에는 5종의 이본異本이 있다. 덕이본德異本, 돈황본敦煌本, 종보본宗寶本, 홍성사본興聖寺本, 대승사본大乘寺本이 그것이다.

이 가운데 돈황본은 가장 오래된 판본이지만 내용이 많이 빠져 있고, 다소 오자誤字가 눈에 띄는 등의 단점이 있다. 반면 덕이본은 6조 혜능 스님의 생애와 주요 법문 등 내용이 풍부하게 잘 갖추어져 있으며 문장에도 오류가 없어 조사선이라는 선불교를 공부하는 데 더없이 좋은 판본이다.

이 책에서는『육조단경』덕이본을 불자들이 보다 쉽게 이해할 수 있도록 번역하고자 노력했고, 독자들의 이해를 돕기 위해 1부터 10까지의 큰 제목만 있는 것에 긴 것은 소제목을 따로 붙였다. 또한 각각의 소제목을 기본 단위로 번역본 아래에 독자들의 이해를 돕기 위한 해설을 붙여 보았다.

모쪼록 이『육조단경』이 마음공부하는 수행자들에게, 괴로움에서 벗어나고자 하는 모든 분들에게, 그동안 갇혀 있던 알 수 없는 껍질을 깨고 진정한 본성을 깨달아 모든 괴로움으로부터 벗어날 수 있는 작은 출발점이 될 수 있기를 바란다.

2018년 새 봄에
서울 용산 원광사에서
법상 합장

차례

깨달음을 얻고 6조가 되다

혜능의 첫 법문과 행적

● 당나라 고종 의봉 2년(677년), 6조 혜능 대사(40세)께서 조계의
보림사寶林寺*에 이르렀다. 그때 소주韶州의 자사刺史** 위거韋璩
가 관료들과 함께 산으로 올라와, 6조 혜능 대사에게 대범사大梵
寺 강당에서 대중을 위해 마하반야바라밀摩訶般若波羅蜜의 법문을
설해 줄 것을 청하였다.

대사가 법좌法座에 오르자 자사와 관료 30여 명, 유학자 30여 명,
비구와 비구니, 도가道家 신자와 재가불자들 약 1,000여 명이 동

* 보림사寶林寺: 중국 광동성 소주 곡강현의 조계에 있는 사찰, 지금의 남화사.
** 자사刺史: 관직 이름, 오늘날로 하면 도지사 정도의 관직.

시에 절을 올리며 법法을 청하였다.

대사께서 말씀하셨다.

"선지식이여, 모두 마음을 청정히 하고 마하반야바라밀에 집중하십시오."

대사께서 잠시 묵묵히 계시다가 대중에게 이르셨다.

"선지식이여, 보리菩提와 자성自性은 본래 청정하니 단지 이 마음(此心)을 쓰면 곧장 성불해 마치게 됩니다.

선지식이여, 먼저 제가 살아온 행적과 법을 얻게 된 내력을 들려드리겠습니다. 저의 아버님의 본관은 범양范陽으로, 좌천되어 영남嶺南으로 와서 신주新州 사람이 되었습니다. 불행하게도 아버지는 일찍 돌아가셨고, 늙은 어머니만 홀로 남게 되었지요. 뒤에 남해南海로 왔는데, 가난한 살림을 꾸려가기 위해 땔나무를 내다 팔며 살았습니다.

어느 때 손님에게 나무를 팔아 배달을 해 준 뒤 돈을 받고 나오다가 한 손님이 경전을 읽는 소리를 들었습니다. 저는 '마땅히 집착하는 바 없이 그 마음을 내라(應無所住 而生其心)'는 구절을 한 번 듣고는 곧장 마음이 열리고 깨달은 바가 있어 그 손님에게 물었습니다.

'손님께서는 무슨 경을 읽고 계시는지요?'

『금강경』입니다.'

'그 경은 어디에서 얻게 된 것인지요?'

'저는 기주 황매현의 동선사에서 오는 길입니다. 그 절에는 5조五

祖 홍인弘忍 대사께서 교화를 펴시는데, 문인이 1,000명이 넘습니다. 저도 그곳에서 예배를 드리고 이 경전을 듣고 받았습니다. 5조 대사께서는 늘 승속僧俗의 대중에게 권하기를, 『금강경』만 수지하면 스스로 견성見性하여 곧바로 성불成佛한다고 하셨습니다.' 제가 이 말을 듣고 나자, 숙세宿世의 인연이 있었던 것인지 한 손님이 저에게 은 10냥을 주면서 '노모의 옷과 양식으로 쓰도록 해 드리고, 그대는 황매현으로 가서 5조 스님을 찾아뵙고 예를 올려 제자가 되는 것이 어떻겠느냐'라고 하였습니다. 저는 노모를 편안히 계실 수 있도록 준비해 드린 뒤에 바로 작별 인사를 나누고는 30여 일도 안 되어 황매에 도착하였습니다."

중국에 선의 꽃을 활짝 피운 선종禪宗의 여섯 번째 조사祖師인 6조 혜능 스님의 첫 번째 법문이 시작된다. 첫 번째 가르침은 '마음을 청정히 하고 마하반야바라밀에 집중하라는 것'이다.

마음을 깨끗이 비우라. 불법은 배워서 얻는 공부가 아니라 비우고 비워서 청정해지는 공부다. 마하반야바라밀은 말 그대로 하면 크나큰 (마하) 지혜(반야)로 저 깨달음의 언덕에 이르는 것(바라밀)이다. 첫 법문부터 마음을 깨끗이 하고 저 열반의 언덕에 이르기를 발심發心하라고 강조하셨다.

세속의 즐거움, 세속적인 성취를 원하면 세속적인 결실을 얻게 될 것이다. 한편 출세간의 깨달음에 마음을 집중하면 깨달음을 얻게 될 것이다. 아니 얻는다기보다 이미 있던 깨달음을 확인하게 되고, 하나로 계합하게 되는 것이다.

이 마음공부의 첫 번째 자세는 '마하반야바라밀'을 발심하는 것이다. 깨달음을 얻겠노라고 간절한 발심을 일으키는 것이다.

보리菩提는 깨달음이다. 무엇을 깨닫는가? 자성自性을 깨닫는 것이다. 자성이란 말 그대로 스스로에게 본래 있는 성품이다. 그래서 본성本性·본래면목本來面目이라고도 한다. 자성·본성·실성實性·성품性品이라는 말 외에도 해탈解脫·열반涅槃·불성佛性·여래장如來藏·참나·진아眞我·부처·보리菩提·반야般若·불심佛心·마음·법法 등 '이것'을 설명하는 이름은 무수히 많다.

그러면 이 자성은 과연 무엇일까? 쉽게 말하면, 나의 본질이고, 이 세상과 우주 만물의 본질이다. 이 겉에 드러난 세상이 전부일까? 나와 내가 만나고 있는 이 세상, 눈에 보이는 이 세상이 정말 모든 것일까? 아니면 그 이면에, 바탕에 우리가 볼 수는 없지만 이 삶을 지탱하는 그 어떤 무엇이 있는 것은 아닐까?

불교에서 '진리'를 깨닫는다고 할 때, 바로 그 진리를 선에서는 불성·자성·법·마음·본래면목 등으로 이름을 붙였다. 이 진리를 깨닫게 되면, 삶이 무엇인지를, 내가 누구인지를 깨닫게 된다. 내가 어디에서 와서 어디로 가는지, 이 우주 삼라만상의 출처가 어딘지를 깨닫게 된다. 삶의 모든 비밀이 드러나기 때문에, 더 이상 두려움이 없고, 궁금함이 없고, 한 점 의혹이 없어진다.

부처님께서는 진리를 깨닫고 보니 일체 모든 괴로움이 사라졌고, 삶이 지금 이대로 완전하다는 사실이 확연히 드러났다고 말씀하신다. 우리는 삶이 괴로움이라고 여기고 살았는데, 깨닫고 보니 삶에는 아무런 문제도 없었고, 나에게도 아무런 문제가 없었다.

삶 자체가 눈부시게 아름답고도 완전하여 이를 제법실상諸法實相, 촉목보리觸目菩提, 입처개진立處皆眞이라고 설명한다. 제법이 그대로 참되고 완전한 모습이며(諸法實相), 눈에 보이는 것이 전부 깨달음이고(觸目菩提), 서 있는 그 자리가 전부 참된 진실(立處皆眞)이라는 것이다.

이토록 아무런 문제도 없고, 지금 이대로 완성되어 있는, 불국정토이며, 극락세계가 지금 여기에 이미 온전히 드러나 있었던 것이다. 다만 우리 중생들은 그러한 참된 진실에 눈뜨지 못한 채, 자기 머릿속에서 만들어낸 분별과 생각, 번뇌 망상을 진실이라고 믿고, 자기의식이 만들어 낸 허망한 착각의 세계에서 사느라고 참된 진리의 실상에 눈뜨지 못하는 것일 뿐이다.

불교와 선이란, 바로 그러한 진리의 실상에 눈뜨지 못하고 살기 때문에 스스로 만들어 낸 괴로움 속에 빠져 허덕이며 살고 있는 중생들에게, 진리를 밝혀 주고, 진리를 안내해 줌으로써, 괴로움을 여의고 완전한 행복에 이르게 해 주는 참된 깨달음에 눈뜨게 해 주기 위한 가르침이다.

참된 진리의 실상·자성·불성·본래면목의 자리는 분별로 헤아리기 때문에 보지 못한다. 그렇기에 불교와 선에서는 끊임없이 생각과 분별, 해석과 판단으로 눈에 보이는 이 세상을 판단하는 오랜 습관적인 의식을 멈추도록 이끈다.

자성·불성·실상·마음·법이라는 이 진리를 과연 말이나 뜻으로 헤아려 알 수 있을까? 알 수 없다. 머리로 이해해서 알 수 있다면 그것은 깨달음이라고 하지 않는다. 깨달음은 이해로 오는 것이 아니다. 그저 깨닫는 것이다. 이 말은 곧 깨닫기 전에는 결코 알 수 없다는 것을 의미한다. 그렇다! 보리자성이 무엇인지는 알 수 없다. 알려고 해서도 안 된다. 그저 깨달을 수 있을 뿐이며, 깨닫기 전까지는 머리로 헤아려서 알려고 해 봐야 전부 다 망상일 뿐이다.

불법은 바로 '이것'이다. 이 '모르는 것', 그러나 이름은 자성이니 본성이니 보리니 열반이니 마음이니 하고 붙여 놓았지만, 그것은 결코 알 수 없다. 알려고 해서는 어긋난다. 그러나 알고자 하고, 확인하고자 하고, 깨닫고자 하는 발심은 있다. 궁금하지만 알 수 없는 마음, 그것이 바로 이 마음공부의 핵심이다.

자성이 무엇인가? 그것을 선의 용어로, '이 뭣고?', 혹은 '이것이 무엇인가?', '나는 누구인가?'라는 질문으로도 바꿀 수 있다. 내가 누구인지, 마음이 무엇인지, 삶의 진실이 무엇인지, 깨달음이 무엇인지, 이 우주의 본체가 무엇인지, 그것이 뭔지는 도무지 모르겠지만, 그리고 머리로는 도저히 알 수는 없지만 가슴 속에서 그것을 알고 싶은 알수 없는 답답함, 궁금함, 꽉 막힌 질문 하나를 던져두고 그 물음과 사무쳐 하나가 되는 것이다.

자성을 설명하는 선에서 가장 많이 쓰는 또 다른 용어로 '마음'이 있다. 마음처럼 보이지는 않지만, 이렇게 분명히 내가 쓰고 있고, 바로 여기에 있기 때문이다. '이 마음'이 곧 부처다. 보리와 자성은 애써서 만들어내는 것이 아니라, 이미 청정하고 완전하게 갖추어져 있다. 단지 이 마음으로 발심發心, 신심信心, 의심疑心, 분심憤心 등을 잘 쓰게 되면 곧장, 몰록 성불해 마치게 된다는 것이다.

　　혜능은 어릴 적 어머님을 모시며 땔감을 구해 생계를 이어갔다. 한 손님이 경전 외우는 것을 듣다가, "마땅히 집착하는 바 없이 그 마음을 내라"는 『금강경』 구절에서 마음이 활짝 열리면서 깨달은 바가 있었다.

　　무언가 알 수 없는 강렬한 내면의 이끌림이 있었던 것이다. 『금강경』의 게송 하나가 혜능의 마음속에 알 수 없는 근원根源을 그리워하게 한 것이다. 간절히 발심하고, 시절인연이 뒤따라 주면, 모든 일은 저절로 이루어진다. 깨달음에 발심을 하고 났더니, 발목을 잡을 것만 같던 현실적인 생활 여건이 저절로 해결되었다. 한 손님이 은 10냥을 주며 노모의 옷과 양식 등 편안히 계실 수 있도록 최소한의 여건이 마련되었다.

5조 홍인 스님을 친견하다

● 5조五祖 홍인 스님께 나아가 예배하니 5조께서 저에게 물으셨습니다.

"너는 어느 지방 사람이며, 무엇을 구하려 왔느냐?"

제가 답했습니다.

"저는 영남의 신주에 사는 백성입니다. 이 먼 곳까지 와서 스님께 예를 올리는 것은 오직 부처가 되기를 바랄 뿐이지 다른 것을 구하는 것은 아닙니다."

5조께서 말씀하셨습니다.

"네가 영남 사람이라면 오랑캐인데, 어찌 부처가 될 수 있겠느냐?"

제가 말했습니다.

"사람에게는 남과 북이 있지만, 불성에는 본래 남과 북이 없습니다. 이 오랑캐의 몸은 스님의 몸과는 차이가 있지만, 어찌 불성에야 차별이 있겠습니까?"

5조께서는 조금 더 말씀을 나누고자 하시다가 대중이 곁에 모여 있음을 보시고는 곧 '대중을 따라서 일이나 하라'고 하셨지만 제가 거듭 여쭈었습니다.

"혜능이 스님께 여쭙습니다. 제 마음은 항상 지혜가 있어 자성自性에서 벗어나지 않으니 이것이 곧 복전福田이온데, 스님께서는 다시 어떤 일을 더 하라고 시키십니까?"

5조께서 말씀하셨습니다.

"이 오랑캐는 근성이 너무 날카롭구나! 너는 더 이상 말하지 말고 헛간으로 가거라."

제가 물러나와 후원에 이르니, 한 행자가 저에게 장작을 패고 방아 찧는 일을 시켰습니다. 그로부터 8개월 정도가 지났을 때, 5조께서 하루는 저를 찾아와 말씀하셨습니다.

"나는 네 견해가 쓸만하다고 여겼지만, 혹시 나쁜 사람이 너를 해칠까 염려되어 너와 더 이상 말하지 않았느니라. 너도 알고 있었느냐?"

제가 말했습니다.

"저 또한 스님의 뜻을 짐작하였기에, 더 이상 스님이 계신 방 근처로는 가지도 않고, 사람들이 알지 못하게 하고 있었습니다."

혜능은 곧장 5조 홍인 스님을 찾아뵙는다. 마음공부, 선의 핵심 실천방법은 스승을 찾는 것이다. 이것이 전부다. 바른 스승을 찾고, 그 스승의 가르침을 받으며 함께 선 공부에 참여하는 것, 이것이 바로 참선參禪이다.

만약 당신이 깨달음과 선에 근기가 높다면, 인연이 깊다면, 당신은 쉽게 바른 스승을 만날 것이다. 그러나 아직 시절인연이 무르익지 않았다면, 온갖 방편의 기도 수행법들 속에서 수십 년 이상을 헤매게 될

지도 모른다.

참된 공부복은 스승복이고, 도반복이다. 마침 혜능은 단박에 곧장 당대의 대선지식인 5조 홍인 스님을 뵙게 된다. 이 얼마나 놀라운 복인가?

바른 선지식을 만나는 것은 그저 좋은 일 정도가 아니다. 그것이야 말로 일대사인연一大事因緣이다. 일생일대에 가장 중요하고 장엄한, 가장 큰 일이 바로 이 불법과의 인연이고 스승과의 인연이다.

만약 이 글을 읽고 있는 당신이 불법에 관심이 있다면, 괴로움을 없애고자 한다면, 행복을 찾고자 한다면, 내가 누구인지를 밝히고자 한다면, 이 세상의 본질이 무엇인지를 알고자 한다면, 그렇다면 딱 하나의 길이 있으니, 그것은 바로 스승을 찾고, 법을 찾는 길이다.

곧장 당신을 이끌어 줄 스승을 찾으라. 그 스승의 문하에서 좋은 벗들과 함께 어울리며 이 한 생을 살아가라. 자주 법회에 참석하고 법문을 들으라. 그것이 최고의 수행이며, 참선이다.

5조는 제자의 공부를 가늠해 보고자 오랑캐라고 하며 혜능을 떠본다. 혜능의 답변을 보면, 혜능이 글자를 하나도 모른다고는 하지만, 불법에 깊은 인연이 있어 보인다. 사실 혜능은 어릴 적부터 동네 친구와 함께 비구니스님의 사찰에서 일도 도와주고 『열반경』의 가르침을 듣곤 했다고 한다.

혜능의 말처럼 불성佛性에는 본래 남과 북이 없다. 불성에는 그 어떤 차별이 없다. 불성이란 나의 근본이며, 자기 스스로의 성품性品·

자성自性이고, 이 우주의 본체요 바탕이다. 불성·자성·마음의 그 텅 빈 깨달음의 자리는 둘로 나누어지는 것이 없다. 불이법不二法, 오로지 분별없고, 둘이 없는 참된 하나의 자리다. 우리 인간의 분별심·생각·의식 속에서만 둘로, 셋으로, 삼라만상으로 나누어 차별하고 비교하는 것일 뿐, 본래의 바탕에는 둘로 나뉘는 것이 없다.

5조 홍인 스님은 단박에 혜능의 됨됨이를 간파한다. 당시에는 선의 초조인 달마로부터 5조 홍인까지 조사의 상징인 옷과 법을 이어받는 전통이 있다 보니, 많은 어리석은 이들이 6조가 되기 위해 애를 쓴 것 같다.

어느 곳이든 권력이 집중되어 있는 곳에는 어리석은 중생들의 다툼이 있다. 혜능이든, 누구든 어느 한 명에게 깨달음이 있는 것처럼 5조께서 얘기를 했다거나, 누구라도 6조가 될 만한 싹이 있어 보이는 사람을 당시의 어리석은 '6조를 탐하는 자'들이 가만히 놔두었을 리 없지 않은가. 이에 눈치를 보시고 5조께서는 혜능을 위해 대중과 함께 일이나 하라고 헛간으로 내쫓는다.

이 때 혜능의 안목을 엿볼 수 있는 한 마디가 나온다.

"제 마음은 항상 지혜가 있어 자성에서 벗어나지 않으니 이것이 곧 복전!"

사실은 우리 모두의 마음이 바로 이렇다. 우리 마음이 곧 그대로 자성이며 부처이고 복전이다. 항상 지혜가 있어 깨닫기 위해 어떤 수행이나 특별한 방법을 갈고 닦을 필요가 없이, 지금 이대로 완전하다.

깨달음은 없던 깨달음을 만들어내기 위해 수행을 통해 갈고 닦는 무언가가 아니다. 깨달음을 얻기 위해 다시 어떤 일을 더 할 필요가 없다. 이대로 완성되어 있다. 선수끼리는 이 정도의 몇 마디 말이면 안목 확인은 끝난다.

신수의 게송

● 하루는 5조께서 모든 문인들을 불러 모으셨습니다.

"내가 그대들에게 설하리라. 세간의 사람들에게는 생사生死의 일이 가장 크다. 그럼에도 그대들은 하루 종일 복전福田만 구하고, 생사의 고해苦海에서 벗어나려고 하지는 않는구나. 만약 자기 성품에 미혹하다면, 복이 아무리 많더라도 구원을 받을 수가 없느니라.

그대들은 이제 스스로의 지혜를 살펴 자기의 본래 마음인 반야의 성품을 드러낼 수 있도록 각자 게송을 하나씩 지어 나에게 가져오너라. 만약 대의大意를 깨친 사람이 있거든 그에게 법과 가사(法衣)를 주어 제6대 조사로 삼을 것이다.

머뭇거리지 말고 곧장 행하라. 생각으로 헤아리면 곧 어긋난다. 견성(見性)한 사람은 말을 듣자마자 언하言下에 보나니, 이와 같은 이는 칼을 휘두르며 싸우는 적진의 한 가운데에서도 능히 자성을 볼 수 있다."

말씀을 듣고 물러나온 대중들은 서로 말하였습니다.

"우리는 애써서 마음을 깨끗이 하여 게송을 지을 필요가 없다. 게송을 지어 스님께 바친들 무슨 이익이 있겠는가. 신수 상좌가 현재 교수사로 계시니, 분명히 그분이 법을 얻을 것이다. 우리가 함부로 게송을 지어 봐야 부질없고 힘만 들 뿐이다."

대중들은 이런 대화 끝에 모두 게송 짓기를 포기하며 말했습니다.

"앞으로 우리는 신수 상좌에게 의지해야 할 텐데, 번거롭게 게송을 지을 필요가 있을까?"

신수는 생각했습니다.

'대중이 모두 게송을 짓지 않는 이유는 내가 그들의 교수사敎授師이기 때문이다. 어차피 내가 게송을 지어 스님께 바칠 수밖에 도리가 없구나. 또한 내가 게송을 지어 바치지 않는다면, 스님께서도 내 마음의 견해가 깊고 얕은지를 아실 수가 없을 것 아닌가. 만약 내가 게송을 바치려는 것이 법을 구하는 것이라면 좋으나, 조사의 자리를 구하는 것이라면 옳지 않다. 그것은 범부의 마음으로 성인의 자리를 빼앗으려는 것과 같은 것이 아닌가. 그렇다고 게송을 바치지 않는다면 마침내 법을 얻지는 못할 것이니, 참으로 어렵고 또 어렵구나.'

5조의 방 앞에는 복도가 3칸 있었는데, 5조께서는 공봉* 노진盧珍

• 공봉供奉: 황제를 보좌하던 승직僧職, 황제의 고문을 담당하는 스님.

스님에게 그곳에 능가경변상도楞伽經變相圖와 5조혈맥도五祖血脈圖를 그리게 하여 후대에 전하려고 하였습니다.

신수는 게송을 지어 바치려고 여러 번 5조 홍인 스님의 방 앞까지 갔으나 마음이 어지럽고 떨려 온몸에 땀이 흘러내리는 바람에 보여드리지 못하였습니다. 그렇게 4일 동안 13번이나 드리려고 했지만 결국에는 드리지 못했습니다.

이에 신수는 생각했습니다.

'이러지 말고 복도의 벽에 게송을 써서 붙여 놓는 것이 낫겠다. 그것을 스님께서 보고 만약 좋다고 하시면 곧 나아가 절을 올리고 내가 지었음을 말씀드리리라. 만약 부족하다고 말씀하신다면, 헛되게 산 속에서 몇 년 동안 사람들의 절만 받은 것이니 어찌 도를 닦았다 할 수 있겠는가.'

신수는 그날 밤 3경*에 남들이 모르도록 등불을 들고 남쪽 복도 벽에 자기의 견해가 드러난 다음과 같은 게송을 썼습니다.

"몸은 깨달음의 나무요(身是菩提樹)

마음은 밝은 거울과 같으니(心如明鏡臺)

늘 부지런히 털고 닦아서(時時勤拂拭)

먼지 티끌이 묻지 않도록 하라(勿使惹塵埃)."

- 3경三更: 하룻밤을 5경五更으로 나눈 셋째 부분. 밤 11시~새벽 1시 사이.

신수는 게송을 쓰고 방으로 돌아왔고, 사람들은 아무도 알지 못했습니다. 신수는 다시 생각했습니다.

'5조께서 내일 게송을 보고 기뻐하시면 나는 법과 인연이 있는 것이지만, 만약 부족하다고 하시면 그것은 내가 어리석고 업장이 무거워 법을 얻지 못하는 것이리라. 성인의 뜻이 어떠하실지 참으로 모르겠구나.'

방 안에서 온갖 생각에 빠져 앉았다 누웠다 불안해하는 동안 시간은 5경에 이르렀습니다.

이미 5조께서는 신수가 아직 자성을 보지 못하였고, 깨달음의 문에 들어가지 못했음을 알고 계셨습니다.

날이 밝자 5조께서는 공봉 노진을 시켜 복도의 남쪽 벽에 그림을 그리게 하려고 하시다가 문득 그 게송을 발견하고는 노진에게 말씀하셨습니다.

"그림을 그릴 필요가 없겠구나. 먼 길을 왔는데 미안하게 되었다. 『금강경』에 이르길 '무릇 모양이 있는 것은 모두 허망하다(凡所有相皆是虛妄)'라고 하였으니, 그림 대신 여기 있는 이 게송을 남겨 두어 사람들로 하여금 외우고 지니도록 하는 것이 좋겠다. 이 게송에 의지하여 수행하면 악도에 떨어지는 것을 면할 뿐만 아니라, 큰 이익이 있을 것이다. 문인들이 이 게송 앞에 향을 피우고 예경하며 이 게송을 읽고 외우면 견성할 수 있으리라."

문인들은 모두 이 게송을 외우며 '훌륭하다'고 찬탄하였습니다.

5조께서는 그날 밤 신수를 방으로 불러 물었습니다.

"저 게송을 네가 지었느냐?"

신수가 말했습니다.

"네, 제가 지었습니다. 다만 감히 망령되게 조사의 지위를 구하고 자 한 것이 아니오니, 스님께서는 자비를 베푸시어 저에게 작은 지혜라도 있는지를 살펴봐 주십시오."

5조께서는 말씀하셨습니다.

"네가 지은 이 게송을 보면 너는 아직 본성을 보지 못했다. 다만 문 앞에까지 이르렀을 뿐, 문 안으로 들어오지는 못하였다. 이와 같은 견해로 위없는 깨달음(無上菩提)을 찾으려 한다면 결정코 얻 을 수 없을 것이다.

위없는 깨달음을 얻으려면 모름지기 언하言下에 곧장 본래 마음을 보아야 한다. 스스로의 본성을 본다는 것은 곧 불생불멸이며, 모 든 순간에 언제나 드러나 있고, 삼라만상에 막힘이 없음을 보는 것이다.

하나가 참되면 모든 것이 참되다(一眞一切眞). 온갖 경계가 스스로 여여如如하나니, 이 여여한 마음이 곧 진실이다. 만약 이와 같이 본다면, 이것이 곧 위없는 깨달음의 자성이다.

너는 돌아가서 하루 이틀 정도 더 생각한 뒤에 다시 게송을 지어 나에게 가져와 보라. 너의 게송이 만약 문 안으로 들어온 자의 것 이라면 너에게 법과 가사를 줄 것이다."

신수는 절하고 물러나와 다시 며칠이 지났지만 게송을 짓지 못했 습니다. 오히려 마음이 혼란스럽고 불안하여 마치 꿈을 꾸는 것처럼 앉으나 서나 즐겁지 못했습니다.

5조 홍인 스님은 제자들을 불러 모아, 자신의 안목을 게송으로 지어 바치게 한다. 드디어 제6조를 뽑는 선불장選佛場이 열린 것이다. '부처를 뽑는 곳' 그곳이 선불장이요, 절이고, 선방이다.

이것은 지금도 마찬가지다. 절은 기도하고 수행하는 곳이 아니라, 부처를 뽑는 곳이다. 물론 방편으로 온갖 수행법과 힐링과 세속적인 기복祈福도 필요할 때가 있겠지만, 결국에는 그 모든 방편을 거두고 오로지 부처되는 이 한 길로 나아가야 한다.

게송을 짓되, 머뭇거리지 말고 곧장 행하며, 생각으로 헤아리면 곧 어긋난다고 설하신다. 그럼에도 신수는 온갖 생각을 동원하여 끊임없이 헤아리고 머뭇거리고 있다. 다른 제자들 또한 마찬가지다. 부처를 뽑는 데는 그가 교수사든, 행자든, 몇 십 년을 공부했든, 절에 온 지 얼마 되지 않았든 아무런 상관이 없다. 오로지 깨달음·견성, 그것 하나만이 이 불법문중의 오롯한 기준이다.

신수는 게송을 바치려고 5조 홍인 스님의 방 앞을 기웃거리며, 어지럽고 온 몸에 땀이 나서 4일 동안 13번이나 드리려고 했지만 결국 드리지 못했다. 전형적인 헤아림이고 머뭇거림이다. 아직 본성을 확인하지 못한 것이다. 이것이 바로 중생들의 삶이다.

왜 이렇게 두렵고, 걱정스러운 것일까? 6조를 탐하기 때문이고, 자기 스스로 공부에 대한 확신이 없기 때문이다. 눈앞의 진실을 확인하지 못했기 때문이며, 여전히 구하는 일이 남아 있기 때문이다. 그것은 게송에서도 드러난다.

'몸은 깨달음의 나무요, 마음은 밝은 거울과 같으니, 늘 부지런히 털고 닦아서 먼지 티끌이 묻지 않도록 하라.'

전형적인 방편의 길, 수행의 길이다. 아직 깨달음에 이르지 못한 중생들을 위해서는 온갖 수행과 방편의 공부를 설해 주어야 한다. 그러나 그 모든 방편 수행은 달을 가리키는 손가락이요, 고해바다를 건너는 뗏목과 같은 것이다. 고통바다를 건너간 사람이라면 수행이라는 뗏목은 더 이상 필요가 없다. 그러나 신수는 여전히 마음을 갈고 닦아야 한다. 아직 고해바다를 건너지 못한 것이다. 몸과 마음을 둘로 나누고 있으며, 중생과 부처를 둘로 나누고 있다. 털고 닦아서 티끌이 묻지 않도록 노력해야 한다. 노력을 통해 부처라는 '저 언덕'에 이르러야 한다.

마음은 밝은 거울과 같아 모든 것을 비추지만, 거울에 먼지 티끌이 묻으면 사물이 있는 그대로 보이지 않으며, 때에 묻은 채 왜곡될 수밖에 없다. 그러니 끊임없이 마음 거울을 부지런히 털고 닦아야 한다는 것이다. 대상 사물을 마음의 분별로써 왜곡하지 말고, 있는 그대로 볼 수 있도록 마음의 때를 닦으라는 것이다.

물론 이 게송은 중생의 입장에서라면 꼭 필요한 방편의 가르침일 수도 있다. 이런 수준의 방편이 근기가 낮은 이들에게는 필요하다. 그래서 5조 홍인 스님께서는 신수라는 교수사를 욕 먹이기보다 벽에 쓴 신수의 게송을 남겨 두어 사람들로 하여금 읽고 외우게 한다. 그리고는 조용히 따로 신수를 불러, 아직 본성을 보지 못한 게송임을 말씀해 주신다.

이 게송은 여전히 둘로 나뉘는 분별법이고, 문 안으로 들어오지 못한 게송이기 때문이다. 이와 같은 견해로 위없는 깨달음을 얻으려 한다면 결정코 얻을 수 없다.

무상보리無上菩提는 모든 순간에 언제나 드러나 있고, 삼라만상에도 막힘이 없다. 깨달음의 저 언덕으로 갈 필요 역시 없다. 지금 여기에 이미 누구에게나 막힘없이 다 드러나 있고, 완성되어 있기 때문이다. 눈앞에, 목전目前에, 이 삼라만상 속에 언제나 '이것' 하나가 드러나 있다.

선에서는 불성·자성·본래면목·법성·마음·법이라고 불리는 이 하나의 진실을 '이것'이라고 부르곤 한다. 왜 그럴까? '이것'은 뭐라고 이름 지을 수 없기 때문이다. '이것'은 대상이 아니기 때문이다. 이름을 지을 수 있는 모든 것은 다 그 이름에 해당하는 '대상사물'이 있다. 그러나 '이것'은 대상이 아니고, 사물이 아니다. 눈으로 볼 수 있는 것도 아니고, 만질 수 있는 것도 아니며, 느끼거나 헤아려 볼 수 있는 것도 아니다. 있는 것도 아니고 없는 것도 아니다.

그 어떤 '이해'로도 가 닿을 수 없고, 그 어떤 '말'로도 표현할 수 없고, 그 어떤 '이름'도 그것을 나타낼 수는 없다. 그러나 어쩔 수 없이 특정한 말과 이름으로 표현하지 않으면 중생들에게 그것을 가리킬 수 없으니 어쩔 수 없이 자성·불성·마음·법 등으로 부르지만 그 말 속에는 자성이 없다. 그래서 어쩔 수 없이 '그것'을 '이것'이라고 부르곤 한다.

'이것', '이 하나의 진실'을 확인하면 삼라만상 세상 모든 것이 참되다. 온갖 경계가 전부 한결같이 하나로 돌아가니, 이 여여如如한 마음이 곧 진실이고, 깨달음의 자성이다.

생각과 분별망상이 마음의 때임을 알고, 그 모든 분별망상을 전부 깨끗이 닦아 없애려고 하는 노력, 그것이 과연 성공할 수 있을까? 물론 이론적으로 불법의 핵심은 저 신수의 게송처럼 '마음속의 먼지 티끌인 분별심이 없는 것'이다. 그러나 분별심과 번뇌는 없애려고 애쓴다고 해서 없어지지 않는다. 번뇌즉보리煩惱卽菩提, 번뇌 그것이 바로 깨달음이기 때문이다.

분별심을 조복 받아야 한다고 해서, 올라오는 생각과 분별심을 하나하나 올라올 때마다 다 관찰해서 없애려고 해 보라. 우리는 올라오는 생각을 관찰하기 위해 잠시도 쉴 수가 없다. 뇌과학에서는 하루에 5~6만 개의 생각이 올라온다고 하는데, 5~6만 번을 어떻게 다 지켜보고 관찰해서 깨부술 수 있단 말인가? 번뇌가 곧 보리라는 사실을 깨닫기만 한다면, 그 번뇌 망상은 전혀 깨부술 필요가 없다. 가능하지도 않다.

깨달은 사람은 번뇌 망상, 분별심이 전혀 없는 사람이 아니다. 다 일어나면서도 거기에 휘둘리지 않을 뿐이다. 응무소주 이생기심應無所住 而生其心, 거기에 머무는 바 없이 그 모든 것을 내어 쓰게 되는 것이다.

이 공부는 분별심을 없애기 위해 노력하고 애써서 수행하는 공부가 아니다. 분별심과 싸워 이기는 공부가 아니다. 분별심의 본성을 확인하는 공부다. 확인하고 나면, 그것이 더 이상 문제가 되지 않는 것이다.

그러면 어떻게 하는 것이 바른 공부일까? '어떻게' 하려고 하면 어긋난다. '어떻게'라는 것 자체가 저 신수의 게송처럼, '이쪽'에서 '저쪽'으로 가려고 하는 분별이기 때문이다.

불법은 불이법不二法이다. 물론 대승경전에서는 반야바라밀般若波羅蜜을 설함으로써, 반야 지혜로써 이 언덕에서 저 피안의 언덕에 이르는 방편을 제시한다. 그러나 그 또한 말 그대로 방편일 뿐이다. 이 언덕이 따로 있고 저 언덕이 따로 있는 것이 아니다. 여기가 거기이고, 이것이 그것이다. 그 두 언덕이 둘로 나뉘지 않는 하나임을 밝게 깨닫게 될 뿐이다.

그저 '모를 뿐'이다. 이 공부는 내가 나를 확인하는 공부다. 하나가 하나에 계합하는 것이다. 그러니 안다고 하면 어긋난다. 아는 내가 있고, 아는 대상이 있어야만 아는 것이 가능해지지 않은가? 그것은 이법二法일 뿐이다. 그렇게 둘로 쪼개져 있는 것은 참된 불이법이 아니다. 그러니 이 공부는 알려고 하는 마음으로 접근해선 안 된다. '모를 뿐'이다.

모르고 모르지만, 마음속에서는 이 하나를 확인하고 싶은 간절한 발심은 있으니, 무언가 마음공부는 해야겠고, 그러나 할 수 있는 방법은 없어서, 이러지도 저러지도 못한 채, 그저 궁금함, 알 수 없는 모름만을 가지고 시간을 보내는 것이다. 법을 가까이 하고, 스승의 가르침에 의지한 채, 그 모름의 시간 속에 뛰어드는 것, 그것이 수행이라면 수행인 것이다. 그러나 이 수행은 어떻게 하는 공부가 아니다. 할 수 있는 것이 아무 것도 없는 공부다.

서울에 있는 사람이 서울에 도착하기 위해서 할 수 있는 것이 무엇이 있을까? 아무 것도 할 것이 없다. 이미 도착해 있기 때문이다. 우리도 마찬가지다. 이미 깨달아 있고, 이미 도착해 있다. 그러나 분별 망상으로 인해 확인하지 못했을 뿐이다. 도착하지 못했다는 생각이 나를 계속 추구하게 만들고 있는 것이다. 도착하지 못한 사람들은 끊임없이 도착할 방법만을 추구한다. 수행법, 기도방법, 명상법에 목을 맨다. 그러나 그 모든 방법은 우리를 근원에 이르게 하지 못한다. 방법을 쓴다는 것 자체가 이미 둘로 쪼개져 있다는 것을 의미하기 때문이다. 이미 하나라면 하나에 이를 방법 같은 것은 없지 않은가.

신수의 게송은 잠깐 필요한 뗏목은 될 수 있을지라도, 결국에는 놓아버려야 할 가르침이다.

혜능의 게송

● 다시 이틀이 지나 한 동자스님이 방앗간을 지나가며 신수의 게송을 외웠습니다. 저는 그 게송을 한 번 듣고는 아직 본성本性을 보지 못한 이의 게송임을 알았습니다. 비록 조사의 가르침을 받지는 못하였지만 이미 큰 뜻은 알고 있었습니다. 저는 동자에게 물었습니다.

"지금 외우는 것이 무슨 게송입니까?"

동자가 말했습니다.

"오랑캐여, 아직 모르고 있었군요. 홍인 대사께서 말씀하시길, 세간의 사람들에게는 생사生死의 일이 가장 크다고 하시면서 문인들에게 가사와 법을 전해주고자 하니 게송을 지어 오라고 하셨습니다. 만약 대의를 깨달은 이가 있다면 곧 가사와 법을 전하여 6조로 삼겠다고 하셨지요. 이에 신수 상좌가 남쪽 복도의 벽에 무상게無相偈를 쓰셨는데, 대사께서는 사람들에게 '이 게송을 외우라. 이 게송에 의지해 수행하면 악도에 떨어짐을 면한다'라고 하셨습니다."

제가 말했습니다.

"저도 그 게송을 외워 훗날 부처님의 지위에 오를 인연을 맺고자 합니다. 스님, 저는 여기에서 방아를 찧은 지 8개월이 넘었지만 아직 조사스님이 계신 방 앞에는 가 보지를 못하였습니다. 청하오니 스님이 저를 데리고 그 게송이 있는 곳으로 데려가 절할 수 있도록 해 주십시오."

동자는 게송 앞으로 데려가 절하도록 해 주었고, 저는 다시 말하였습니다.

"저는 글자를 잘 알지 못하니, 스님께서 좀 읽어 주십시오."

그때 강주江洲에서 별가別駕 벼슬을 하던 성은 장張이요, 이름은 일용日用이라는 사람이 와 있었는데, 그가 큰 소리로 읽어주었습니다. 그 게송을 듣고 나서 저는 순간 불쑥 이렇게 말하였습니다.

"저도 게송을 하나 짓고자 하오니, 별가께서는 좀 적어 주시겠습니까?"

별가가 말했습니다.

"오랑캐인 그대가 게송을 짓겠다니! 거 참 희한한 일이군요."

저는 별가를 일깨우며 말했습니다.

"위없는 깨달음을 배우고자 하는 이라면 초학자라고 깔보아서는 안 됩니다. 가장 낮은 이에게 가장 높은 지혜가 있을 수도 있고, 가장 높은 이에게 지혜가 없을 수도 있습니다. 사람을 깔보는 것은 한량없고 끝도 없는 죄가 됩니다."

별가가 말했습니다.

"그대는 게송을 외우세요. 제가 그대를 위해 써드리겠습니다. 그대가 만약 법을 얻게 된다면 먼저 저부터 제도해 주십시오. 이 말을 잊지 마십시오."

저는 게송을 읊었습니다.

"깨달음에는 본래 나무가 없고(菩提本無樹)

밝은 거울 또한 받침대가 없으니(明鏡亦非臺),

본래 한 물건도 없거늘(本來無一物)

어디에 먼지 티끌이 묻겠는가(何處惹塵埃)?"

이 게송을 쓰고 나자 대중이 모두 놀랐습니다. 어떤 이는 감탄을 하고 어떤 이는 의아해 하며 말했습니다.

"기이하구나! 역시 사람은 겉모습만 보고는 알 수 없구나. 저런 육신보살을 그동안 우리가 얼마나 오랫동안 부려먹었던가!"

5조께서 모든 대중이 놀라고 괴이하게 여기는 것을 보시고는, 사람들이 저를 해칠까 염려하여 게송을 신발로 문질러 지워버리시고는 말씀하셨습니다.

"이것도 아직 자성을 보지 못한 이의 게송이다."

그리하여 대중들은 더 이상 의심하지 않았습니다.

혜능은 당시의 분위기에서 볼 때, 요즘 흔히 하는 말 그대로 루저의 조건은 다 갖추고 있다. 문자도 모르고, 오랑캐이고, 정식 스님도 아닌 행자다. 신수의 게송에 관한 이야기를 전해 준 동자스님이며 혜능의 게송을 적어준 별가조차도 오랑캐라며 깔본다. 5조를 이어 6조의 조사가 되기에는 불가능한 조건은 다 갖추고 있다.

그럼에도 혜능이 6조가 될 수 있다는 것, 이것이 바로 선이고 불교의 정신이다. 참된 법에는 루저와 위너 따위는 없다. 높고 낮음, 알고 모름, 스님과 속인, 선배와 후배, 그 모든 것은 둘로 나누는 분별이다. 바로 그 분별 너머에 참된 무분별無分別의 진실이 있다.

『육조단경』에서 혜능에게 루저로서의 면모를 강조하며 보여 주는 이유가 바로 여기에 있다. 깨달음은 그런 분별과는 아무 상관이 없다는 것을 드러내고자 함이다. 문자를 알고 모르고와도 관계가 없고, 지식의 많고 적음, 스님의 법랍法臘과도 상관이 없고, 출신과도 상관이 없다. 그렇게 둘로 나누어 놓고 더 좋고 나쁜 것, 옳고 그른 것, 높고 낮은 것을 끊임없이 차별하는 시선을 가지는 동안에는 불이법不二法의 중도中道를 갖출 수 없다.

차별되는 모든 대상들은 무수히 많다. 더 좋고 더 나쁜 것들, 더 좋은 조건과 더 나쁜 조건들, 더 높고 더 낮은 이들, 더 훌륭하거나 더 열등한 것들은 무수히 많다.

그러나 그 모든 분별과 차별심이 일어나고 있는 본 바탕, 배경에는 무엇이 있는가? 무엇이 있어서 그런 분별과 차별이 일어나는가? 번뇌 망상이 올라온 그 자리에는 무엇이 있는가? 무언가가 일어나려면 그 일어난 배경·바탕·본체가 있어야 한다.

예를 들면, 사람이 서 있으려면 설 땅이 있어야 하고, TV에서 화면이 나오려면 브라운관이 있어야 하고, 그림을 그리려면 스케치북이 있어야 한다. 번뇌 망상이 올라오려면 그것이 일어날 수 있는 바탕이 있어야 한다. 나와 세상, 이 우주 삼라만상이 이렇게 드러나려면 그 바탕에 '무엇'이 있어야 한다. 그 '무엇'이 바로 '이것'이다. 자성이다.

선의 관심은 분별되는 무수한 대상에 있지 않고, 그 모든 분별이 일어나고 있는 그 당처當處, 그 본 바탕에 있다. 마치 허공과도 같이 텅 비어 있지만, 그 모든 삼라만상을 일어나게 하는 배경, 그 모든 존재가 되돌아가는 귀의歸依의 자리, 그 모든 것 전부를 포함하면서 그 어떤 것도 아닌 하나임의 '이것'이 바로 선이고, 자성이며, 불성이다. 바로 이 말로 할 수 없는, 분별할 수 없는 그 '무언가'를 혜능은 자신의 게송에서 밝히고 있다.

깨달음에는 본래 나무가 없고,
밝은 거울 또한 받침대가 없으니,
본래 한 물건도 없거늘
어디에 먼지 티끌이 묻겠는가?

본래무일물本來無一物, 말 그대로 한 물건도 붙일 수 있는 것은 없다. 깨달음에는 깨달음이라고 이름 지을 무언가가 없다. 부처에는 부처가 없다. '이것이 부처다', '이것이 깨달음이다'라고 할 만한 무언가를 내세운다면 그것은 참된 불법이 아니다.

자성·불성·마음·깨달음이라는 이름에 해당하는 그 어떤 대상은 없다. 그것은 크기도 없고, 방향도 없고, 찾을 수도 없고, 있는 것도 없는 것도 아니다. 지금 여기에 온전히 드러나 있는 것이지만, 육신의 눈, 분별의 눈으로 볼 수 있는 것은 아니다. 무언가가 있어야 거기에 때가 묻고, 먼지가 쌓일 것인데, 여기에는 한 물건도 없으니, 먼지 티끌이 묻을 것도 없다.

'이것'이 바로 우리 모두의 자성이다. '이것'은 나의 본성이며, 동시에 이 온 우주 그 자체다.

'이것'만 확인하면, 내 존재의 근원이 밝혀지고, 이 우주 삼라만상의 본체가 드러난다. '이것'에만 하나로 계합이 되고 나면, 온 우주 전부가 '이것' 아님이 없음이 확인된다. 그러니 너와 나라는 분별도 사라지고, 온 우주 전부가 그대로 내 몸이 된다. 법신法身이 된다.

이 하나임의 근원에 계합하게 된다면, 그 무엇도 두려울 것이 없다. 내가 바로 '이것'이고, 이 우주 삼라만상이 바로 '이것'이니, 내가 나를 두려워할 것이 없지 않은가. 괴로워할 것도 없다. 온 우주가 하나의 '나 자신'일 뿐인데, 내가 나를 괴롭힐 일이 없지 않은가?

이 내 눈앞에 드러난 삼라만상은 그대로 지난밤의 꿈과 같고 환영과 같이 펼쳐진다. 이 우주 삼라만상 모든 것들이 일어나고 사라지지만, 사실 참된 본성에 통하고 보면 그 어떤 일도 일어나거나 사라진 일이 없다. 이 모든 우주가 성주괴공成住壞空하고, 존재가 생주이멸生住異滅하며, 온갖 일들이 생멸生滅하지만 그 모든 일이 다 일어나면서도 동시에 한 법도 생기거나 사라지지 않는다.

불생불멸不生不滅, 무생법인無生法忍이 드러난다. 일체 모든 괴로움이 다 사라진 자리가 바로 이 진리의 자리다. '이것'에 통하고 보면, 모든 괴로움은 더 이상 괴로움이 아니다. 4성제四聖諦, 즉 괴로움이 곧 괴로움이 아니라는 사실에 눈뜨게 된다.

『육조단경』을 통해 6조 혜능 스님께서 깨닫고 계합하신 '이것'이 무엇인지를, 나의 참된 본성이 무엇인지를, 깨달음이라는 것이 무엇인지를 간절한 마음으로 발원하면서 이 책을 읽으라. 머리로 읽지 말고, 가슴으로, 온 존재로 읽으라.

혜능, 드디어 6조가 되다

● 다음날 5조께서 몰래 방앗간에 오셔서 등에 돌을 지고 방아를 찧고 있는 저를 보시고는 말씀하셨습니다.

"도를 구하는 사람은 마땅히 법을 위해서라면 몸을 잊어버릴(爲法忘軀) 정도는 되어야 한다. 그래, 쌀은 다 찧었느냐?"

"쌀은 이미 찧었습니다만, 아직 체로 치지는 못했습니다."•

이에 5조께서는 주장자로 방아를 세 번 내리치고 나가셨는데, 저는 곧 조사의 뜻을 알아차리고는 3경이 되어 조사의 방으로 들어갔습니다. 5조께서는 가사로 방문을 막아 사람들이 보지 못하게 하시고는 『금강경』을 설해 주셨습니다.

• 견성見性은 하였으나 아직 스승의 인가를 받거나 원만히 보임保任을 하지는 못했음을 비유함.

저는 "마땅히 집착하는 바 없이 그 마음을 내라(應無所住而生其心)"라는 구절에 이르렀을 때 그 말끝에 깨달았습니다(言下大悟). 깨닫고 보니 일체 만법이 모두 자성(自性) 아닌 것이 없었습니다(一切萬法 不離自性). 그리하여 5조께 말씀드렸습니다.

"이토록 자성이 본래 청정함을 어찌 기대나 했겠습니까(何期自性 本自淸淨)? 자성은 본래부터 생멸한 바가 없음을 어찌 알았겠습니까(何期自性 本不生滅)? 자성이 본래 구족되어 있음을 어찌 기대했겠습니까(何期自性 本自具足)? 자성이 본래 동요함이 없음을 어찌 알았겠습니까(何期自性 本無動搖)? 자성이 능히 세상 만법을 만들어 냈다는 것을 어찌 기대나 했겠습니까(何期自性 能生萬法)?"

5조께서는 제가 본성을 깨달았음을 아시고는 곧 "네가 바로 대장부大丈夫요, 천인사天人師요, 부처다"라고 하셨습니다. 이렇게 3경에 법을 받으니 아무도 아는 사람이 없었습니다. 그때 5조께서는 돈교頓敎와 의발衣鉢을 전해주며 말씀하셨습니다.

"너는 이제 제6대의 조사가 되었다. 스스로 잘 호념護念하여 널리 중생을 제도하고 먼 미래에까지 유포하여 끊어지지 않도록 하라. 나의 게송을 들어라.

유정有情이 찾아와 깨달음의 씨앗을 뿌리면(有情來下種)
씨 뿌린 원인에 따라 깨달음이라는 결과가 생기지만(因地果還生),
무정無情은 이미 씨앗도 없고(無情旣無種)
성품도 없으며 생겨남도 없느니라(無性亦無生)."

5조께서 다시 말씀하셨습니다.

"옛날에 달마 대사께서 처음 이 땅에 오셨을 때는 사람들에게 믿음이 없었기 때문에 이 가사를 전하여 믿음의 바탕으로 삼아 대대로 이어왔다.

그러나 본래 법이란 곧 마음에서 마음으로 전하여(以心傳心) 모두가 스스로 깨닫고 스스로 확인하는 것일 뿐이다. 옛날부터 부처와 부처가 오로지 본체本體만을 전하셨고, 조사와 조사가 은밀히 본심本心을 전해 주셨다.

가사를 전하는 것은 다툼의 실마리가 될 뿐이니, 너에게서 멈추고 더 이상 전하지 말라. 만약 이 가사를 계속 전한다면, 가사를 받은 이의 목숨이 실낱과 같아질 것이다.

너는 이제 어서 빨리 떠나거라. 사람들이 너를 해칠까 두렵구나."

위법망구爲法忘軀라는 말은 스님들이 출가할 때 많이 듣게 되는 말 중 하나이다. 법을 위해서라면 이 한 몸을 돌보아서는 안 된다는 것이다. 이 한 생 안 태어났다고 여기고 공부하라는 말도 있다. 수행자에게 있어서 가장 중요한 것은 바로 이처럼 법을 귀하게 여기는 마음이다.

공부에서 제일 중요한 것은 이 마음공부, 선공부가 자기 인생에서 첫 번째, 가장 중요한 것이 되어야 한다는 점이다. 나머지는 전부 다

2번, 3번이고 이 공부가 우선순위 1번이 되어야 한다.

내 몸을 위하고, 내 명예를 위하고, 내 돈을 위하는 등 아상我相과 아집我執을 위한, '나'를 돌보는 삶 속에서는 깨달음은 일어날 수 없다. 내가 사라지는 공부가 바로 이 공부이기 때문이다. 내가 완전히 사라질 때, 내가 완전히 죽을 때 비로소 참나, 자성이 드러나는 것이다.

쌀은 이미 찧었지만 아직 체로 치지는 못했다는 것은, 견성見性은 하였으나 아직 스승님께 인가를 받거나, 가르침을 받거나, 보임保任이 원만히 되지는 못했음을 이르는 말이다.

사람들은 수많은 노력과 수행을 통해 결국 마지막에 탁 깨닫고 나면 모든 것이 끝나는 줄 안다. 견성을 이 공부의 끝으로 아는 것이다. 그렇지 않다. 견성이야말로 이 공부의 시작점이다.

사실 견성 이전의 공부는 참된 공부라기보다는 아무 것도 모르는 '모를 뿐'의 꽉 막힌 시간일 뿐이다. 그 갑갑하고 꽉 막힌 시간 속에서 아무 것도 할 수 있는 것은 없고, 오로지 법에 관심을 기울이고, 스승의 법문을 들으며 무위無爲로써 시간을 보내다 보면, 어느 순간 견성見性이라고 불리는 사건이 벌어진다. 그때부터가 바로 수행이 시작되는 마음공부의 시작점이다. 견성은 완성이 아니라 입문入門이다.

견성 이후의 보임保任이야말로 참된 공부다. 수행이라는 말은 사실 보임으로부터 시작된다.

자기 성품을 확인하는 것이 견성인데, 본래 성품을 확인했다고 할지라도 살아오면서 익혀 온 오랜 분별의 습習 때문에 깨달음의 자리는 약하고, 중생의 습관은 강해서, 자꾸만 습에 끄달린다. 보임이란 바로 이 중생의 분별의 습관을 조복시키는 공부다. 이 보임에는 시간이 많이 필요하다. 습관을 조복시키기는 쉽지 않기 때문이다. 돈오점수頓悟漸修라는 말이 그것이다. 깨달음은 몰록 오지만, 그 이후의 공부는 점차적으로 이루어진다는 것이다.

이에 5조 홍인 스님은 혜능을 몰래 한밤중에 불러 사람들이 보지 못하게 하시고는『금강경』을 설법해 주신다. 돈오점수의 공부, 보임의 수업이 시작되는 것이다.

혜능은 "마땅히 집착하는 바 없이 그 마음을 내라"는 구절에서 언하대오言下大悟, 즉 말끝에 크게 깨닫게 된다. 선에서 아주 유명한 구절이며, 선과 깨달음의 본질을 드러낸 말이다. 이 공부는 오랜 시간 모를 뿐으로 꽉 막혀 있다가 그 궁금함, 그 의문이 안으로 익고 익어 터져버릴 때가 될 즈음, 시절인연이 무르익게 되면 저절로 한 순간 몰록 스승의 법문을 듣다가 깨닫게 되는 것이다.

선의 역사를 살펴보면 거의 많은 경우가 이처럼 스승의 법문을 듣다가 말끝에 깨닫는 경우가 많다. 언하대오言下大悟의 경우가 가장 많고, 그 다음은 어떤 소리를 듣다가 깨닫거나, 보다가 깨닫는 경우가 많다.

물론 깨달음은 견성의 순간으로 모든 것은 끝난다. 본래 깨달아 있던 것을 잊어버리고 살다가 '아하!' 하고 그저 깨닫게 된 것일 뿐이다. 그러면 다 된 것이다. 그래서 견성성불見性成佛이라고 한다. 견성하는 그 순간이 곧 성불이라는 것이다. 그러나 앞서 말한 것처럼 오랜 습이 끊임없이 중생의 습을 발동시킨다. 그래서 보임이 필요하다.

꾸준히 보임을 하다 보면 다시금 깨달음을 놓친 것 같고, 공부가 지지부진한 것 같은 시간을 다시 보내게 된다. 그러다가 보통은 한두 번 정도 더 견성의 순간과도 같은, 아니 그 이상의 쑥 내려가는 듯한, 보다 완전하게 자성에 뿌리내리는 순간들이 찾아온다. 이것을 견도見道·수도修道·무학도無學道라고 하기도 하고, 초기경전에서는 수다원須陀洹·사다함斯陀含·아나함阿那含·아라한阿羅漢이라고 부르기도 한다. 사실은 단계가 없지만, 습을 조복시킴으로써 법에 더 확고하게 뿌리내리는 그런 단계 아닌 단계가 있게 되는 것이다. 보다 완전하게 법과 내가 둘이 아니게 되어 완전하게 불이법에 계합하는 과정이다.

체로 치지는 못했다는 고백에서 보듯이, 혜능은 이미 아주 작고 미미한 견성의 뚫어지는 체험은 있었던 듯하지만, 그것으로는 여전히 힘이 없고, 완전히 법과 하나가 되지 않았던 것이다. 5조 스님의『금강경』법문을 듣고 비로소 완전히 불이법과 하나 되고, 보다 정교하게 딱 들어맞는 언하대오가 찾아온 것이다. 이렇게 깨닫고 보니, 일체 만법이 전부 자성 아닌 것이 없었다. 온 우주 삼라만상 전부가 그대로 자성이고 깨달음이었다.

깨달음의 노래가 저절로 터져 나온다. 이토록 자성이 본래 청정함을 어찌 기대나 했겠는가? 깨닫지 못했다고 생각했을 때조차 사실은 본래부터 자성은 언제나 그대로 청정했었다. 끊임없이 물질적인 정신적인 생멸변화가 일어나는 매 순간에도 언제나 자성은 생멸한 바가 없었다. 자성은 본래 구족되어 있었던 것이다. 자성은 단 한 번도 동요된 적도 없고, 사라지거나, 줄어든 적도 없이, 언제나 늘 여여하게 그 자리에 있었다. 이 세상 우주 삼라만상 전부가 자성으로부터 생겨난 것일 뿐이다.

일체유심조一切唯心造가 그것이다. 자성이 능히 세상 만법을 만들어 냈다는 것, 그것이 바로 일체유심조의 뜻이다. 일체 모든 것은 마음이 짓는다. 마음·법·자성·불성이 세상 만물을 만들어낸 것이다. 이 마음자리에서 온 우주만물이 나오고 들어가는 것이다. 이 자리는 그 모든 우주 만물을 만들어내지만, 이 자리만은 생겨나거나 사라지는 자리가 아니다.

5조께서는 자성에서 터져 나오는 노래를 듣고는 '네가 바로 대장부요 천인사요 부처'라고 말씀하신다. 자성을 깨닫는 것이 곧 부처다. 그렇다면 견성한 사람은 전부 부처인가? 그렇다. 부처는 우리가 생각하는 것처럼 그렇게 대단하거나, 엄청나거나, 신비스럽거나, 신통방통한 능력을 갖춘 그런 분이 아니다. 그저 자성을 확인한 평범한 사람이다.

우리가 생각하는 것처럼, 바라는 것처럼 깨닫고 나면 신비한 능력이 생겨나고, 모르는 일도 다 알게 되고, 몸도 건강해지고, 남의 병도 치유해 주고, 무엇이든 다 이루게 해 줄 수 있는 능력도 생길 것 같지만, 전혀 그렇지 않다. 그것이야말로 깨달음에 대한 가장 큰 오해다. 이런 깨달음에 대한 잘못된 오해와 편견들이 우리를 깨달음으로 이끄는 가장 큰 방해의 주범이다.

이런 것을 깨달음이라고 믿게 되면, 믿는 바대로 이루어진다. 바른 깨달음이 찾아오는 것이 아니라, 내가 믿었던 환영과 신기루의 세계가 펼쳐진다. 그것은 참된 진리가 아니라, 내가 만들어낸 허구의 허망한 능력일 뿐이다. 그것이 바로 외도外道의 신통력이다. 외도들은 그런 것을 신통력이라고 여기고, 그것이 깨달음이라고 여긴다.

그러나 불법을 깨닫는 것은 본래 있던 자리를 그저 확인하는 것일 뿐이다. 평범해지고, 자연스러워질 뿐이다. 겉으로 보기에는 전혀 달라질 것이 없다. 이것은 자내증自內證이라고 하듯, 자기 내면에서 증득되는 내면의 경계일 뿐이지, 외부적으로 달라지는 것은 아니기 때문이다. 깨달음은 이처럼 가장 평범하지만, 내면에서는 혁명과도 같은 놀라운 변화가 일어난다. 모든 번뇌 망상에서 자유로워지고, 모든 스트레스와 근심걱정으로부터 완전히 자유로워지는 것이기 때문이다. 당장 내일 죽는 일이 있더라도 생과 사가 둘이 아님에 뿌리내렸기 때문에 생사가 일여一如하다.

이로써 글자 하나도 모르는 오랑캐 출신의 행자 혜능이 단박에 6조 조사가 되었다. 그러나 5조께서는 6조를 한낱 행자인 혜능이 얻게 되었음을 알면 수많은 어리석은 이들이 해칠까 염려하여 멀리 떠나도록 하시며, 앞으로는 가사를 전해주지 말 것을 당부하신다. 6조까지가 조사의 끝이고, 7조를 세우지 말라는 것이다.

조사를 내세우거나, 내가 몇 대 조로서 법을 받은 사람이라는 것을 인가 받고 싶어 하는 전통은 사실 참된 진리의 법과는 거리가 멀다. 어디까지 조사를 내세운 것은 잠깐 동안의 방편이었을 뿐이다. 그 방편이 아무리 좋은 방편이라 할지라도 세월이 흘러 그것이 오히려 문제가 될 때가 되면 그 방편은 가차 없이 타파해야 한다.

모든 방편이 다 그렇다. 방편은 필요할 때 잠깐 쓰고, 그 상황, 그 사람에게 잠깐 쓰고 버릴 것이지, 누구에게나 천편일률적으로 다 해당되는 그런 것은 아니다.

깨달음은 누구에게 인가 받고, 누가 누구를 인정해 주고 그런 것과는 상관이 없다. 그럴 필요가 없다. 다만 이런 방편이 필요했던 이유는, 스승의 필요성 때문이다.

이 공부에는 무엇보다도 스승이 가장 중요하다. 스승에게 법문을 듣고, 스승에게 점검을 받아야만 삿된 길로 빠지지 않을 수 있기 때문이다. 그러나 인가印可나 법의法衣를 전해 주고 전해 받는 것은 때가 되면 버려야 할 것들이다. 강을 건너면 뗏목을 버려야 하는 것처럼.

6조, 길을 떠나다

● 제가 여쭈었습니다.

"어느 곳으로 가야 할까요?"

5조께서 말씀하셨습니다.

"회懷(지명으로 광주 남해군의 회집현)를 만나면 머물고 회會(사회현)를 만나면 숨어라."

저는 3경에 의발을 받고서 여쭈었습니다.

"저는 본래 남중국 사람이라 이곳의 산길은 알지 못합니다. 어떻게 하면 강어귀로 갈 수 있습니까?"

5조께서 말씀하셨습니다.

"너는 걱정할 것 없다. 내가 너를 데려다 주겠노라."

5조께서 구강역九江驛까지 전송해 주시자 마침 한 척의 배가 있었습니다. 5조께서는 저를 배에 오르도록 하시고는 직접 노를 잡고 저으셨습니다. 제가 말씀드렸습니다.

"스님께서는 앉아 계십시오. 제가 노를 젓겠습니다."

5조께서 말씀하셨습니다.

"내가 너를 건네주도록 하겠다."

제가 말씀드렸습니다.

"어리석을 때는 스승님께서 건네주어야 하지만, 이미 깨달은 다음에는 스스로 건너야 합니다. 건넌다(度)는 말은 비록 하나이지만 그 쓰이는 곳은 다르지요. 저는 변방에서 태어나고 자라 말의 어법이 바르지는 않사오나, 스님의 도움으로 법을 받았으니 깨친 본성에 의지해 스스로 건너야 하지 않겠습니까."

5조께서 말씀하셨습니다.

"그렇다, 그렇다. 이후로 불법이 너로 인해 크게 펼쳐질 것이다. 네가 떠나고 나면 3년 뒤에 나는 세상을 떠날 것이다. 이제 잘 가거라. 힘써 남쪽을 향하여 가거라. 다만 너무 성급하게 설법하려 하지는 말아라. 불법을 펴기란 쉬운 일이 아니다."

저는 5조께 하직 인사를 드리고 발길을 남쪽으로 돌려 두 달 반 만에 대유령大庾嶺에 도착했습니다.

5조께서는 되돌아가서 며칠 동안 상당법문을 설하지 않으셨는데 대중이 궁금하여 5조를 찾아가 여쭈었습니다.

"화상이시여, 혹시 병이나 근심이 있으십니까?"

5조께서 말씀하셨습니다.

"병은 없다. 다만 가사와 법은 이미 남쪽으로 갔다."

대중이 여쭈었습니다.

"누가 전해 받았습니까?"

5조께서 말씀하셨습니다.

"능력 있는 자(혜능)가 얻었느니라."

이에 대중은 곧 알아차리고 수백 명이 저의 뒤를 쫓아오니 모두가 가사와 발우를 빼앗으려는 것이었습니다. 그 가운데 속성이 진陳 이요, 이름이 혜명惠明인 한 4품四品 장군將軍 출신의 한 스님이 있 었습니다. 그는 성질과 행동이 거칠고 성급했지만, 지극한 뜻이 있어 힘을 다해 추적하여 다른 사람들보다 앞서서 저를 따라잡았 습니다.

저는 가사와 발우를 바위 위에 올려놓고는 '이 가사와 발우는 믿음의 징표인데 어찌 힘으로 빼앗을 수 있겠는가?' 하면서 숲 속에 몸을 숨겼습니다.

곧 혜명이 도착하여 가사와 발우를 집어 들려 하였지만 움직이지 않았습니다. 이에 혜명은 제게 소리쳤습니다.

"행자님, 행자님, 저는 법을 위해 온 것이지, 의발衣鉢 때문에 온 것이 아닙니다."

이윽고 제가 나와 바위 위에 앉으니, 혜명이 절을 하고서 말했습니다.

"부탁드리오니 행자님, 저를 위해 법을 설하여 주십시오."

제가 말했습니다.

"그대가 정말 법을 위해 왔다면, 이제 모든 인연을 다 쉬고 한 생각도 일으키지 마십시오. 제가 그대를 위하여 설하겠습니다."

잠시 침묵한 뒤에 혜명에게 말했습니다.

"선도 생각하지 말고, 악도 생각하지 마십시오. 바로 그 때에 어떤 것이 혜명 상좌의 본래면목本來面目입니까?"

혜명은 이 말 끝에 크게 깨닫고는(惠明言下大悟) 다시 물었습니다.

"위로부터 내려오는 비밀스러운 말과 뜻 이외에 또 다른 비밀스러운 뜻(密意)은 없습니까?"

제가 말했습니다.

"그대에게 설한 것은 비밀이 아닙니다. 그대가 만약 돌이켜 비추어 본다면(返照), 사실 참된 비밀은 당신에게 있습니다."

혜명이 말했습니다.

"그간 저는 비록 황매에 있었지만, 본래면목을 깨닫지 못하였습니다. 이제 가르침을 받으니, 마치 물을 직접 마셔보고 차갑고 뜨거움을 스스로 아는 것과 같습니다. 이제 행자께서 저의 스승이십니다."

제가 말했습니다.

"그대가 그렇게 생각한다면, 나와 그대는 함께 5조이신 황매를 스승으로 삼는 것과 같습니다. 스스로 잘 보호하여 지니십시오."

혜명은 다시 물었습니다.

"저는 이제 어느 곳으로 가야 합니까?"

제가 말했습니다.

"원袁 땅을 만나면 잠시 멈추고, 몽蒙 땅을 만나면 머물러 사십시오."

혜명이 인사를 하고 떠난 뒤, 대유령 아래에 이르러 혜능을 쫓아오던 사람들에게 말했습니다.

"산꼭대기까지 올라가 보았지만 결국 종적을 찾지 못하였소. 다른 길을 찾아보는 것이 좋겠소."

이에 쫓아오던 무리들이 모두 그렇게 여기며 돌아섰습니다. 혜명은 뒤에 이름을 도명道明으로 바꾸었는데, 이는 스승의 앞 글자를 피한 것이다.

혜능은 5조 홍인 스님의 도움을 받아 배를 타고 강을 건넌다. 바라밀다波羅蜜多, 이 차안의 언덕, 즉 중생이 사는 곳에서 저 피안의 언덕, 즉 깨달음의 언덕으로 건너간다는 것이 바라밀다, 파라미타다. 혜능은 이미 강을 건넜다. 그래서 혜능이 강을 건널 때 스승이 건네주려 하자, 혜능은 이미 깨달았으니 본성에 의해 스스로 건너겠노라고 말한다.

5조는 혜능에게 남쪽을 향해 가되, 너무 성급하게 법을 설하려 하지 말라고 이르신다. 충분히 보임의 기간을 보내라는 것이다.

처음 견성을 하고 난 뒤에는 세상을 다 가진 것처럼 날마다 기쁘고, 부처님 법을 다 아는 것처럼 느껴지겠지만, 중생의 오랜 분별하는 습관으로 인해 그 깨달음의 세계를 중생의 분별심과 생각으로 짜맞추고 분석하려 하다 보면 다시 중생으로 떨어지고 만다. 처음 견성한 뒤에는 성급히 설법하고, 정리하고, 경전을 이해하려 애쓰기보다는 그 모든 것을 생각으로 분별하고 체계화하려는 습관을 내려놓고, 그저 지금 이대로의 본성에 기대어 그저 푹 쉬며 시간을 보내야 한다.

보임이란 이처럼 따로 수행하거나, 열심히 하려고 애써서 되는 것이 아니라, 그저 쉬고 또 쉬며 할 일 없이 시간을 보내는 것에 있다. 성급하게 생각으로 깨달음을 정리하려 하거나, 성급하게 법을 설하려 하기보다는 묵혀두는 숙성의 시간, 보임의 시간이 필요한 것이다.

한편 5조께서는 혜능을 떠나보내고 며칠 동안 법문을 하지 않으셨다. 선원의 조실스님은 매일 상당법문을 설하신다. 그것이 바로 참선이기 때문이다. 당시 선원의 스님들은 기도나 염불, 심지어 예불과 좌선도 하지 않았다. 수행자가 해야 할 일은 오로지 매일 매일 조사스님의 법문을 듣고, 의문 나는 것은 추가로 묻고, 찾아가 질문하는 등, 법에 대한 질의문답과 법문이 전부였기 때문이다.

실제 선원에서 가장 중요한 공부는 세 가지로, 법문과 독참獨參과 청익請益이 그것이었다. 독참은 수행자의 상태를 보고 개별 지도하는 것이고, 청익은 추가적인 질문을 통해 의심을 풀어주는 것이다. 이것이 바로 초기 선원에서 깨달음으로 이끄는 참선 시스템의 3요소다.

앉아서 좌선하는 것만이 참선이라는 생각은 아주 잘못된 생각이다. 선에 참여하는 것, 선의 법석에 함께 하며 스님의 법문을 매일 듣는 것, 그것이 참된 마음공부이며, 참선하는 수행자의 일과다.

5조께서 매일 하던 상당법문을 하지 않으시자 대중이 여쭌다. 5조께서는 그제서야 가사와 법이 혜능에게로 갔음을 알렸다. 이에 대중은 수백 명이 혜능을 뒤쫓아 가서 가사와 발우를 빼앗으려고 했다. 조사를 통해 법을 전하는 이 전통이 이토록 타락했음을 알려주는 대목이다. 사실 법은 오고 가는 것이 아니다. 누가 누구에게 전해주는 것도 아니다.

그 가운데 장군 출신의 혜명 스님이 가장 먼저 도착해 혜능을 찾았다. 다행히도 혜명 상좌는 가사와 발우를 빼앗으려는 것이 아니라 법을 듣기 위해 찾아왔다. 혜능이 혜명에게 법을 설하는 내용에 주목해 보자.

"선도 생각하지 말고, 악도 생각하지 말라. 바로 그때 어떤 것이 혜명 상좌의 본래면목인가?"

이 말 끝에 혜명은 언하대오했다. 어떻게 이게 가능할까? 혜명은 이미 가슴속에 자성을 확인하고자 하는 발심이 익을 대로 익었고, 그 궁금증이 폭발 직전까지 와 있었던 것이다. 5조 스님 문하에서 충분히 공부가 되어 있었지만 시절인연과 기연機緣을 아직 맺지 못했던 것이다. 이렇게 스스로 준비된 자라면 사실 꼭 스승을 찾을 것도 없다. 스스로 때가 되면 언제 어떻게든 법은 드러나게 되어 있기 때문이다.

혜명은 이 한마디에 몰록 깨달았다. 깨달음은 단순하다. 우리 중생들은 무엇이든 곧바로 분별한다. 좋거나 싫다고, 옳거나 그르다고, 선이나 악이라고, 크거나 작다고, 끊임없이 둘로 나누어 놓고 좋은 것은 집착하고 싫은 것은 거부한다. 선은 붙잡고 악은 버린다. 좋은 것이 붙잡아지지 않을 때도 괴롭고, 싫은 것을 버리고 싶은데 버리지 못할 때도 괴롭다. 이처럼 둘로 나누어 놓고 그 중 어느 한쪽을 취사선택하게 되면 괴로울 수밖에 없다. 이것이 바로 중생들의 습관적인 분별이다. 분별의 끝에는 언제나 괴로움이 있다.

혜능은 법은 단순하다. 바로 이 분별을 순간 딱 멈추게 한다. 선도 생각하지 말고, 악도 생각하지 않는다면 그대의 본래면목은 무엇인가? 그 어떤 분별도 남아 있지 않을 때, 그 어떤 생각도 일으키지 않을 때, 그 어떤 것도 버리거나 취하려 하지 않을 때, 바로 그때도 있는 '이것'은 무엇인가? 분별이 일어나는 자리, 분별이 사라지는 자리, 분별 그 자체는 무엇에 의지해서 일어나고 사라지는가? 그렇다면 분별이 사라지고 없을 때, 그럼에도 불구하고 거기에 무엇이 있는가? 그것이 바로 우리의 본래면목이다.

'이것' 외에 또 다른 비밀? 그런 것은 없다. '이것'은 비밀이 아닌 만천하에 온전히 공개되어 있는 것이다. 다만 우리가 분별에 빠져, 분별이라는 색안경을 쓰고 세상을 바라보다 보니, 색안경 너머를 보지 못했을 뿐이다.

우리도 어떤 한 가지에 깊이 신경을 쓰고 있을 때는 눈앞에서 어떤 일이 벌어지더라도 전혀 인식하지 못하지 않는가? 바로 그것과 같다. 진리가 없었던 것이 아니라, 우리가 눈앞에 있는 진리를 보는 대신, 자기 생각 속의 세상을, 자기가 만들어 놓은 분별되고 꾸며낸 허망한 세계를 보고 있었던 것이다.

그렇게 스스로 인식으로 꾸며낸 거짓 세계를 만들어 놓고는 그것만이 이 세상이라고 굳게 믿고 거기에 의미부여를 하고, 집착해 왔던 것이다. 그 분별 인식 속의 대상에 중요도를 부여하고, 취사선택하는 집착 놀이에 빠져, 인식으로 만들어 내기 이전의 텅 빈 본래면목을 보지 못했다. 그러나 그 분별에 사로잡히지만 않았다면, 사실 모든 비밀은 이미 언제나 당신에게 있었다. 다만 그것을 보지 않았을 뿐.

은둔을 끝내고 동산법문을 열다

● 저는 그 뒤 조계에 이르렀다가, 다시 악한 무리들에게 쫓겨 사회현四會縣으로 피난하였습니다. 그 뒤 사냥꾼의 무리로 들어가 거의 15년 정도를 지내며, 때때로 그들에게 마음 내키는 대로 편히 법을 말하곤 하였습니다. 사냥꾼들이 저에게 그물을 지키라고 할 때마다 늘 살아 있는 짐승들을 놓아 주었습니다. 또한 늘 식사할 때가 되면 고기 삶는 솥 한쪽에 나물을 익혀 먹었는데, 혹 누가 물으면 '고기 옆의 채소만 먹는다'고 말했습니다.

그러던 어느 날 문득 한 생각이 일어났습니다.

'이제는 마땅히 법을 펼칠 때가 되었다. 더 이상 숨어 있을 수만은 없다.'

드디어 산에서 내려와 광주廣州의 법성사法性寺에 이르니, 마침 인종印宗 법사가 『열반경』을 강의하고 있었습니다.

그때 바람이 불어 깃발이 펄럭이는 것을 보고 한 스님은 '바람이 움직인다'고 하고, 또 한 스님은 '깃발이 움직인다'고 하였습니다. 두 스님의 논쟁이 끝이 없기에 제가 나서서 말했습니다.

"바람이 움직이는 것도 아니고, 깃발이 움직이는 것도 아닙니다. 다만 스님들의 마음이 움직인 것일 뿐입니다."

이에 모여 있던 대중이 모두 놀랐습니다. 인종 법사는 저를 상석으로 이끌어 깊은 뜻을 밝혀줄 것을 요청하며 물었습니다. 저의 답변이 간략하면서도 이치에 합당하고 문자를 배워 익힌 지식에서 나온 말이 아님을 알고는 인종 법사가 말했습니다.

"행자님은 분명 보통 사람이 아닙니다. 오래 전부터 황매黃梅의 의발衣鉢과 법이 남쪽으로 왔다는 소문이 있었는데, 혹시 행자님이 바로 그분 아니십니까?"

제가 "송구하오나 그렇습니다"라고 말하자 인종 법사가 제자의 예를 갖추고는 전해 온 의발을 대중에서 보여주기를 간청하며 물었습니다.

"황매께서 부촉하신 가르침은 어떤 것이었습니까?"

제가 말했습니다.

"가르쳐 주시는 것은 없습니다. 다만 견성見性을 말할 뿐, 선정禪定과 해탈解脫은 말하지 않으셨습니다."

인종 법사가 물었습니다.

"어찌하여 선정과 해탈은 말하지 않습니까?"

제가 말했습니다.

"그것은 둘로 나뉘는 이법二法이기 때문에 불법이 아닙니다. 불법은 불이법不二法입니다."

인종 법사가 다시 물었습니다.

"'불법은 불이법'이라고 하신 것은 어떤 의미입니까?"

"법사님께서 『열반경』을 강설하시면서 불성을 밝게 보신다면 그것이 바로 불법이라는 불이법입니다. 저 『열반경』에 보면 고귀덕왕보살高貴德王菩薩이 부처님께 여쭈었습니다.

'4중금계四重禁戒를 범한 이와 5역죄五逆罪를 지은 자와 일천제一闡

提 등은 선근善根과 불성이 끊어진 자입니까?'

부처님께서 말씀하셨습니다.

'선근에는 두 가지가 있으니, 하나는 항상함(常)이요, 다른 하나는 무상함(無常)이다. 그러나 불성은 항상한 것도 아니고, 무상한 것도 아니니, 그러므로 불성은 끊어짐이 없어 불이不二라고 한다. 또한 선善도 있고 불선不善도 있지만 불성은 선하지도 않고, 선하지 않은 것도 아니니, 이것을 일러 불이라고 하는 것이다. 범부는 5 온五蘊과 18계十八界를 둘로 나누어 보지만 지혜로운 이는 그 자성이 둘이 없음을 밝게 본다. 둘이 없는 자성이 곧 불성이다'라고 하셨습니다."

인종 법사는 제 말을 듣고 기뻐하며 합장하고 말했습니다.

"제가 경전을 강의하는 것은 마치 깨진 기왓장과 같고, 당신께서 설하시는 것은 진짜 금과 같습니다."

이어서 인종 법사가 저를 위해 머리를 깎아 주고 자신의 스승으로 모시겠다고 원했습니다. 그리하여 저는 마침내 보리수 아래에서 동산법문東山法門을 열게 되었습니다.

제가 동산에서 법을 얻고 난 뒤에 온갖 고생도 많이 하고, 목숨이 실낱처럼 위태로운 시간을 보내왔는데, 오늘 이처럼 위자사와 관료들, 그리고 사부대중들과 더불어 법회를 열게 되니, 이 어찌 헤아릴 수 없는 오랜 인연이 아니겠습니까? 또한 과거생에 모든 부처님께 공양하고 선근을 심었던 것이 비로소 이와 같은 돈교 법문을 듣고 법을 깨우칠 수 있는 원인이 된 것입니다.

이 가르침은 앞선 성인들께서 전해 준 것이지, 결코 제 자신 스스로 얻은 지혜가 아닙니다. 앞선 성인의 가르침을 듣고자 한다면, 모두 각자 마음을 깨끗이 하고 법문을 주의 깊게 들으십시오. 스스로에게 있던 의심이 사라질 때 곧 앞선 성인들과 다름이 없게 될 것입니다."

혜능이 6조가 되는 과정이 기존의 형식과 틀을 과감히 탈피한 것처럼, 혜능의 보임 과정 또한 기존의 방식과는 다른 파격이다. 보통 보임이라고 하면 스승님 아래에서 오랜 세월 꾸준히 법문도 듣고, 문답도 오가면서 이루어지는 것이지만, 혜능은 사냥꾼의 무리로 들어가 그들과 함께 15년을 지내며 보임을 하였다.

불법이란 말 그대로 파격이다. 일체 모든 격식·틀·형식을 타파하고 그 모든 틀로부터 벗어나는 격외格外의 법이다.

사냥꾼들 사이에서 보임수행이 가능할까? 가능하다. 참된 법은 중생을 떠나 있지 않다. 중생들의 평범한 삶 속에 깨달음은 완전하게 드러나 있기 때문이다. 아니 아침에 일어나고, 밥 먹고, 일하고, 길을 걷고, 똥 싸고 잠자는 그 모든 일과가 전부 자성을 벗어나 일어날 수 없다. 평상심이 그대로 도다. 조용하고 고요한 절과 높은 덕을 지닌 스승님에게만 진리가 있고 법이 있는 것이 아니다. 큰 절의 큰스님께 있는 법과 일상의 중생들에게 있는 법이 한 치도 차별이 없고, 차이가 없다. 중생이 곧 부처요, 차안此岸이 곧 피안彼岸이고, 번뇌가 곧 보리菩提다.

혜능은 사냥꾼들 사이에서 열심히 갈고 닦아 수행을 한 것이 아니다. 그저 아무 일 없이 어울려 살았을 뿐이다. 중생들은 분별심으로 온갖 없던 일을 만들고 살지만, 견성한 수행자는 분별을 내려놓고 그저 있는 그대로의 삶을 있는 그대로 살아갈 뿐이다. 복잡하게 문제를 만들어내는 삶에서 그저 본래 문제없던 때로 돌아가 아무 일 없이 사는 것일 뿐이다.

예를 들어 보자. 우리는 아무 일 없이 쉬는 날 가만히 자기 집에서 TV를 보고 있다가, 방송에서 아파트 가격이 올라가고, 로또분양이 어쩌고저쩌고 하는 말을 듣고는 갑자기 지금 이대로 이렇게 살다가는 돈도 못 벌 것 같고, 다른 사람들은 분양 받고 투기해서 돈을 더 많이 벌 텐데, 이렇게 있다가는 뒤처질 것 같은 생각이 순간 올라온다. 저렇게 강남에 아파트를 사고, 투자를 하는 사람들에 비해 나는 이렇게 월급만 받고 사는 것이 '문제'인 것처럼 느껴진다. 내 스스로 아무 일 없던 평화로운 나의 삶을 '문제적인 삶'으로 바꾸어 놓는다. 갑자기 나는 문제투성이의 사람으로, 내 삶은 문제가 많은 삶으로, 나는 가난한 사람으로 바뀐다.

주변 사람들도 자꾸만 부채질하고, 주위를 살펴보니 옆 부서의 김 과장도 아파트를 사서 몇 억을 벌었고, 옆 집 누구네 아빠도 상가에 투자해서 월세를 받고 있단다. 가만히 생각해 보니 나만 뒤처지는 것

같은 생각을 뒷받침하는 수많은 일들이 벌어진다. 내가 만들어 놓은 '문제적인 삶'이 점점 더 진실인 것처럼 생각되고, 나중에는 그것을 진짜인 것처럼 믿게 된다.

이때부터 아무 문제없던 지금 이대로의 삶이 문제의 삶으로 바뀌고, 나는 괴로운 사람이 되어버린다. 추구해야 할 많은 것들이 생겨나고, 나는 한순간 부족한 사람으로 전락한다.

그러다가 다시금 한 생각 돌이켜, 이 모든 것이 욕심에서 비롯되었고, 그 이전에도 잘 살았는데 괜한 문제를 만들어 냈음을 깨닫게 되었다고 생각해 보자. 그 많던 문제가 일순간 사라지고, 다시금 평화로운 휴일을 맞게 된다.

이것과 비슷하다. 공연히 생각을 굴려 문제를 만들어 내고, 그 문제 속에 스스로 빠져 괴로워하고 허덕이다가, 결국 본래 문제 없던 때로 되돌아오고 나면 다시금 본래대로 아무 문제 없이 사는 것일 뿐이다. 견성한 사람은 이처럼 애초부터 문제를 만들어내지 않는다. 그냥 본래대로 아무 문제없이 사는 것이다.

홈쇼핑을 보면서 저것을 사지 않으면 안 될 것 같은 그런 마음을 일으키지 않는다. 아무리 호들갑 떨며 '매진 임박'이라고 떠들어대도 나와는 아무런 상관이 없다. 애초에 저것을 사야겠다거나, 사지 않으면 안 될 것 같은 마음을 내지 않았기 때문이다. 그러나 한 생각 일으켜 사야만 할 것 같은 마음을 내기 시작하면, 쇼핑 호스트의 자극적인 말 한 마디에 이리저리 휘둘릴 수도 있다. 애초에 문제를 만들어 내지만 않으면 아무 일 없이 평화롭게 그저 살 뿐이다. 공연한 욕심과 화와 어리석음을 일으키지 않고, 그저 아무 일 없이 평상심으로 평범하게 사는 것이다.

그렇게 평범한 하루하루를 보내는 것, 그것이 바로 보임의 수행이다. 이 공부는 이처럼 애써서 열심히 갈고 닦는 것이 아니라, 함이 없는 무위無爲의 수행이다. 그러니 절에서만 행할 수 있는 것이 아니라, 사냥꾼의 무리 속에 있더라도 하릴없고 일 없는 세월을 보낼 수 있는 것이다.

이 사냥꾼 속에서의 보임 또한 하나의 상징이다. 중생 속에 도가 있고, 평범한 현실 속에 위대한 깨달음이 있다는 것을 의미한다. 사람들은 출가하지 않으면 깨닫지 못할 것 같고, 세속에서 직장생활을 하면서는 깨달음의 근처에도 못 갈 것처럼 느끼곤 한다. 전혀 그렇지 않다. 보임만 그런 것이 아니라 깨달음도 마찬가지다.

이 세상 속에서, 이 세속을 떠나지 않은 곳에서, 바로 내가 살아가고 있는 삶의 이 생생한 현장을 떠나지 않고서도 충분히 마음공부는 꽃을 피울 수 있다. 절에만 도가 있는 것이 아니라, 내 눈앞에 완전한 도가 있기 때문이다.

15년 보임 뒤에 이제 이 법에 자신감이 생기고, 법을 펼 때가 되었음을 스스로 직감했다. 드디어 산에서 내려와 광주 법성사에서 스님들의 바람과 깃발에 대한 논쟁을 보고는 설하신다.

바람이 움직이는가? 깃발이 움직이는가? 혜능 스님은 그대들의 마음이 움직인 것일 뿐임을 설하신다. 여기에는 마음이 움직인 것이라는 어떤 정답 같은 것이 있어서 그렇게 설한 것이 아니다. 바람이 움직인다거나, 깃발이 움직인다거나, 마음이 움직인다거나 전부 다 하나의 분별일 뿐이다. 그래서 무문혜개無門慧開 스님은 "바람이 움직이는 것도 아니고, 깃발이 움직이는 것도 아니며, 마음이 움직이는 것도 아니다"라고 하셨다. 사실 움직여도 움직인 바가 없다. 그런데 움직인 바도 없는 것에 대해 '무엇'이 움직였느냐고 따진다는 것 자체가 망상이 아닌가?

다만 혜능은 바람과 깃발이라는 대상 사물에 대해 왈가왈부하는 것에 대해, 그 모든 움직임이 일어나는 바탕, 근원적인 배경에 대해 주목하도록 이끌고 있다. 사실 일어난 움직임이나, 바람·깃발·마음이 일어나고 사라지는 등의 말들은 하나의 분별이고 말이고 개념일 뿐이다. 무엇이 움직였다고 하면 어떻고, 또 그 무엇도 움직인 바가 없다고 하면 어쩔 것인가?

수행자가 관심을 가져야 할 것은 그렇게 움직이고 변해가는 무언가에 대해서가 아니다. 온갖 삼라만상의 변화와 생멸에 대한 것이 아니라, 그 너머의 배경에서 생멸하지 않고, 움직이지 않으며, 그 모든 것을 지탱하고 있는 본체·근원에 관심을 기울여 보라.

바람·깃발·마음이 아닌 여기에서, 바람도 이야기하고, 깃발도 이야기하고, 마음이라고 이야기하고 있는 '이것'은 무엇인가? 이 모든 것은 어디에서 비롯된 것인가?

인종 법사는 혜능의 비범함을 보고 6조임을 직감한다. 혜능이 그렇다고 하자, 5조로부터 받은 법은 어떤 것인지를 묻는다.

"다만 견성見性을 말할 뿐, 선정禪定과 해탈解脫은 말하지 않는다. 선정과 해탈은 이법二法이기 때문에 불법이 아니다. 불법은 불이법不二法이다."

아주 유명한 『육조단경』의 대표적인 가르침이다. 견성은 자기가 자기를 확인하는 것이다. 둘로 나뉘는 것이 아니다. 그러나 선정은 선정에서 나오는 것이 있고, 선정에 들어가는 것이 둘로 나뉘어져 있다. 선정에 들지 못한 이가 있고, 선정에 든 이가 있다. 둘로 나뉘는 법, 이법二法이다. 해탈 또한 해탈하지 않은 중생과 해탈한 부처가 둘로 나뉘어져 있어야만 해탈이라는 말이 가능하다. 이 또한 이법으로, 둘로 나뉘는 법이기에 불법이 아니라는 것이다.

너무나도 당연한 말이지만, 또 한편으로는 도무지 이해가 안 될 것이다. 불교는 선정을 닦아 해탈하는 가르침이라고 믿어왔기 때문이다. 선정도 방편이고, 해탈도 방편이라는 말이다. 부처도 방편이고 깨달음도 방편이다. 어리석은 중생에게 어리석음을 타파하고 나면 부처가 된다고 방편으로 이야기를 해 주기 위해 '부처'라는 말을 내세웠을 뿐이지, 어리석음이 사라지고 나면 그저 어리석음 없이 살면 될 뿐, 부처라는 말을 내세울 것도 없다.

중생들은 둘로 나누어 놓고, 이것 아니면 저것으로 분별해 놓아야지만 이해를 한다. 그것이 중생의 분별심이다. 분별심은 두 개를 놓고 그 중에 어느 쪽이 더 좋은지, 옳은지, 큰지, 훌륭한지 등을 비교를 통해 이해하는 것이다. 우리 머리는 분별을 통해서만 이해한다.

해탈도 마찬가지다. 해탈하지 못한 자와 상대적으로 해탈한 자가 있을 수 있다. 이 세상 모든 사람들이 전부 다 해탈했다면, 해탈이라는 말 자체도 필요치 않았을 것이다.

해탈이란 말 그대로 묶인 것에서 풀려났다는 의미다. 묶인 자가 있으니 묶임에서 풀려난 자도 있다. 이처럼 해탈이라는 말 자체도 하나의 분별된 개념이요, 이법二法일 뿐이다.

불법은 불이법不二法이다. 둘로 나누어 놓고 분별하고 비교하는 것은 중생의 분별심이 하는 일이다. 진리는 그 어떤 것도 둘로 나누지 않는다. 둘로 나뉠 것이 없기 때문이다. 둘로 나누는 모든 개념들은 전부 방편이요, 뗏목이고, 달을 가리키는 손가락일 뿐이다.

그래서 혜능은 단지 견성을 말할 뿐, 선정과 해탈은 말하지 않는다고 했다. 불성을 밝게 보는 것이 곧 견성이다. 내가 곧 불성이며, 불성이 곧 나였음을 확인하는 것, 불이법의 확인이 곧 견성이다. 여기에는 둘로 나뉘는 것이 없다.

인종 법사는 『열반경』을 강의했는데, 『열반경』에는 다음과 같은 내용이 있다.

"일천제一闡提는 정해진 것이 아니다. 그들도 결정적인 것이 아니므로 얼마든지 깨달을 수 있다. 즉 네 가지 계율을 범한 자, 대승경전을 비방한 자, 오역죄를 지은 자일지라도 모두 불성을 지녔으므로 성불할 수 있다."

일천제란 성불할 선근善根이 없는 사람이라는 뜻으로 현실적인 욕망만을 추구할 뿐, 불법을 따르지 않는 무리다. 단선근斷善根·대탐大貪·무종성無種姓·무참괴無慙愧 등으로 한역된다.

네 가지 계율 즉 4중금계四重禁戒란 스님들이 반드시 지켜야 하는 계율이며, 살생·도둑질·음행·깨달았다고 하는 거짓말을 말한다.

5역죄五逆罪란 대승과 소승에서 그 해석이 다소 다른데, 소승불교의 5역죄는 아버지와 어머니, 아라한을 죽이거나 해치는 죄, 승단의 화합을 깨뜨리는 죄, 부처님의 몸에 상처를 입히는 죄를 말한다. 대승불교의 5역죄는 절이나 탑을 파괴하고, 불상과 불경을 태우고, 삼보를 빼앗는 등의 죄, 불법을 비방하는 죄, 출가자를 죽이거나 수행자를 방해하는 죄, 소승불교의 5역죄 중 하나를 범하는 죄, 10악업十惡業을 행하고 다른 사람에게 가르치는 죄 등으로 그 범위가 다소 확장된다. 이러한 죄를 범한 일천제들은 성불할 수 없다고 알려져 있다. 그러나 『열반경』에서는 일천제도 성불할 수 있다고 설한다.

왜 그럴까? 일천제나 큰 죄를 범한 이들은 불성이 끊어졌다고 알고 있지만, 불성이란 끊어지거나 없어지는 것이 아니다. 죄를 지은 이에게는 불성이 사라졌다가, 죄를 참회하면 다시 생겨나는 것이 아니다. 죄라는 것이 실체가 없기 때문이다. 죄에도 실체가 없고, 사람에게도 실체는 없다. 죄 지은 자라는 것 또한 하나의 환상일 뿐이다. 불성은 죄를 짓고 짓지 않음에 좌우되는 것이 아니다. 죄의 유무에 따라 불성이 생겨나고 사라지는 것이 아니다. 그럴 수가 없다.

죄란 생겨났다 사라지는 생멸법生滅法이지만, 불성은 생겨나지도 사라지지도 않는 불이법이며, 불생불멸법不生不滅法이다. 그러니 어찌 죄업을 지은 사람에게 불성이 없다고 말할 수 있겠는가? 죄와 죄 없음이 둘이 아니다. 불성은 불이법이라서 불성이 있는 자와 불성이 없는 자로 둘로 나눌 수 없다.

5온五蘊과 18계十八界는 곧 나를 포함한 이 우주 삼라만상을 나누는 구분방식이다. 5온과 18계를 범부중생들은 둘로 나누어 보지만, 지혜로운 이는 그 성품이 둘이 아님을 깨닫는다. 5온이 다섯으로 나뉘어져 있지만 사실 그것은 둘이 아닌 하나이며, 18계가 18가지로 나누어져 있지만 그 또한 오로지 둘이 아닌 하나의 불성이다.

불성 하나가 5가지로, 18가지로, 8만 4천 가지로, 무수한 삼라만상으로 나누어지지만 결국 그 근원은 하나의 바탕, 하나의 불성으로 귀일된다.

마하반야바라밀

● 대사께서 다시 대중들에게 말씀하셨다.

"선지식이여, 깨달음이라는 반야의 지혜는 세상 사람들이 본래 스스로 이미 갖추고 있는 것이지만, 다만 마음이 어리석어 스스로 깨닫지 못할 뿐입니다. 모름지기 대선지식의 지시指示와 가르침에 의지하여 견성見性해야 합니다.

어리석은 사람과 지혜로운 사람의 불성은 본래 차별이 없습니다. 다만 그 불성에 미혹한 것과 불성을 깨달은 것이 같지 않기 때문에 어리석은 자가 있고 지혜로운 자가 있는 것입니다.

제가 이제 마하반야바라밀법을 설하여 그대들로 하여금 각자 지혜를 얻도록 할 것이니, 지극한 마음으로 잘 들으십시오. 그대들에게 말하겠습니다.

선지식들이여, 세상 사람들이 종일토록 입으로 반야를 외우면서도 자기의 본성인 반야를 알지 못하는 것은 마치 입으로 음식 이야기를 아무리 많이 하더라도 배가 부르지 않는 것과 같습니다. 입으로만 공을 말하고 오랜 세월이 흐르도록 견성하지 못한다면 마침내 이익이 없습니다.

선지식들이여, 마하반야바라밀은 범어梵語로서 큰 지혜로 피안彼岸에 이른다는 뜻입니다. 이것은 모름지기 마음으로 행하는 것이지, 입으로 외운다고 되는 것이 아닙니다. 입으로는 외우면서 마음으로 행하지 않으면, 허깨비와 같고 꼭두각시와 같으며 이슬과 같고 번개와 같습니다. 입으로도 외우고 마음으로도 행하면 말과 마음이 서로 맞아떨어져 하나가 됩니다. 본성本性, 이것이 부처일 뿐, 본성을 떠나서 다른 부처는 없습니다.

어떤 것을 일러 마하摩訶라고 할까요?

마하는 크다는 뜻입니다. 마음의 크기가 광대함이 마치 허공과 같아서 끝이 없고, 모나거나 둥글거나 크거나 작지도 않으며, 푸르거나 누렇거나 붉거나 희지도 않고, 위아래도 없고, 길고 짧음도 없으며, 성내거나 기뻐함도 없고, 옳고 그름도 없고, 선하고 악함도 없으며, 머리도 없고 꼬리도 없습니다. 모든 불국토가 바로 이러한 허공과 같습니다.

세상 사람들의 묘한 본성은 본래 공空하여 얻을 수 있는 것이라고는 하나도 없습니다. 자성自性이 진실로 공함도 또한 이와 같아 한 법도 얻을 수 없습니다.

선지식들이여, 제가 공을 설했다고 하여 그 말을 듣고 공에 집착해서는 안 됩니다. 제일 하지 말아야 할 것이 공에 집착하는 것입니다. 만약 마음을 비우고 고요히 앉아 있기만 한다면 이것은 곧 무기공無記空에 떨어지는 것입니다.

선지식들이여, 이 세계의 허공은 능히 삼라만상을 품고 있습니다. 해, 달, 별, 산, 강, 대지, 샘물, 시냇물, 풀, 나무, 숲, 나쁜 사람, 좋은 사람, 나쁜 것, 좋은 것, 천당, 지옥, 큰 바다와 수미산 등이 모두 허공 속에 있습니다. 세상 사람들의 본성이 공한 것 역시 이와 같습니다.

선지식들이여, 자성이 능히 일체 만법을 품고 있으므로 '크다'고 하나니, 일체 모든 것은 우리의 본성 가운데에 있습니다.

만약 사람들의 선과 악을 보더라도 어느 것도 취하거나 버리지 않고, 물들거나 집착하지 않아, 마음이 마치 허공과 같게 된다면 이를 이름하여 '크다'고 하고, 마하라 이름합니다.

선지식들이여, 어리석은 사람은 입으로만 말하지만 지혜로운 사람은 마음으로 행합니다. 또한 어리석은 사람은 마음을 비우고 고요히 앉아 아무런 생각이 없는 것을 일러 '크다'고 말하지만, 이러한 무리들과는 대화를 하지 마십시오. 삿된 견해를 지녔기 때문입니다.

선지식들이여, 마음의 크기는 광대하여 우주법계 전체에 두루합니다. 작용을 하면 뚜렷하고 밝아서 분명하니, 상황 따라 쓰면 곧 모든 것을 지혜롭게 압니다. 일체가 곧 하나요, 하나가 곧 일체이니, 오고 감에 자유롭고, 마음의 본바탕에 막힘이 없다면 이것이 곧 반야입니다.

선지식들이여, 모든 반야의 지혜는 전부 자성으로부터 생겨나는 것이지 밖에서 들어오는 것이 아닙니다. 뜻으로 헤아려 잘못 쓰지만 않는다면 그것이 바로 참된 자성의 작용입니다. 하나가 진실하면 일체 모든 것이 진실합니다(一眞一切眞). 마음의 크기는 매우 커서 작은 길로는 갈 수 없습니다. 입으로는 하루 종일 공을 말하면서도 마음속으로는 이 행을 닦지 않는다면 안 될 일입니다. 이는 흡사 평범한 사람이 스스로를 국왕이라고 칭하는 것과 같이 결국 이룰 수 없는 일이니, 그는 나의 제자라 할 수 없습니다.

선지식들이여, 어찌하여 반야라고 이름 지었을까요? 반야는 당나라 말로 지혜를 의미합니다. 일체시一切時와 일체처一切處에 순간 순간 어리석지 않고, 항상 지혜를 행한다면 그것이 곧 반야행般若行입니다. 한 생각 어리석으면 반야가 끊어지고, 한 생각 지혜로

우면 반야가 생겨납니다. 세상 사람들은 어리석고 미혹하여 반야를 보지 못합니다. 입으로는 반야를 말하지만 마음은 늘 우매愚昧합니다. 스스로는 늘 반야를 닦는다고 말하고 순간순간 공空을 말하지만 참된 공은 알지 못합니다. 반야는 형상이 없으며, 지혜로운 마음이 곧 반야입니다. 만약 이와 같이 이해한다면 이것이 곧 반야지般若智입니다.

무엇을 바라밀波羅蜜(paramita)이라 할까요? 이것은 인도의 말로서, 여기 말로는 도피안到彼岸(피안에 이른다)이라 하고, 그 뜻은 생멸에서 벗어난다는 의미입니다.

경계에 집착하면 생멸이 일어나서, 마치 물 위에 물결이 일어나는 것과 같으니, 이것을 차안此岸이라고 합니다. 경계에서 벗어나면 생멸이 없으니, 마치 물이 언제나 막힘없이 흐르는 것과 같아서, 이것을 피안彼岸이라고 합니다. 그러므로 바라밀이라 이름합니다.

선지식들이여, 어리석은 사람은 입으로만 외우는데, 입으로만 외우는 동안에는 망상도 생기고 허물이 있게 됩니다. 만약 순간순간 곧장 행한다면 이것을 일러 참된 성품이라고 합니다. 이 법을 깨닫는 것이 바로 반야법般若法이고, 이러한 행을 하는 것이 바로 반야행般若行입니다. 반야행을 닦지 않으면 곧 범부이고, 한 순간 반야행을 닦으면 자기 스스로가 곧 부처와 같습니다.

선지식들이여, 범부가 곧 부처(凡夫卽佛)이고, 번뇌가 곧 깨달음(煩惱卽菩提)입니다. 앞생각이 어리석으면 곧 범부이고, 뒷생각에 깨달으면 곧 부처입니다. 앞생각 경계에 집착하면 번뇌이고, 뒷생각 경계에서 벗어나면 곧 깨달음입니다.

선지식들이여, 마하반야바라밀은 가장 존귀하고 가장 높은 최상의 첫 번째 자리의 일이니, 거기에는 머무는 것도 없고, 가거나 오는 것도 없습니다. 삼세의 모든 부처님이 전부 마하반야바라밀에서 나왔습니다. 마땅히 큰 지혜를 사용하여 5온의 번뇌와 티끌을 타파하십시오.

이와 같이 수행하면 결정코 불도를 이루게 되나니, 탐진치貪瞋癡 3독三毒을 계정혜戒定慧 3학三學으로 바꿀 수 있습니다.

선지식들이여, 나의 이 법문은 하나의 반야로부터 8만 4천의 지혜를 만들어 냅니다. 무슨 까닭일까요? 세상 사람들에게는 8만 4천 가지의 번뇌가 있기 때문입니다. 만약 티끌 번뇌가 없다면, 지혜가 항상 드러나 자성을 벗어나지 않습니다.

이 법을 깨달으면 곧장 생각도 없고, 기억도 없고, 집착도 없으며, 거짓된 망상도 일으키지 않지만, 진여眞如의 성품을 자유롭게 사용합니다. 지혜로써 관조하여 일체법一切法을 취하지도 않고 버리지도 않으면, 곧바로 견성見性하여 불도를 이루게 됩니다."

깨달음, 반야지혜는 모든 사람들이 본래 스스로 이미 갖추고 있다. 다만 마음이 분별망상에 뒤덮여 스스로 깨닫지 못할 뿐이다. 스스로 이미 갖추고 있는 반야지혜를 보지 못한 채, 자신이 만들어 놓고 분별망상으로 구축해 놓은 의식 위에서의 환영 같은 세계를 진짜 세상인 것으로 오해하고 있다.

그러면 어떻게 해야 할까? 어떻게 해야 본래의 반야지혜를 깨달아 견성할 수 있을까? 그 방법은 바로 대선지식의 지시指示와 가르침에 의지해야 한다. 이것이 선의 길이다. 방법 아닌 방법이며, 길 아닌 길이다. 이것이 바로 '직지인심 견성성불直指人心 見性成佛'이다.

곧바로 그 사람의 마음을 가리켜 보여 줌으로써 자성을 보고 성불하도록 이끄는 것이다. 이와 같은 선의 수행에 대선지식, 스승의 역할은 필수적이다. 스스로 견성하고, 원만하게 보임을 이룬 대선지식을 만나 직지인심의 지시를 받아야 한다.

선지식은 제자들에게 '이렇게 수행하라'는 방법론을 제시하지 않는다. 다만 매 순간, 법을 설할 때마다, 일상생활의 한 가운데에서, 언제나 곧바로 마음·불성·본래면목을 가리켜 보인다.

제자가 스승에게 "도가 무엇입니까?", 혹은 "부처가 무엇입니까?" 하고 물을 때, 어떤 스님은 손가락 하나를 들어 보임으로써 손가락을 들어 보이는 것이 아니라, 직지인심, 즉 곧바로 마음을, 불성을 가리켜 보여준다. 또 어떤 스님은 "할!" 하고 소리를 지르거나 한 대 때리기도 하고, 혹은 "뜰 앞의 잣나무", "마른 똥막대기"를 말하거나, 혹은 옆구리를 툭툭 치면서 마음을 곧장 확인시켜 주는 것이다. 이런 방편이 모두 불성을 지시해 보이는 것이다.

물론 중생들은 그런 행위나 말을 듣고, 그 말에 담긴 의미를 파악

하거나, 그 행위에 담긴 뜻을 이해하려고 애쓸 것이다. 그것이 바로 분별하는 것이다. 그렇게 해서는 영겁永劫이 다하도록 노력할지라도 자성自性의 티끌 하나도 확인하지 못한다. 스승이 곧장 불성을 지시해 가리켜 보여 줄 때, 제자는 그저 모를 뿐이다. 왜 모를까? 스승은 분명히 명명백백하게 자성을 보고 자신이 보고 있는 자성을 가리킬 뿐이지만, 제자에게는 여전히 자성이 보이는 것이 아니라, 분별된 대상이 보이기 때문이다.

견성 이전에 제자는 결코 스승이 가리키는 것이 무엇인지를 알 수 없다. 알면 어긋나기 때문이다. 안다는 것은 분별의식이 일으키는 것이지, 자성을 확인하는 것이 아니다.

그러니 직지인심 견성성불이라는 수행법에 있어서는 스승이 지시를 하여 법을 보여줄 때, 제자의 자세가 중요하다.

제자는 스승의 지시를 받자마자 습관적으로 분별하는 마음을 내려놓고, 그저 꽉 막혀야 한다. 도저히 모를 뿐이어야 한다. 조금이라도, 털끝만큼이라도 헤아리거나, 알 것 같다거나, 경전의 가르침을 끌어와 이해하려고 한다거나, 머리를 움직이면 그것은 100% 틀렸다. 그것은 공부의 길이 아니라, 세속의 길이며, 분별의 길일 뿐이다.

스승은 법을 가리켜 보여 준다. 마음을 지시한다.

"마른 똥 막대기야."

"뜰 앞의 잣나무야."

"오늘 날씨가 좋구나."

"악!"

"차나 한 잔 하거라."

혹은 한 대 때리거나, 손가락을 들어 보인다.

이것이 바로 스승이 온 존재로 가리켜 보여주는 자성이며 불성이다. 스승의 직지인심이다.

'저게 무슨 직지인심이야?', '저 말이 내 불성을 가리키는 거라고?' 하면서 중생들은 끊임없이 속삭임이 올라올 것이다.

마른 똥막대기를 이리 저리 살피면서, 내 눈에는 막대기만 보이지만, 계속 분별없이 보는 연습을 하다보면 저 똥막대기에서 갑자기 불성이 보이리라는 생각을 가지고 보려고 애쓰기도 한다. 끊임없이 온갖 의지와 생각과 노력을 일으켜서 분별하고 생각하고 짜 맞추고 체계를 세우려고 애쓸 것이다.

그러나 그것은 전부 쓸데없는 짓이다. 그렇게 계속 해 보라. 온갖 노력을 다 해 보라. 결국에 그 노력 끝에, '도저히 알 수 없구나', '해도 안 되는 구나' 하는 절망감이 들 것이다. 바로 그 절망감이 공부다. 내 의지가 꽉 막혀야 한다. 유위법有爲法으로는 안 된다는 사실에 눈뜨고, 저절로 무위無爲가 되어, 그저 진리에 완전히 내맡기는 순간이 온다. 그때부터 진짜 공부는 시작된다.

그래서 선의 스승들은 법문을 들을 때, 머리로 듣지 말라는 말을 끊임없이 한다. 심지어 '가슴으로 들으라'는 말에서부터, 발바닥으로 들어라, 꼬리뼈로 들어라, 쓸개와 창자로 듣고, 손톱으로 들으라고 설하기도 한다. 혹은 머리가 없다고 생각하고, 머리는 뚝 잘라 옆에 두고 법문을 들으라고 말한다. 그것은 스승의 직지인심의 법문을 들을 때, 알음알이와 분별로써 이해하며 듣지 말라는 말이다.

대선지식의 법문을 듣다보면 저절로 그렇게 된다. 시간이 흐르면서 저절로 분별이 조금씩 사라지고, 도무지 알 수 없고, 해도 안 되고, 무기력해 지지만 결코 물러설 수 없으니, 계속해서 법 앞에서 버티고 또 버티는 것이다. 이것이 정진바라밀이다. 포기하지 않고 이 답답하고 막막한 '모를 뿐'의 법문 앞에 버티고 서 있다 보면, 어느 순간 그 꽉 막힌 의식이 막다른 길에 다다르게 되고, 결국 불성이 저절로 제 스스로를 드러내는 순간이 몰록 단박에 찾아온다. 그것이 바로 견성의 소식이다.

이처럼 견성은 특별한 방법을 통해 오는 것이 아니라, 스승의 직지 법문에 귀기울이다 보면 저절로 무위로 일어나는 것이다. 내가 애써서 한다고 되는 일이 아니다. 가장 좋은 길은 참된 대선지식을 찾는 것이고, 그 선지식 앞에 나를 내던지는 것이다. 완전히 내가 죽고 법만이 오롯이 남아 있어야 한다. 내가 공부한다거나, 내가 열심히 하겠다거나, 내가 깨닫겠다는 마음이 남아 있는 이상 이 공부는 한 발자국도 나아갈 수 없다.

마하는 '크다'는 뜻이고, 반야는 '지혜', 바라밀은 '이 차안의 언덕에서 저 피안의 언덕으로 건너간다'는 뜻이다. 큰 지혜로 저 깨달음에 이른다는 뜻이다. 마하반야바라밀이야말로 불교의 목적이다.

그런데 사실은 크고 작은 것도 없고, 지혜도 어리석음도 없으며, 이 언덕과 저 언덕의 분별도 없다. 이 모든 것은 그저 '본성'이 하나의 부처를 가리키는 방편의 말일 뿐이다. 그래서 "본성, 이것이 부처일 뿐, 본성을 떠나서 다른 부처는 없다"고 했다.

이 본성은 온 우주의 바탕이며, 이 본성 속에서 이 우주의 삼라만상이 다 나왔기에 크다 작다는 표현으로 설명할 수조차 없다. 이것보다 더 크거나 작은 무언가 비교 대상이 있다면 이것을 작다거나 크다고 설명할 수 있겠지만, 이것은 곧 이 우주 전체이기에 크거나 작다고 할 수 없다. 비교할 대상이 없다. 마하란 바로 비교할 대상이 전혀 없는 절대적인 큼이다. 이렇게 큰 것이 무엇일까? 바로 본성이다. 본성, 그것 하나만이 마하라고 이름할 수 있다.

반야 또한 본성의 또 다른 이름이다. 본성을 보지 못하는 이를 어리석은 중생이라 이름하고, 본성을 확인한 견성인을 지혜로운 자, 반야를 깨달은 자라고 한다.

바라밀이라는 것 또한 중생의 세계를 이 언덕, 부처의 세계를 저 언덕이라고 방편으로 이름 지은 뒤, 이 언덕에서 저 언덕으로 건너가야 한다는 식으로 중생들의 분별심이 이해 가능한 범주에서 설명을 하다 보니 바라밀이라는 말이 나온 것이다. 결국 바라밀이 바로 본성을 확인하는 것이다.

이처럼 마하도, 반야도, 바라밀도, 사실 나아가 불교의 모든 방편과 용어들이 전부 이 하나의 진실, 이 하나의 법, 이 하나의 마음을 가리키는 방편의 말일 뿐이다.

마하, 즉 크다는 것은 자성이 능히 일체 만법, 삼라만상 온 우주 전부를 품고 있기 때문이다. 이 자성 속에서 온 우주가 나왔고, 자성 속으로 돌아간다. 그 어떤 것도 자성이 품고 있지 않은 것은 없다. 그 모든 것이 곧 자성이고, 자성이 곧 일체만법이다. 그래서 자성을 허공과 같다고 비유한다. 온 우주 삼라만상이 전부 허공 속에 있는 것과 같이, 온 우주 삼라만상은 전부 공한 자성 속에 있다.

일체제법, 삼라만상 모든 것이 곧 하나이며, 하나가 곧 일체 모든 것임을 자각하는 것이 곧 반야지혜다. 어리석은 중생의 눈에는 삼라만상이 전부 다 따로따로 존재하지만, 지혜로운 이의 눈에는 일체가 전부 진실된 하나의 부처요, 하나의 본성이다. 그러니 하나가 진실하면 일체 모든 것이 전부 다 진실하고, 하나가 삿되면 일체 모든 것이 전부 다 삿되어진다. 내 마음이 진실하면 우주 삼라만상 전부가 진실해진다.

온 우주, 온 세계를 평화롭게 바꾸기 위해, 세상을 변화시키기 위해 내 바깥의 사회를 바꿀 필요는 없다. 내 마음 하나가 진실해지면, 곧장 온 우주 삼라만상이 일시에 밝아지기 때문이다. 이것이 진정한 사회운동이다. 수행자는 은둔하여 자기 공부만 하는 사람처럼 여겨지지만 사실은 자기 변혁을 통해 사회뿐 아니라, 온 우주 전체를 일시에 변화시키는 사람이다. 이 세상을 정토로 바꾸는 진정한 사회운동가인 것이다.

내가 곧 온 우주와 둘이 아니기 때문에, 그 진실에 눈뜨는 것이 곧 사회와 우주를 눈뜨게 하는 길이다. 이것이 곧 참된 반야행이다. 반야행이야말로, 남들이 보기에는 자기의 완성을 위한 소극적이고 소승적인 길이라 여기겠지만, 일진일체진一眞一切眞의 반야지혜에 입각해 본다면, 이 자기 완성의 마음공부야말로 참다운 대승의 길로, 나를 구제함과 동시에 온 우주를 동시에 구제하는 참된 보살행이다.

경계境界란 안眼·이耳·비鼻·설舌·신身·의意 6근六根의 대상인 6경六境으로서 색色·성聲·향香·미味·촉觸·법法인 여섯 가지 경계를 의미한다. 중생들은 눈으로는 보이는 경계에 집착하고, 귀로는 들리는 소리에 집착하며, 코로는 냄새에, 입으로는 맛에, 몸으로는 감촉에, 뜻으로는 법에 집착한다.

대상 경계를 좋고 나쁜 것으로 분별한 뒤에, 좋은 경계는 집착해서 더 많이 얻으려고 애쓰고, 싫은 경계는 미워해서 버리려고 애쓴다. 좋은 경계를 얻지 못하면 괴롭고, 싫은 경계를 만나도 괴롭다. 이처럼 경계에 집착하면 곧 괴로움이 생겨나므로 중생의 삶이 연기緣起한다. 경계에 집착하는 것이 곧 차안此岸이며, 경계에서 벗어나면 곧 생멸이 없어 피안彼岸이 된다.

결국 바라밀이란 차안에서 피안으로 건너가는 것이니, 결국 경계에 끄달리고 휘둘리는 삶에서 경계에 휘둘리지 않는 삶으로의 전환이다. 경계에 이끌리며 경계를 좋고 싫다고 분별하고, 경계를 취하거나 버리는 삶에서 놓여나 경계에서 벗어나는 삶이 곧 바라밀이다.

경계에 휘둘리면 중생이고, 경계에서 놓여나면 곧 바라밀의 실천이다. 그래서 큰스님들은 시도 때도 없이 경계에 끄달리지 말라는 가르침을 설하신다. 경계에 휘둘리지 않는 것이 곧 바라밀이다.

금강경과 돈교법문

● "선지식들이여, 깊은 법계와 반야삼매般若三昧에 들어가고자 하거든 모름지기 반야행을 닦아야 합니다. 『금강반야경』을 수지독송한다면 곧 견성하게 될 것입니다. 마땅히 아십시오. 이 공덕이 무량무변無量無邊하다는 것은 경전 가운데에서 분명하게 찬탄하고 있으니, 이를 다 언급할 수조차 없습니다. 이 법문은 최상승이므로, 큰 지혜를 가진 사람을 위하여 설하고, 높은 근기의 사람을 위하여 설합니다. 작은 근기나 지혜가 적은 사람은 들어도 믿지를 못합니다.

왜 그럴까요? 비유하면, 큰 용이 세상에 큰 비를 내릴 때 모든 마을과 도시가 전부 떠내려가는 것이 마치 대추나무 잎이 물에 떠내려가는 것과 같지만, 만약 큰 바다에 비가 내린다면 늘어나거나 줄어드는 것이 없는 것과 같습니다. 이처럼 대승인大乘人이나 최상승인最上乘人은 『금강경』을 설하는 것을 들으면 마음이 열려 깨달을 것입니다.

마땅히 아십시오. 본성에는 본래 반야의 지혜가 갖추어져 있어서, 스스로 지혜로써 늘 관조해 보기 때문에 문자에 의지하지 않습니다. 비유하면 비와 같아서, 빗물은 하늘에서 연유한 것이 아니라 원래 용이 일으킨 것으로서, 이 비가 일체의 모든 중생과 모든 초목과 유정有情과 무정無情을 모두 적셔 윤택하게 해 주다가, 그 모든 빗물의 흐름이 다시 큰 바다로 흘러 들어가 합쳐져서 하나가 되는 것과 같습니다. 중생의 본성인 반야의 지혜 역시 이와 같습니다.

선지식들이여, 낮은 근기의 사람이 이 돈교법문을 듣는 것은, 마치 뿌리가 약한 초목이 큰 비를 만나면 모두 쓰러져 자라지 못하는 것과 같습니다. 근기가 낮은 사람이라도 원래 갖추고 있는 반야의 지혜는 큰 지혜가 있는 사람과 전혀 다를 바가 없는데, 어떤 이유로 법문을 듣고도 스스로 깨닫지 못할까요? 그것은 삿된 견해의 장애가 무겁고 번뇌의 뿌리가 깊기 때문이니, 마치 큰 구름이 태양을 가릴 때 바람이 불지 않으면 햇빛을 볼 수 없는 것과 같습니다.

반야의 지혜에는 크고 작음이 없지만, 일체 중생들의 마음은 어리석기도 하고 지혜롭기도 하여 모두 같지가 않습니다. 어리석은 마음으로 밖을 보면서 수행하고 부처를 찾지만 자성을 깨닫지 못하니, 그것이 곧 근기가 낮은 것입니다.

만약 돈교법문을 듣고 깨달아, 바깥으로 닦는 것에 집착하지 않고, 다만 자기의 마음에서 늘 정견을 일으키며, 번뇌의 티끌에 오염되지 않을 수 있다면, 이것이 곧 견성見性입니다.

선지식들이여, 안에도 밖에도 머물지 않고, 가고 옴이 자유로우며, 집착하는 마음을 능히 제거하면, 통달하여 걸림이 없게 됩니다. 능히 이러한 행을 닦는다면 『반야경』과 본래 차별이 없게 됩니다.”

필자 또한 어렸을 때부터 불법을 열심히 공부하고 수행해 왔으나, 그 당시는 그렇게 열심히 수행했음에도 불구하고 이 돈오법문과 조사선의 가르침은 도저히 내 작은 그릇에 담을 수 없었다. 오히려 이 최상승의 조사선을 비판하기도 하면서, 보다 쉽고 자상한 방편의 법문과 수행법이 더 마음에 와 닿았다. 그래서 수없이 많은 방편의 기도며 수행법 등을 실천해 왔다.

시간이 한참이나 흐르고 나서야 이 마음공부라는 조사선의 공부가 왜 최상승이며, 왜 큰 지혜를 가진 사람을 위해 설해졌는지, 왜 작은 지혜나 근기의 사람들은 들어도 믿지 못하는지를 알게 되었다.

작은 근기나 지혜의 사람들은 분명하게 이 가르침을 들어도 믿지를 못한다. 도저히 믿을 수가 없고 이해할 수가 없다. 이 공부는 이해되는 가르침이 아니기 때문이고, 세간적인 도구로는 어찌해 볼 수 없는 출세간의 공부이기 때문이다.

세간을 살아가는 데 필요한 것은 잘 분별해서 인식하고 이해하는 것이다. 그렇게 이해된 내용을 잘 체계화하고 종합하고 융섭 통합하면서 새로운 것을 창조해 내고 발전시키면서 시대는 발전해 간다. 그러나 이 출세간의 마음공부는 그런 분별과 인식이 가 닿을 수 있는 곳이 아니다.

오히려 그런 분별과 인식, 체계화시키고 구조화시키며 종합 발전시키는 능력이 이 공부에서는 전혀 쓸모가 없다. 아니 그런 의식이 꿈틀대고 있는 한 이 공부에는 전혀 진전이 없다. 바로 그 모든 분별망상이 몰록 쉴 때 비로소 찾아오는 것이 이 공부의 진실이기 때문이다.

사실 기존의 불교계의 통념상 이『육조단경』의 가르침은 파격 그 자체다. 그러다보니『육조단경』이야말로 선불교에서 가장 중요한 가르침임에도 불구하고, 일반적인 사람들은『육조단경』의 진수는 보지 못하고, 수박 겉핥기식으로만 이해하고 있다.

『육조단경』에서는 기존에 우리 불교가 방편에 치우쳐 있는 것들을 과감하게 타파하도록 이끈다. 온갖 방편 수행법들을 모조리 타파해준다. 2,500년 동안을 이어오며 역사 속에서 자리 잡은 불교문화·전통·의식이라는 이유로 방편에 치우친 채, 방편이 진실이라고 오해하면서, 오히려 바른 법을 전하려고 하면 그것을 방편이라고 말하는 현실이다.

오랫동안 한국불교는 수행 중심의 불교였다. 수행을 기도의 우위에 둔 채, 기도를 하는 낮은 근기의 기복불교가 되지 말고, 자기 마음을 닦는 수행불교로 전환해야 한다고 설해왔다. 그러나『육조단경』은 그 어떤 수행법도 내세우지 않는다. 좌선·관심觀心 등의 수행으로는 깨달을 수 없다고 설한다.

이 단순한 사실만을 보더라도, 얼마나 깊은 왜곡과 오해가 한국불교의 보편이 되어 왔는지를 알 수 있다. 한국불교에서는 염불·독송 등의 수행을 해야 하고, 그런 수행법들 중에 최상의 수행은 좌선이라고 배워 왔다. 결가부좌結跏趺坐, 장좌불와長坐不臥, 무문관無門關의 수행 등이야말로 한국불교 최고의 가치였다.

『육조단경』에서는 그것이 아니라고 말한다. 그런 것이 수행이 아니다. 직지인심이야말로 조사선의 수행 아닌 수행이다. 애써서 노력하는 유위의 수행으로는 깨달음에 이를 수 없다.

한국불교의 현실을 보면 흡사 부처님 당시에 선정주의禪定主義와 고행주의苦行主義를 떠올리게 한다. 오로지 좌선을 통해 선정 삼매에 이르게 하거나, 눕지 않고 앉아서 오래도록 좌선하거나, 수천 수만 배 절을 하거나, 『금강경』을 호궤합장을 하고 7독씩 하도록 시키거나, 신묘장구대다라니 혹은 능엄주, 광명진언 같은 것을 몇 시간이고 반복해서 외우도록 시킨다. 그 힘든 고난의 정진을 감내하도록 시키는 것이 고행주의가 아니고 무엇이겠는가.

부처님께서는 고행주의와 선정주의가 깨달음을 가져다주지 않는다는 사실을 깨달으시고, 중도中道를 통해 바른 정각正覺에 이르셨다.

바로 여기 『육조단경』이라는 이 경전은 아주 오래 전부터 이미 선의 고전으로 널리 읽혀져 왔던 최상의 어록이 아닌가? 그럼에도 그 알맹이는 왜 받아들이지 않는 것일까?

바르게 견성과 보임을 실천한 대선지식이 없기 때문이다. 바른 견성과 보임을 원만하게 닦으신 선지식이 많을 때일수록 불법은 무위법이었고, 언하대오였으며, 직지인심으로 곧장 가리켰을 뿐, 수만 가지 방편의 수행법 따위에 천착해 있지 않았다. 그럴 필요가 없었다. 선지식이 곧 부처였기에 선지식의 법문을 그저 듣는 것만으로도 충분히 언하대오가 가능했기 때문이다. 하지만 선지식이 사라진 시대가 되면서 바른 법도 함께 사라지고, 방편과 수행만 무성해지게 되었다.

『육조단경』이야말로, 법이 사라진 시대, 방편만이 무성한 이 시대에 바른 법과 안목을 심어주고, 깨달음의 시대, 선의 황금기를 다시 열 수 있는 귀한 가르침이 아닐 수 없다.

전통이라 해서 무조건 따르지 말고, 다른 스님들이나 기존의 불교에서 그것을 가르친다고 해서 무조건 따르지 말고, 경전과 바른 어록을 통해 내가 과연 진정 바른 길을 걷고 있는지를 냉정하게 비추어 볼 수 있어야 하지 않을까?

돈오견성

● "선지식들이여, 일체의 경전과 모든 문자로 된 대소승의 12부경十二部經이 전부 사람으로 인해 있는 것이요, 지혜로운 자성으로 인해 능히 건립된 것입니다. 만약 세상 사람이 없다면, 일체 만법萬法도 본래 있지 않습니다. 그런 까닭에 만법은 본래 사람이 스스로 일으키는 것이고, 모든 경서經書도 사람이 설한 까닭에 있는 것입니다. 그런 사람 가운데에는 어리석은 이도 있고 지혜로운 이도 있으니, 어리석은 이를 소인小人이라 하고, 지혜로운 이를 대인大人이라 합니다.
어리석은 이는 지혜로운 이에게 묻고, 지혜로운 이는 어리석은 이에게 법을 설하여, 어리석은 이가 홀연히 깨달아 마음이 열리면 지혜로운 이와 다를 것이 없습니다.

선지식들이여, 깨닫지 못하면 부처도 곧 중생이며, 한 순간 깨달으면 중생이 곧 부처입니다. 그런 까닭에 만법이 곧 자기의 마음에 있음을 알아야 합니다.

어찌하여 자기 마음속의 진여본성眞如本性을 문득 보지 못하는 것일까요?

『보살계경菩薩戒經』에 이르길, '내가 타고난 자성은 본래 청정하다'고 하였으니, 만약 자신의 마음을 알면 견성見性하여 모두 불도를 이룰 것입니다.

또 『유마경維摩經(淨名經)』에 이르길, '곧장 활짝 열리면 본심을 되찾는다'고 하였습니다.

선지식들이여, 나는 5조 홍인 화상의 처소에서 한 번 듣고는 말씀 끝에 문득 깨달아(言下便悟) 몰록 진여본성을 보았습니다. 그리하여 이 가르침과 법을 전하고 유포시켜, 도를 배우는 자로 하여금 단번에 깨닫도록 하고자 하니, 각자 스스로의 마음을 돌이켜보아 스스로의 본성을 보아야 합니다.

만약 스스로 깨닫지 못했다면, 모름지기 최상승법을 알고, 바른 길을 곧장 보여줄 수 있는 대선지식을 찾아가야 합니다. 그러한 선지식에게는 중생을 교화하여 견성할 수 있도록 이끌어주는 큰 인연이 있습니다. 능히 일체의 선법은 선지식으로 인하여 발현될 수 있기 때문입니다.

삼세제불三世諸佛의 12부경十二部經이 사람의 본성 가운데에 스스로 구족되어 있으나 스스로 깨닫지 못한다면, 모름지기 선지식의 지시指示를 구함으로써 볼 수 있습니다. 만약 스스로 깨닫는다면 밖으로 구할 필요는 없습니다.

그러나 만약 저 선지식을 통해서 해탈을 구하기만을 바라며 그 길밖에 없다고 집착한다면 그 또한 옳지 못합니다. 왜 그럴까요? 자기 마음 안에 선지식이 있어서 스스로 깨닫는 것이기 때문입니다. 만약 삿되고 어리석은 망념妄念을 일으켜 전도顚倒된다면, 비록 외부의 선지식이 가르쳐 주더라도 구제할 수 없습니다. 만약 바르고 참된 반야 지혜를 일으켜 비추어 본다면, 한 찰나 사이에 망념이 모두 사라질 것입니다. 만약 자성을 한 번 깨달아 알면 곧장 부처의 지위에 이릅니다.

선지식들이여, 지혜로 비추어 보아 안팎으로 밝고 분명하면(內外明徹) 자기의 본래 마음(本心)을 아는 것입니다. 만약 본래 마음을 안다면 곧 본래해탈입니다. 만약 해탈을 얻으면 곧 반야삼매般若三昧요, 반야삼매가 곧 무념無念입니다.

무엇을 일러 무념이라고 할까요? 일체법一切法을 보더라도 마음이 물들거나 집착하지 않는 것을 무념이라고 합니다. 마음을 일으켜 쓰면 일체처一切處에 두루하지만, 역시 그 일체처에도 집착하지 않습니다. 본래 마음이 청정하면, 6식六識이 6문六門(六根)으로 나와 6진六塵(六境) 속에 있더라도 오염되거나 뒤섞이지 않고, 오고 감에 자유로우며, 막힘없이 통용되니, 이것이 곧 반야삼매요 자재해탈自在解脫이고, 이를 일러 무념행無念行이라고 합니다.

그렇다고 만약 어떤 것도 생각하지 않고 생각을 끊어 없애려고 애쓴다면, 이는 도리어 법에 결박되는 것이니, 이를 이름하여 변견邊見이라 합니다.

선지식들이여, 무념법無念法을 깨달으면 만법에 다 통하고, 무념법을 깨달으면 모든 부처의 경계를 보며, 무념법을 깨달으면 부처의 지위에 도달합니다.

선지식들이여, 후대에 나의 법을 얻은 이가 '이 돈교법문을 모든 이들과 함께 보고 함께 행하겠노라'고 발원發願하며 수지受持하기를 불사佛事를 이루듯 하여 종신토록 물러서지 않는다면 결정코 성인의 지위에 들어갈 것입니다.

모름지기 법은 예로부터 이어져 내려와 묵묵히 전하고 맡겨지면서 전수되었을 뿐, 정법을 숨기지는 않았습니다. 그러나 만약 견해와 실천이 이 법과 다르고 별도의 법을 내세우는 자에게는 이 법을 전하지 마십시오. 그들은 법을 이어온 이전 분들의 노력을 헛되게 하며 끝까지 이익이 없을 것입니다. 어리석은 이들은 이 법문을 비방하면서 이해하지 못하기에 백겁천생百劫千生 동안 부처될 종성(佛種性)을 끊어버릴까 두렵습니다."

아직 깨닫지 못했다면, 최상승법을 알고, 바른 법을 곧장 보여줄 수 있는 대선지식을 찾아가야 한다. 선지식을 찾는 과정이 바로 구도의 길이다. 선지식을 만났다면 깨달음의 전부를 얻은 것과 다르지 않다. 바른 선지식을 만났다면 그저 당신의 전부를 선지식에게 걸라. 완전히 내맡기고 그의 가르침에 훈습되어, 생각으로 헤아리지 말고, 온 존재로 통째로 받아들이라. 그저 젖어들라. 그와 함께 삶을 살라. 그것이 바로 이 공부의 전부다.

선지식에는 중생을 교화하여 견성할 수 있도록 이끌어주는 큰 인연이 있다. 그리고 그런 인연이 있는 분이라야 대선지식이라 할 수 있다. 그런 분을 만난다면 당신은 상당히 운이 좋은 사람 중에 최고로 운이 좋은 사람이다. 이를 일러 경전에서는, 부처님께서 계시는 시대에 태어나 부처님 법문 듣기를 발원하라고 말한다. 그만큼 부처님이 살아계시는 동시대에 태어나기조차 힘들고 어렵다는 말이다.

물론 여기까지는 사람들이 다 인정한다. 그러나 한결같이 2,500년 전에 부처님은 열반하셨고, 그 이후에는 부처님이 안 계신다고 여긴다. 전혀 그렇지 않다. 부처님은 2,500여 년 동안 끊임없이 계셔 왔다. 단 한 순간도 계시지 않은 적이 없었다. 법은 언제나 여여하게 눈앞에 있다. 바로 그 법을 체득한 깨달은 부처 또한 매 순간 명맥을 이어 왔다. 다만 그분들은 상을 내세우거나, 깨달았다는 것을 무슨 자랑으로 알거나, 광고를 하지 않기 때문에, 또한 그분들은 전혀 신비적이거나 놀랍지가 않고 지극히 평범해서 우리와 똑같아 보이기 때문에 어리석은 중생들에게는 보일 수가 없었던 것일 뿐이다.

즉 내가 안목이 그만한 근기가 안 되어 안 보였고, 뵙지 못했을 뿐, 우리의 발심이 간절하고, 안목이 밝기만 하다면 부처님과 같은 대선지식들은 언제나 있고, 물론 지금 이 시대에도 무수히 많은 제2, 제3

의 부처님들이 법을 펴고 계신다.

　그렇다고 선지식을 통하지 않고는 해탈할 수 없다고 여길 필요도 없다. 선지식은 바로 여기에 내 안에 이미 있기 때문이다. 자성삼보自性三寶, 자기 마음 안에 거룩한 불법승 삼보가 다 구족되어 있다.

　물론 바른 선지식을 찾는다면 더할 나위가 없겠지만, 아직 선지식을 만나지 못했더라도 상관없다. 중요한 것은 발심發心이다. 내 안에 참된 진리에 대한 발심이 굳건하다면, 그 발심이 내면의 선지식과 외부의 선지식을 동시에 공명시켜 내 앞에 모셔다 줄 것이다. 사실 안과 밖은 둘이 아니다. 그렇기에 안에서 간절하게 원하면 바깥에서도 이루어진다. 이것이 마음의 법칙이다.

　내부와 외부라는 구분을 지을 것도 없이, 그저 간절히 원하라. 법에 발심하라. 진리를 그리워하라. 그 그리움이 저 깊은 심연에 가 닿게 되면 저절로 법이 드러나게 될 것이다. 때로는 외부에서 대선지식이 나타날 수도 있고, 혹은 내면에서 저절로 법이 드러나게 될 수도 있다. 혹은 인터넷 속에서 대선지식을 발견하게 될 수도 있다.

　중요한 것은 마음이다. 마음에서 시작하면 외부에서도 시작되기 때문이다.

　무념無念은 생각이 없는 것이다. 분별심이 없는 것이다. 그러나 말 그대로 생각이 없는 것이 무념이 아니라, 생각을 다 일으키면서도 그 생각에 구속되지 않고, 그 생각을 따라가지 않고, 그 생각에 휘둘리지 않아서, 생각이 일어남에도 전혀 한 생각도 일어나지 않는 것이야말로 참된 무념이다.

『육조단경』에서는 일체법을 보더라도 마음이 거기에 물들거나 집착하지 않는 것을 무념이라고 했다. 중생들은 일체법 즉 외부에 어떤 대상을 보면 곧장 그 대상을 분별인식하고 파악한다. 분별인식은 그 대상을 좋거나 싫은 어떤 것으로 범주화하여 어떤 한 가지로 규정하여 인식한다. 그렇게 규정된 대상은 곧장 좋아서 집착하거나, 싫어서 거부할 것들로 꼬리표가 붙여진다. 좋은 쪽으로 기우는 것이나 싫은 쪽으로 기우는 것 모두가 똑같은 집착이다. 일체법에 마음이 물들거나 집착하지 않는다는 것은, 곧 일체 모든 것들을 볼 때 그 대상을 분별하여 둘로 나누지 않는 것이고, 취사取捨와 간택揀擇하지 않는 것이다. 그것을 물들어 집착하지 않는다고 한다.

무념을 실천하는 수행자는 무념이라고 해서 아무런 생각도 없는 사람이 아니라, 생각을 일으키면 그 무엇이든 생각할 수 있고, 생각을 가지고 그 대상을 파악도 하고 인식도 하고 두루 써먹을 수 있다. 그러나 그렇게 생각을 두루 쓰면서도 무념이기 때문에 그 대상에 집착하지는 않는다. 집착 없이 생각을 일으켜 쓰는 것이 곧 무념이고, 이러한 무념처에 도달하면 어디에도 걸림이 없으므로 자재해탈이라고 한다.

집착하지 않으니 어디에도 걸림이 없고, 걸림이 없으니 오고 감에 자유로우며, 내가(六門) 세상(六塵)을 만나 그 어떤 분별심(六識)을 일으키더라도 그 대상에 오염되거나 뒤섞이지 않는다. 이처럼 세상 어디에서든 막힘없이 통용되니, 이를 일러 반야삼매般若三昧요, 자재해탈이고, 무념행이라고 한다.

무념이라고 하여 어떤 것도 생각하지 않으려고, 생각을 끊어 없애려고 애쓸 것은 없다. 그것은 오히려 생각을 없애야 한다는 것에 결박되는 것일 뿐이다. 생각을 없애야 한다는 데 사로잡히고 결박되면, 생각이 없어지지 않아 괴롭다. 생각이 없어야 한다는 데 치우친 것이다. 치우친 견해가 바로 변견邊見이다.

무념은 생각 없음인데, 생각을 없애야 한다고 집착하면 그 또한 한쪽으로 치우친 것이고, 생각을 없애려고 할 필요가 없다는 데 집착하면 무슨 생각이든 다 따라가서 사로잡히고 마니 이 또한 한쪽에 치우친 것이다.

참된 무념은 중도中道에 있다. 중도란 어느 한쪽에도 치우치지 않는 것이다. 변견을 여읜 것이다. 중도적인 무념은 생각을 일으키면서도 그 생각에 사로잡히지 않는 것이다. '집착하는 바 없이 생각을 내는 것'이다.

부처님은 인연 따라 필요한 생각은 다 하고 사신다. 부처님이라고 해서 무념행을 실천하는 분이니, 생각이 전혀 없고, 분별을 전혀 하지 않는다고 여기면 오산이다.

부처님도 중국집에 가면 자장면과 짬뽕 중에 어느 하나를 선택한다. 그러면서도 취사간택심에 사로잡히지는 않는다. 어느 한쪽에 과도하게 집착하지는 않는 것이다. 마음이 시키는 대로 자장면을 선택할 수도 있고, 짬뽕을 선택할 수도 있겠지만, 그것이 없어도 상관없고, '반드시', '절대' 오늘은 자장면을 사수하겠노라는 마음도 없다. 그저 인연 따라 하나를 선택하되, 선택한 대로 되어도 좋고 안 되어도 좋다.

돈을 벌려는 마음을 아예 안 내는 것이 아니라, 돈을 벌겠다는 생각도 일으키고, 그 생각을 실천도 한다. 그러나 돈이 벌리면 벌려서 좋고, 혹 돈이 벌리지 않더라도 어쩔 수 없음을 받아들인다. 돈이 없음으로 인해 마음까지 고통 받지는 않는다. 이것이 바로 돈을 벌겠다는 생각을 일으키면서도 그 생각에 집착하지 않는 무념의 실천이요, 중도의 실천이다.

중도적인 무념에서는 어떤 한 가지 생각도 '절대시'하는 일이 없다. 절대 이 생각만이 옳다거나, 절대로 이 생각대로 되어야 한다고 고집하지 않는다. 그 생각은 그저 인연 따라 잠깐 일어났다가 사라지는 텅 빈 것임을 안다. 왔다가 가는 것에 과도하게 얽매일 것은 없지 않은가. 그 어떤 생각에도 과도하게 사로잡히지 말라. 모든 생각을 유연하고 활짝 열린 마음으로 받아들이되, 어느 한 가지 생각에만 함몰되지 말라는 것이다. 그것이 바로 변견을 여읜 무념의 실천이다.

이 돈교법문을 모든 이들과 함께 보고 함께 행하겠노라고 간절히 발원하고 받아 지녀 수지하고, 그것을 불사佛事를 행하듯 실천하며 결단코 물러서지 않는다면 결단코 성인의 지위에 들어간다. 간절한 발심을 가지고, 법과 법문을 받아들여 지니되 결코 물러서지 않겠노라는 정진의 힘만 있으면 이 공부는 될 수밖에 없다.

본래 내 안에 이미 있는 것을 확인하는 것이기 때문이다. 없는 것을 새롭게 만드는 것은 될 수도 있고, 되지 않을 수도 있다. 그러나 이미 있는 것을 다만 확인하는 것은, 간절함과 정진력만 있다면 당연하게 될 수밖에 없는 것이 아닌가. 더디게 갈 수는 있을지라도, 이 법에서 결코 물러나지는 않겠노라는 정진을 이어가 보라.

이번 생에 반드시 견성성불의 날은 오고야 만다. 그런 믿음으로 공부해 나가라. 결정코 성인의 지위에 들어간다고 혜능 스님께서 말씀하고 계시지 않는가.

무상송無相頌

● "선지식들이여, 나에게 하나의 무상송無相頌이 있으니, 각자 모름지기 외우고 지니십시오. 재가자이거나 출가자이거나 다만 이것에 의지하여 수행할지니, 만약 스스로 수행하지 않으면서 오직 나의 말만을 기억한다면 아무 이익이 없을 것입니다. 나의 게송을 들으십시오.

설법에 통하고 마음에 통하면
마치 해가 허공에 떠 있는 것과 같다.

오직 견성見性하는 법을 전하며
세간의 삿된 가르침을 부순다.

법에는 돈頓과 점漸이 없지만
어리석은 이가 깨닫는 데는 늦고 빠름이 있다.

다만 이 견성의 문을
어리석은 이는 알지 못한다.

말을 하면 수만 가지로 벌어지지만
이치에 계합하면 하나로 돌아간다.

번뇌의 어두운 집 속에서
항상 지혜의 태양을 밝혀야 한다.

삿된 것이 오면 번뇌가 오고
바른 것이 오면 번뇌는 사라진다.

삿된 것과 바른 것을 모두 쓰지 않으면
청정한 무여열반에 이르게 된다.

깨달음이 본래 자신의 본성인데
마음을 일으키면 곧바로 허망해진다.

청정한 본마음이 허망함 속에 있으니,

바르기만 하면 세 가지 장애(三障)*가 없다.

세상 사람이 바르게 도를 닦으면
일체가 다 텅 비어 방해될 것이 없다.

항상 자기의 허물을 돌아본다면
도道와 서로 만나게 된다.

중생들 스스로에게 본래 도가 있으니
각자는 서로 방해하거나 괴롭히지 말라.

눈앞의 도를 떠나서 따로 도를 찾는다면
죽을 때까지도 도를 만나지 못한다.

파도치듯 흔들리며 부질없이 한 생을 보내다가
생의 끝에 이르렀을 때 비로소 스스로 한탄한다.

참된 도를 보고자 하는가?
행함이 바르면 그것이 곧 도이다.

- 3장三障: 수행을 방해하는 세 가지 장애, 번뇌장煩惱障(탐진치 3독), 업장業障(10악업 등), 보장報障(3악도 등).

스스로 만약 도道에 대한 발심이 없다면,
어둠 속을 헤맬 뿐 도를 보지는 못한다.

만약 참으로 도를 닦는 사람이라면
세간의 허물을 보지 말라.

남의 잘못을 본다는 것은
도리어 자기에게 잘못이 있다는 증거일 뿐이다.

남은 잘못하고 나는 잘못한 것이 없다고 하면
남이 잘못되었다고 하는 그것이 바로 나의 허물이다.

다만 스스로의 잘못된 마음을 물리치면
번뇌는 제거되어 없어질 것이다.

싫어하고 좋아하는 것에 관심이 없으면
두 다리 뻗고 편히 누울 수 있다.

다른 사람을 교화하고자 한다면
자기에게 모름지기 방편이 있어야 한다.

그의 의심을 없애주게 되면

곧바로 스스로의 본성이 드러난다.

불법은 세간에 있으니
세간을 떠나지 않아야 깨달을 수 있다.

세간을 떠나서 깨달음을 찾는다면
마치 토끼의 뿔을 찾는 것과 같다.

정견正見을 이름하여 출세간이라 하고,
사견邪見을 이름하여 세간이라 한다.

삿됨과 바름을 다 물리친다면
깨달음의 본성이 또렷이 드러난다.

이 게송은 곧 돈교頓敎이며
큰 진리의 배라고 부른다.

어리석게 들으면 몇 겁이 걸리겠지만
깨닫는다면 찰나 사이에 곧장 드러난다.”

혜능 대사께서 다시 말씀하셨다.
“이제 대범사에서 이 돈교법문을 설하였으니, 바라옵건대 법계의 중생들이 이 말 끝에 견성성불하여 지이다.”

그때 위사군과 관료들과 승속의 사람들이 대사의 법문을 듣고 깨닫지 않은 이가 없었으며, 일시에 절을 올리면서 모두 찬탄하였다.

“기쁘고도 기쁩니다. 영남에 부처님께서 나타나실 줄이야 어찌 기대나 했겠습니까!”

오직 선에서는 견성하는 법을 전한다. 이 견성의 문을 어리석은 이는 알지 못한다. 지금 이 글을 읽고 있는 분이라면, 이 사실을 깊이 되새겨 보라. 이 견성의 문, 돈오법문, 조사선은 어리석은 이는 알지 못한다. 여기까지 인내심을 가지고 공부해 온 사람이라면, 이 견성의 문 앞에 도달한 사람이다.

이 번뇌의 어두운 집 속에서 지혜의 태양을 밝혀야 할 때다. 바로 당신이 그 일을 해 마쳐야 할 사람이다.

삿된 것이 오면 번뇌가 오고, 바른 것이 오면 번뇌는 사라지지만, 삿된 것과 바른 것을 모두 쓰지 않으면 무여열반이 깃든다. 삿된 것을 버리려 하지도 말고, 바른 것을 쫓아가지도 말라. 그 양쪽에 그 어떤 시비도 걸지 말라. 그저 삿된 것, 바른 것이라는 내 안의 분별을 따라가지 말라. 그냥 그 모든 것이 일어나도록 내버려두라. 그 모든 것들에 삿된 것이니 바른 것이니 하는 꼬리표를 붙이지 않은 채, 그저 일어나도록 내버려두는 것이다. 그것이 바로 참된 수용이며, 바른 중도의 길이고, 불이법의 실천이다.

부처님을 수용신受用身이라고 부른다. 일체 모든 경계에 대하여 집착하지도 거부하지도 않고, 미워하지도 좋아하지도 않으며, 그저 오면 오는 대로, 가면 가는 대로 그저 내버려두고 통째로 허용해 주는 것이다. 분별없이 수용한다.

그 대상을 집착하려거나 거부하려거나 하는 두 가지 분별의 마음을 일으키지 말라. 양 극단으로 마음을 일으키려고 하면 곧장 허망해진다. 있는 그대로가 있는 그대로 일어나도록 허용해 주는 수용신이 바로 당신의 본성이다.

바르게 도를 닦는다면, 일체가 텅 비어 방해될 것이 없다. 방해하는 것은 오직 내 마음 속의 분별일 뿐이다. 분별하지 않으면, 일체가 텅 비어 모든 것이 있는 그대로 수용된다. 그 어떤 것도 나를 방해하지 않는다. 분별하던 오랜 습관이 바로 자기의 허물이다. 자기의 허물을 돌아본다면, 도와 서로 만나게 된다.

중생들 스스로에게 본래부터 도가 있다. 눈앞의 도를 떠나서 따로 도를 찾을 수는 없다. 바로 목전目前에 도道가 현전現前해 있다. 바로 그 도와 만나라. 도를 확인하고자 하는 간절한 발심에 한 생을 걸라.

파도치듯 흔들리며, 온갖 탐·진·치 3독심에 흔들리고, 집착과 욕망의 거센 파도에 휩쓸린다면, 그런 한 생은 부질없이 사라져갈 뿐이다. 생의 끝에 이르렀을 때, 그때에 가서야 스스로 한탄한들 어찌할 것인가.

바로 지금, 여기에서 발심하라. 참된 도를 보고자 발원하라. 스스로 도에 대한 발심만 가진다면, 오랜 어둠은 끝나고 밝은 빛이 드러난다. 오로지 자기 자신만을 살피라. 남들에 대해, 남들의 허물에 대해 생각하지 말라. 내가 밝아지면 온 우주가 일시에 밝아진다. 남들에게는 허물이 없다. 이 세상에는 어둠이 없다. 남들과 세상을 탓하지 말고, 오로지 자기 자신을 살피라. 자신의 삿된 마음이 사라지면 번뇌는 제거된다.

공덕과 정토의 참된 의미

참된 공덕

● 다음날 위자사는 혜능 대사를 위하여 큰 법회를 베풀었다. 법회가
끝나자 자사가 혜능 대사께 청하여 법상에 모시고, 관료와 선비와
함께 엄숙하게 용모를 가다듬고 거듭 절하며 여쭈었다.

"이 제자가 화상의 설법을 들으니 참으로 불가사의합니다. 그런
데 작은 의문이 있사오니 바라옵건대 큰 자비를 베푸시어 설명하
여 주시옵소서."

혜능 대사께서 말씀하셨다.

"의문이 있다면 물으십시오. 제가 마땅히 설명해 드리겠습니다."

위자사가 여쭈었다.

"화상께서 설법하시는 것은 달마 대사의 종지宗旨가 맞습니까?"

혜능 대사께서 말씀하셨다.

"그렇습니다."

위자사가 말하였다.

"제가 듣기로는, 달마 대사께서 처음 양무제梁武帝를 만났을 때 무제가 묻기를 '짐은 일생 동안 절을 짓고 스님들께 공양하고 보시하며 법회를 베풀었는데 어떤 공덕이 있습니까?'라고 하자, 달마가 대답하기를 '실로 아무런 공덕이 없습니다'라고 하셨습니다. 이 제자는 이 이치를 알지 못하겠습니다. 바라오니 화상께서 설하여 주시옵소서."

혜능 대사께서 말씀하셨다.

"진실로 아무 공덕이 없습니다. 옛 성인의 말씀을 의심하지 마십시오. 무제는 마음이 바르지 못하여 정법正法을 알지 못한 것입니다. 절을 짓고 공양을 올리고 보시하며 법회를 여는 것을 가지고 복을 구한다고 하였지만, 복 짓는 것을 참된 공덕이라고 여겨서는 안 됩니다. 공덕이란 곧 법신法身 가운데에 있는 것이지, 복을 닦는 데 있는 것이 아닙니다."

혜능 대사께서 다시 말씀하셨다.

"견성이 곧 공功이고, 평등이 곧 덕德입니다. 순간순간 막힘없이 항상 본성의 진실하고 묘한 작용을 보는 것을 일러 공덕功德이라고 합니다. 안으로 마음을 낮추어 겸손한 것이 공功이요, 밖으로 예를 행하는 것이 덕德입니다. 자성이 만법을 건립하는 것이 공이요, 마음의 본체가 생각을 여읜 것이 덕입니다. 자성을 떠나지 않

는 것이 공이고, 인연에 응하여 쓰되 어디에도 물들지 않는 것이
덕입니다.

만약 공덕의 법신을 찾아서 다만 이것에만 의지하여 행한다면 곧
참된 공덕입니다. 만약 공덕을 닦는 사람이라면 마음이 경솔하지
않고 항상 두루 공경하는 마음을 실천할 것입니다.

마음으로 항상 남을 업신여기고 나를 내세우는 마음이 지속된다
면 스스로 공功이 없는 것이며, 자기 성품을 진실하지 않고 허망
하다고 여기면 스스로 덕德이 없는 것입니다. 이런 이는 나라고
하는 아상을 스스로 크게 키우면서 다른 모든 것들은 가볍게 여기
기 때문입니다.

선지식들이여, 순간순간 끊어짐이 없는 것이 공●이고, 마음을 분
별없이 쓰는 것이 곧 덕입니다. 스스로 자성自性을 닦는 것이 공
이고, 스스로 자신自身을 닦는 것이 덕입니다.

선지식들이여, 공덕은 모름지기 안으로 자성을 보는 것이지, 보시
나 공양으로 구할 수 있는 것이 아닙니다. 이것이 복덕福德과 공
덕功德의 다른 점입니다.

무제가 진리를 알지 못하였을 뿐, 우리의 조사스님에게 허물이 있
는 것은 아닙니다.

● 무간無間: 자성은 끊어짐이 없다, 불생불멸不生不滅하기에 생겨나거나 사라지는
것 없이 텅 빈 무일물無一物의 공空이 끊어짐 없이 이어진다, 끊어지고 이어지는
것은 생멸법, 분별법일 뿐.

참된 공덕은 법신 가운데 있지, 복 닦는 데 있는 것이 아니다. 본성의 진실하고 묘한 작용을 보는 것, 즉 견성見性이야말로 참된 공덕이다.

견성은 불생불멸법不生不滅法이지만, 절을 짓고 공양하고 법회를 베푸는 것은 모두 생멸법生滅法이다. 생멸법이란 인연 따라 생겨났다가 인연이 다하면 사라지는 것이지만, 불생불멸법은 생겨나고 사라지는 것이 아니다. 자성은 곧 불생불멸하여, 생겨나고 사라지지 않으면서도 생멸하는 일체 모든 만법을 건립한다.

이처럼 자성이 만법을 건립하는 것이 곧 참된 공功이다. 자성을 마음의 본체라고도 하는데, 이 자성이 생각으로 인해 드러나지 않을 때 중생이 되고, 자성이 생각을 여의어 마음의 본체가 그대로 드러나는 것이 곧 덕德이다.

항상 자성을 떠나지 않는 것이 곧 참된 공이고, 인연에 응하여 마음껏 쓰되 어디에도 물들지 않는 것이 덕이다. 늘 자성의 자리에 뿌리내리고 있으면서도, 현실적인 삶에 응하여 인연 따라 마음껏 생각도 일으키고, 일도 하고, 무엇이든 다 하면서도 어디에도 물들지 않고, 집착하지 않기에 덕이 된다.

6조 혜능 스님은 참된 공덕을 보시나 공양, 절을 짓고 법회를 여는 등의 행위를 통해 구할 수 있는 것이 아님을 설하고 있다. 절을 짓는 등의 행위는 복덕福德은 될 수 있을지언정 참된 공덕功德이 되지는 못한다는 것이다.

언제까지 복을 짓고 복덕을 받기만을 바랄 것인가? 기복에 매달리면서 복을 주기만을 바랄 것인가? 복덕은 아무리 많이 받는다고 할지라도 생멸법이기 때문에 언젠가는 반드시 사라지고 만다. 생겨났다가 사라지는 것은 참된 공덕이 아니다. 참된 공덕은 영원히 우리를 구원해 준다. 견성만이 참된 공이다. 견성을 마음껏 내어 써 사람들을 구원해 준다면 그것이 참된 덕이 된다.

마음공부야말로, 이 법을 깨닫는 견성 공부야말로 우리가 가야 할 참된 공덕의 길이고, 진정 가치 있는 일이다. 잠깐 생겨났다가 사라지는 것들, 이를테면 돈, 명예, 권력, 지위, 복덕, 건강, 인기 등에 목숨을 걸면서 이 한 생을 보내기에는 이 생이 너무 아깝지 않은가? 어쩌면 그런 '대단하다고 여기지만 사실 너무나도 하찮은 것들'에 내 한 생을 낭비하며 살기보다, 생겨났다가 사라지지 않는 것, 불생불멸법이며 무위법인 견성성불의 길이라는 이 길만이 진정으로 영원한 공덕장이 아닐 수 없다.

당신은 어떤 삶을 살 것인가?

정토는 바로 여기

● 다시 위자사가 물었다.

"이 제자가 보기에는 스님과 속인 할 것 없이 모두 아미타불을 항상 염불하며 서방정토에 왕생하기를 원하고 있습니다. 청하오니 화상이시여, 과연 그들이 그곳에 정말로 왕생할 수 있는 있는 것인지를 설하여 주시옵소서. 의문을 해결해 주십시오."

혜능 대사께서 말씀하셨다.

"사군께서는 잘 들으십시오. 설명해 드리겠습니다. 세존께서 사위성에 계실 때 서방정토에 왕생하도록 이끌며 교화하셨는데, 경전에는 '그곳은 여기에서 멀지 않다(去此不遠)'*고 분명하게 쓰여 있습니다.

만약 모습相을 가지고 논설한다면, 거리가 10만 8천 리라 하셨는데, 10만 8천이란 이 몸의 10악十惡과 8사八邪**를 말하는 것이기에 곧 멀다고 말한 것입니다. 멀다고 말한 것은 하근기를 위해 설한 것이고, 가깝다고 말한 것은 상근기의 지혜로운 이들에게 말하는 것이지만, 사실 사람에게는 두 종류의 근기가 있으나 진리에는 두 가지가 없습니다.

어리석음과 깨달음에 다름이 있기에 견해에도 느림과 빠름이 있습니다. 어리석은 사람은 염불하여 극락에 왕생하기를 바라지만, 깨달은 사람은 스스로 그 마음을 깨끗이 합니다.

- 『관무량수경觀無量壽經』: "阿彌陀佛 去此不遠".
- 10악8사十惡八邪: 10악은 10악업十惡業을 말하는 것으로 살생殺生, 투도偸盜, 사음邪婬, 망어妄語, 양설兩舌, 악구惡口, 기어綺語, 탐욕貪欲, 진에瞋恚, 우치愚癡임. 8사는 여덟 가지의 어리석은 집착으로 참된 법의 실상에서 벗어난 양 극단의 분별로 생멸生滅, 거래去來, 일이一異, 단상斷常임.

그러므로 부처님께서는 말씀하셨습니다. '마음이 청정해지면 곧 불국토가 청정해진다.'

사군이여, 동방의 사람이라도 마음만 청정하다면 죄가 없으며, 비록 서방의 사람이라도 마음이 청정하지 못하면 당연히 죄가 있습니다. 동방의 사람이 죄를 지으면 염불하여 서방정토에 왕생하기를 바라면 되겠지만, 서방의 사람이 죄를 지으면 어느 나라에 왕생하기를 바라며 염불해야 할까요?

범부는 어리석어 자기 성품을 깨닫지 못하여 자기 안에 있는 극락정토는 알지 못하고 동방으로 가기를 원하고 서방으로 가기를 원하지만, 깨달은 자는 어디에 있든 다 한가지입니다.

그러므로 부처님께서 말씀하셨습니다.

'머무는 곳이 어디든 항상 안락하구나.'

사군이여, 마음의 땅(心地)에 삿됨이 없기만 하면 서방정토가 여기에서 멀지 않습니다. 그러나 만약 삿된 마음을 품는다면 아무리 염불하더라도 극락왕생은 어렵습니다.

내가 이제 선지식들에게 권하오니, 먼저 10악十惡을 없애면 10만 리를 갈 수 있고, 8사八邪를 없애면 8천 리를 지납니다. 순간순간 본성을 보아 늘 분별없이 행하면 손가락 한 번 튕기는 사이에 서방정토에 이르러 문득 아미타불을 볼 것입니다.

그러니 사군께서 단지 10선을 행하기만 한다면, 어찌 극락왕생을 바랄 필요가 있겠습니까? 또한 10악의 마음을 끊지 않는다면, 비록 염불하며 청한들 아미타 부처님께서 맞이해 주실 수가 있겠습니까?

만약 무생無生인 돈오법頓悟法을 깨닫는다면 서방정토를 찰나 사이에 볼 것이지만, 깨닫지 못한 채 염불만 하면서 서방정토에 왕생하기를 바란다면, 그 길은 아득히 머니 어떻게 도달할 수 있겠습니까?

제가 이제 여러분들을 위하여 서방정토를 찰나 사이에 옮겨 와 눈앞에서 보게 할 것인데, 다들 보기를 원합니까?"

대중이 모두 예배하며 청하였다.

"만약 이 곳에서 본다면, 어찌 다시 서방정토에서 왕생하기를 바랄 필요가 있겠습니까? 큰스님께서는 자비를 베푸시어 곧 서방정토를 나타내시어 모두가 볼 수 있게 해 주십시오."

혜능 대사께서 말씀하셨다.

"대중들이여, 세상 사람의 육체는 곧 성城이요, 눈·귀·코·혀·몸·뜻이 문門이니, 밖으로 다섯 개의 문(안·이·비·설·신)이 있고, 안으로는 의식(意)의 문이 있습니다.

마음은 땅이요, 자성自性은 왕이니, 왕은 마음의 땅 위에 거처합니다. 자성이 있으면 왕이 있고, 자성이 사라지면 왕은 없습니다. 자성이 있으면 몸과 마음이 있고, 자성이 사라지면 몸과 마음도 허물어집니다. 부처는 자성 속에 있으니 자기 밖에서 구하지 마십시오. 자성에 미혹하면 중생이고, 자성을 깨달으면 부처입니다.

자비가 곧 관세음보살이고, 희사喜捨는 곧 대세지보살입니다. 능히 청정하면 곧 석가모니부처님이고, 평등하고 곧은 것이 곧 아미타부처님입니다. 나와 남이 따로 있으면 곧 수미산이고, 삿된 마음이 곧 고해苦海 바다입니다. 번뇌가 파도요, 독하고 해로운 것이 악룡惡龍입니다. 허망함이 곧 귀신이고, 번뇌의 속박은 물고기와 자라이며, 탐내고 성내는 것은 지옥이고, 어리석음이 곧 축생입니다.

선지식들이여, 언제나 10선十善을 행하면 곧 천당天堂에 도달하고, 나와 남이라는 분별을 없애면 수미산이 무너집니다. 삿된 마음이 없으면 바다가 마르고, 번뇌가 없으면 파도가 사라지며, 독과 해로운 것이 없어지면 물고기와 악룡도 사라집니다.

자신의 심지心地 위에서 각성覺性인 여래가 크고 밝은 빛을 비춥니다. 밖으로 비추면 6문六門이 청정하여 6욕천六欲天의 하늘세계를 부숩니다. 자성을 안으로 비추면 3독三毒이 곧장 제거되고, 지옥 등의 모든 죄가 일시에 소멸됩니다.

안팎으로 환하게 밝아지면(內外明徹) 서방정토와 다름이 없으며, 만약 이처럼 수행하지 않는다면 어찌 서방에 이를 수 있겠습니까?"

대중들이 이 설법을 듣고 확연하게 견성하여 모두 함께 예배드리며 찬탄하며 말하였다.

"참으로 훌륭하십니다. 원하옵나니 법계의 모든 중생들이 이 법문을 듣고 일시에 깨달아지이다."

혜능 대사께서 말씀하셨다.

"선지식들이여, 만약 수행하기를 바란다면 재가在家에서도 가능하니, 반드시 절에 있어야만 하는 것은 아닙니다. 재가자도 잘 수행하면 마음 착한 동방인과 같고, 절에 있더라도 수행하지 않으면 마음이 악한 서방인과 같습니다. 다만 마음이 청정하기만 하면 그 즉시 자성의 서방극락입니다."

사군이 다시 여쭈었다.

"재가자는 어떻게 수행해야 하는지 가르쳐 주십시오."

혜능 대사께서 말씀하셨다.

"제가 이제 대중들을 위하여 무상송無相頌을 설하여 드리겠습니다. 이것에 의지하여 수행한다면 늘 저와 더불어 같은 자리에 함께 있는 것과 같습니다. 그러나 이것에 의지하지 않고 수행한다면, 비록 머리를 깎고 출가한들 공부에 무슨 이익이 있겠습니까?

마음이 평등하다면 어찌 애써 계를 지킬 것이며,
행동이 올바르다면 어찌 애써 참선을 할 것인가?

은혜를 안다면 부모님을 효성으로 모시고
의로움이 있다면 윗사람과 아랫사람이 서로 돕고 사랑한다.

겸양謙讓하면 윗사람과 아랫사람이 서로 화목하고
참을 줄 알면 그 어떤 나쁜 일도 들춰내지 않는다.

마치 나무를 비벼서 불을 얻는 것과 같이

진흙에서도 붉은 연꽃은 반드시 피어난다.

입에는 쓴 것이 좋은 약이 되듯이
진실한 충언忠言은 귀에 거슬린다.

허물을 고치면 반드시 지혜가 생겨나지만
단점을 버리지 못하면 어진 마음이 사라진다.

늘 일상적으로 사용하여 쓰면서 늘 이익을 얻으니,
도를 이루는 것은 재물을 보시한다고 되는 것이 아니다.

깨달음은 다만 자기 내면의 마음에서 찾을 뿐,
어찌 애써서 밖을 향해 현묘함을 구하겠는가?

이 법문을 듣고 여기에 의지하여 수행한다면
천당天堂이 바로 눈앞에 있다."

혜능 대사께서 거듭 말씀하셨다.
"선지식들이여, 모두 이 게송에 의지하여 수행해서 자성을 보고
곧장 불도를 이루되, 법을 상대로 놓고 대상화하지 마십시오. 대
중들은 이제 그만 흩어지십시오. 저 또한 조계로 돌아갈 것이니,
대중들에게 만약 의심이 생긴다면 찾아와 질문하십시오."

그때 자사와 관료들과 법회에 참석했던 남녀 신도들이 각각 깨달음을 얻어 신수봉행信受奉行하였다.

　6조 혜능 스님 당시뿐만 아니라, 지금도 정토신앙을 통해 염불하여 극락세계에 왕생하고자 하는 신앙은 일반 대중 불자들에게 널리 알려진 신행의 방식이다. 중생들에게는 그것이 쉽다. 염불만 하면 누구나 죽어서 아미타불의 극락정토에 왕생할 수 있다니, 이 어려운 불교를 공부하는 것보다 훨씬 쉽고 가깝게 느껴진다.

　6조 혜능 스님의 정토와 왕생에 대한 견해는 그야말로 그동안 우리가 배워 왔던 방편의 타력신앙에 대해 과감하게 일깨워 주고 계신다. 사실 보통 스님들께서 이렇게 이야기 하기는 쉽지 않다. 그렇게 말하고 싶어도 너무 오랫동안 아미타불의 극락왕생 신앙이 이어져 내려오다 보니 누구나 말 그대로 염불만 하면 왕생할 수 있다고 굳게 믿고 있기 때문이다.

　오랜 전통은 쉽게 깨지지 않는다. 그 오랜 방편을 이제 깨려고 하면, 뗏목을 버리라고 하면, 오히려 그 방편을 깨부수는 사람을 신심 약한 사람으로 오해하기도 한다. 방편이 굳어져 버리면 약이 되는 것이 아니라 오히려 병이 된다.

　올바른 대선지식은 오랜 세월 동안 이어져 내려와 이제는 누구도 깨부술 생각도 못하는 수많은 방편들을 가차 없이 깨부수고 타파해

준다. 그것이 바로 파사현정破邪顯正이다. 뗏목을 버리지 못하면 저 언덕에 이를 수 없다. 손가락에만 집착해 있으면 달을 볼 수 없다.

6조 혜능 스님의 파사현정 법문을 들어보자.

"어리석은 사람은 염불하여 극락에 왕생하기를 바라지만, 깨달은 사람은 스스로 그 마음을 깨끗이 합니다."

지금 이 마음을 청정히 하면 그 마음이 곧 극락정토가 된다. 『유마 경』의 '심청정 국토청정心淸淨 國土淸淨'. 마음이 청정해지면 곧 불국토 가 청정해진다는 것이 그것이다.

어찌 극락정토가 서방에만 있을 수 있겠는가? 참된 극락은 어떤 특 정한 '곳'이 아니다. 여기가 곧 거기이고, 시공이 전부 하나의 자성이 며, 하나의 부처일 뿐인데, 이곳과 저곳을 나눈다는 것은 하나의 분별 심의 어리석음일 뿐이다.

그래서 스님은 "동방의 사람이라도 마음만 청정하면 죄가 없지만, 비록 서방의 사람이라도 마음이 청정하지 못하면 당연히 죄가 있다" 고 설하고 있다. 법에는, 진리에는 동방·서방이 없다. 동방의 사람이 죄를 지으면 서방에 가기를 바라겠지만, 서방의 사람이 죄를 지으면 도대체 서방보다 또 다른 더 높은 서서방, 극서방 세계에 갈 것인가?

자기 성품을 깨달을 때 자기 안의 극락이 열린다. 자성을 깨달으면 어디 있든지 그곳이 곧 극락이다. 마음에 분별망상이라는 삿됨이 없 기만 하면 서방정토가 곧 여기에 있다. 그러나 삿된 마음으로 아무리 염불한들 극락에 왕생할 수 있겠는가? 결코 왕생할 수 없다.

　염불만 하면 무조건 왕생한다는 것은 말 그대로 방편일 뿐이다. 방편이란 다른 말로 하면 거짓말이라는 뜻이다. 그래서 임시방편이라고 한다. 임시적으로 그 상황에서만 잠깐 용납이 될 뿐, 영원불변한 진리는 아닌 것이다.

　일체 만법은 자성 위에서 건립된다. 자성 그 하나에서 모든 것이 나왔으니, 그 모든 방편들 또한 전부 이 하나의 진실을 드러내기 위한 방편이었을 뿐이다. 전부 하나로 귀일한다. 일불승一佛乘, 오로지 하나의 부처, 하나의 자성뿐이다.

　자성에 미혹하면 중생이고, 자성에 밝으면 부처다. 자성에서 중생도 나오고 부처도 나오니, 중생과 부처는 하나다. 자성은 왕이고 마음은 땅이니, 왕은 마음 땅 위에 거처한다. 마음을 어떻게 쓰느냐에 따라 수많은 것들이 생겨날 뿐, 본 바탕은 오로지 하나의 마음, 하나의 자성뿐이다.

　마음이 자비로우면 곧 관세음보살이지, 자성을 벗어나서 관세음보살이 따로 있는 것이 아니다. 부처님 따로, 보살님 따로, 지옥과 축생 따로, 악룡과 귀신이 다 따로 있다고 여기지 말라. 그 모든 것들은 전부 마음 하나에서 일어난 분별심의 현현일 뿐이다. 마음만 깨달으면 그 모든 것은 하나의 자성으로 귀일한다. 자성이 내외명철內外明徹하여 환히 밝아지면 그것이 곧 서방정토다.

　자성을 깨닫는 데는 그 어떤 차별도 없다. 출가 수행자라고 해서 선불장選佛場의 견성 코스에 특별한 혜택이 주어지는 것도 아니고, 재가 수행자라고 해서 미리 벌점부터 받고 시작하는 것도 아니다. 출가와 재가는 완전히 동등하다. 그 어떤 차별도 없다. 차이라면 헤어스타일과 패션의 차이 정도일 뿐.

깨닫기를 바란다면, 당연히 재가에서도 가능하다. 반드시 절에 있어야만 하는 것이 아니다. 오히려 재가에 있을 때, 혹은 직장생활을 한다든지, 힘든 일이 생겼을 때 더욱 마음공부가 굳건해지고 깊어질 수도 있다. 진흙 속에서 연꽃은 피어난다.

선정과 지혜는 하나

정定과 혜慧

● 혜능 대사께서 대중에게 말씀하셨다.

"선지식들이여, 나의 이 법문은 정혜定慧를 그 근본으로 합니다. 대중들은 정과 혜가 다르다는 미혹한 말을 하지 마십시오. 정과 혜는 하나일 뿐, 둘이 아닙니다. 정은 혜의 바탕이고, 혜는 정의 작용입니다. 지혜가 있을 때는 선정이 지혜 속에 있고, 선정이 있을 때는 지혜가 선정 속에 있습니다. 만약 이 이치를 안다면, 선정과 지혜를 평등하게 함께 공부할 것입니다.

모든 도를 배우는 사람들이여, 먼저 선정에 들고 이후에 지혜를 낸다거나, 먼저 지혜를 얻고서 후에 선정에 들어간다거나 하면서, 선정과 지혜를 각각 별개라고 말하지 마십시오. 이와 같은 견해를 내는 자에게는 법法에 대한 두 가지 상이 있는 것입니다. 입으로는 좋은 말을 하지만 마음은 그렇지 않으니, 정과 혜가 있다고 말하면서도 정과 혜가 평등한 줄은 모릅니다. 만약 마음이든 말이든 모두 좋고 안팎이 한결같다면, 선정과 지혜는 평등합니다.

이 공부는 스스로 깨달아 수행하는 것일 뿐, 입으로 논쟁하는 것이 아닙니다. 만약 정혜의 선후先後를 가지고 논쟁한다면 그는 미혹한 사람입니다. 그는 승패勝敗를 끊지 못하고, 아집我執과 법집法執만 키울 뿐, 4상四相*을 여의지는 못합니다.

선지식들이여, 일행삼매一行三昧란 일체 모든 곳에서 행주좌와行住坐臥 언제나 하나의 직심直心을 행하는 것입니다. 『유마경』에서도 말하길 '직심이 도량이고, 직심이 정토다'라고 하였습니다.

마음은 왜곡되게 행하면서 입으로만 직심을 말하거나, 입으로는 일행삼매를 말하면서 직심을 행하지 않는다면 안 됩니다. 다만 직심을 행할 뿐, 일체법에 대해 집착하지 마십시오.

어리석은 사람은 법상法相에 집착하여, 일행삼매一行三昧에 대해 '앉아서 움직이지 않으며 망령스럽게 마음을 일으키지 않는 것이 곧 일행삼매'라고 말합니다. 그러나 이와 같이 이해한다면 곧 무정물無情物과 다를 바가 없으니 참된 도를 방해하고 막는 원인이 될 뿐입니다.

선지식들이여, 도는 모름지기 통하고 흘러야 하거늘, 도리어 막히

---

* 4상四相: 아상我相 · 인상人相 · 중생상衆生相 · 수자상壽者相

게 해서야 되겠습니까? 마음이 법에 머물지 않으면 도는 곧 통하여 흐르지만, 마음이 만약 법에 머물면 스스로를 얽어매게 됩니다.

만약 앉아서 움직이지 않는 것을 옳다고 한다면, 마치 사리불이 숲 속에 편안히 앉아 있다가 유마힐에게 꾸중을 들은 것*과 같을 것입니다.

선지식들이여, 또 어떤 사람은 앉아서 마음을 관찰하고 고요함을 관하면서 움직이지도 일어나지도 않는 것이 곧 좌선이고 공부라고 가르칩니다. 어리석은 이들은 잘 알지 못하기에 이런 말을 듣고 집착하고 전도몽상顚倒夢想을 일으킵니다. 이와 같은 자가 많고, 이처럼 서로 가르치고 있으니, 이것이야말로 큰 잘못임을 알아야 합니다.

선지식들이여, 정과 혜는 무엇과 같을까요? 등과 그 등에서 새어 나오는 빛과 같습니다. 등이 있으면 빛이 있고, 등이 없으면 어둡습니다. 등은 빛의 본체이고, 빛은 등의 작용입니다. 이름은 비록 둘이지만, 본체는 본래 하나입니다. 이 정혜 역시 그러합니다.

선지식들이여, 본래부터 바른 가르침에는 돈頓과 점漸이 없지만,

• 『유마경』에서 유마 거사는 좌선하고 있는 사리불에게 꾸중하며 말한다. "사리불 존자여, 앉아 있다고 좌선이 아닙니다. 무릇 좌선이란 삼계에 있으면서도 몸과 마음을 드러내지 않는 것이며, 멸진정에서 나오지 않으면서도 모든 행동을 다 행하는 것이고, 깨달은 모습을 버리지 않으면서도 중생의 온갖 모습을 나타내는 것입니다.…"

사람의 성품에는 영리함과 둔함이 있어서, 어리석은 사람은 점차로 계합하는 듯하고 깨닫는 사람은 단박에 닦아 마쳐 돈오頓悟합니다. 그러나 자기의 본래 마음을 알고 본성을 스스로 보면, 아무런 차별이 없습니다. 이런 까닭에 돈과 점이라는 가짜 이름(假名)을 세운 것입니다."

정定과 혜慧는 불교의 두 가지 수행법으로 잘 알려져 있다. 정혜는 다른 말로 지관止觀, 혹은 사마타(samatha)와 위빠사나(vipassanā)라고도 한다. 정은 선정으로 마음의 분별과 번뇌 망상을 멈추고(止), 어느 한 가지 대상에 집중함으로써 고요한 마음, 삼매가 생겨난다. 혜는 지혜로서 있는 그대로를 있는 그대로 관찰함으로써 통찰지·무분별지無分別智가 생겨난다.

대부분 수행이나 명상의 전통에서는 선과 정을 개별적인 별도의 수행이라고 여긴다. 정, 즉 사마타 수행은 선정 수행이며, '멈추는 수행'이고, 고요함을 얻는 수행이라면, 혜, 즉 위빠사나는 '보는 수행'으로, 3법인의 지혜를 통찰하여 궁극의 해탈과 열반에 이르는 수행이라고 나누고 있다.

지금까지도 수많은 사람들은 사마타 수행과 위빠사나 수행을 따로따로 행한다. 혹은 두 가지 수행이 상호 보완적으로 이루어져야만 한다고 여긴다. 그것은 혜능 이전에만 그러했던 것이 아니라, 여전히 지금까지도 마찬가지다. 혜능의 정혜 일체 법문은 오늘날 우리들에게도 핵심을 찌르는 법문이 아닐 수 없다.

정과 혜가 다르다는 말은 어리석음의 소산이다. 정과 혜는 하나일 뿐, 둘이 아니다. 정은 혜의 바탕이며, 혜는 정의 작용이다. 먼저 선정에 들고 나서 뒤에 지혜를 내는 것이 아니다. 그렇게 생각한다면 법을 둘로 나누는 2법二法에 빠진 것이다.

선을 닦고 정을 닦아야지만 그 결과 견성하는 것이 아니다. 견성을 하고 나면 저절로 8만 4천 가지의 선정이 몰록 닦여지고, 지혜가 밝혀진다. 선정을 하나하나 성공시키고 나서 그 결과 지혜가 밝혀지는 것이 아니다. 깨달음은 선정의 결과가 아니다. 깨닫고 보니 그 자리는 선정이라고 표현할 수도 있고, 지혜라고 표현할 수도 있었던 것이다.

물론 선정을 닦으면 그 선정을 닦은 결과 삼매를 증득하거나, 고요한 경계가 나타나는 등의 결과가 생겨난다. 선정을 원인으로 삼매라는 결과가 생기는 것이다. 이것은 인과법이며, 유위법일 뿐이다. 유위의 공부는 참된 공부가 아니다. 그래서 부처님께서도 선정주의를 타파하고 중도의 길을 가셨다.

물론 선정 수행은 일정 부분 수행자들을 돕는다. 분별 망상을 쉬게 하고, 고요한 마음 상태를 가져다줌으로써 견성의 공부를 돕는다. 그러나 선정은 하나의 유위의 수행으로서, 억지로 애써서 할 필요는 없다는 점이 중요하다. 그것을 애써서 고생스럽게 하게 되면 고행주의로 빠진다.

사실 바른 선정이란 앉아서 좌선할 때만, 고요히 마음을 멈추고 있을 때만 일시적으로 일어나는 삼매나 특정한 마음상태가 아니다. 깨달음을 얻은 자는 생각도 다 일으키고, 분별할 때는 대상을 자유자재하게 분별한다. 그러나 생각하면서도 생각에 휘둘리지 않고, 분별하면서도 분별에 끄달리지 않는다. 머무는 바 없이 마음이 일어나는 것이다. 생각하되 생각이 없는 것, 그것이 바른 선정이지, 생각을 끊어 없애는 것이 바른 선정이 아니다.

그러니 선정을 이루기 위해 애써서 노력할 필요가 없다. 그렇게 억지로 만들어낸 선정은 유위법으로 만들어 낸 것, 즉 생사법이기 때문에 반드시 끝날 때가 있다. 부처님께서도 선정주의를 공부하시다가 최상의 삼매와 선정의 단계를 이룩하셨지만, 그것은 좌선에 들어 있을 때만 그런 느낌을 느낄 뿐, 좌선에서 빠져나오고 나면 다시금 그 선정이 깨지는 것을 깨달으셨다. 생겨난 법, 만들어 낸 법은 끝날 때가 있게 마련이다.

그러나 참된 선정은 억지로 만들어 낸 것이 아니라, 그저 천연 그대로의 본성이며, 자성이다. 자성을 깨닫는 지혜와 참된 선정은 결코 둘이 아니다. 바르게 깨달은 자는 무수히 생각을 일으키면서도 생각이 없어서 매 순간이 그대로 선정이 되고, 지혜가 된다. 그 무수한 생각 가운데에서도 꼭 필요한 바른 지혜가 발현이 된다.

혜능 스님은 참된 선정과 지혜로서, 일행삼매一行三昧와 직심直心을 강조한다. 진정한 삼매는 곧 일행삼매이며, 일행삼매는 행주좌와 行住坐臥 모든 곳에서 언제나 하나의 직심을 행하는 것이다. 직심이란

'곧은 마음', '곧장 그 마음' 등으로 번역할 수 있는데, 마음에 분별심이 일어나서 분별로 왜곡된 마음을 말하는 것이 아니라, 분별로 오염되기 이전의 본래 마음을 말한다. 분별로 오염되고 왜곡된 마음을 '굽은 마음'이라고 보고, 그 굽은 마음이 아닌 곧은 마음 곧 직심을 설한 것이다.

직심이란 매 순간 분별심에 걸러서 대상을 바라보는 것이 아니라, 그 어떤 필터로도 걸러지지 않은 있는 그대로의 곧장 그 마음이다. 일행삼매란 바로 매 순간 그 무엇을 행할 때라도 직심으로 행한다면 그것이 곧 매 순간에 이룩되는 살아 있는 삼매임을 설하고 있다. 직심이 바로 자성이기에, 직심이 도량이고, 직심이 정토인 것이다.

직심을 행하면 일체법에 집착하지 않는다. 집착이 일어나기 이전의 곧장 그 마음이기 때문에 직심을 행하면 집착은 없다. 어리석은 사람은 좌선하고 앉아서 몸을 움직이지 않고, 마음도 일으키지 않아 고요함을 유지하는 것을 일행삼매라고 하겠지만, 이와 같은 이해는 참된 도를 방해할 뿐이다. 앉아서 좌선해야지만 삼매가 만들어지는 것이 아니다. 자유자재하게 가고 머물고 앉고 눕는 모든 순간순간, 그모든 행을 일으키고, 그 모든 생각을 일으키며, 수많은 말을 하는 가운데에서도 직심으로 행하기에 매 순간이 그대로 일행삼매가 되는 것이다. 이처럼 도는 통하고 흐르는 것이지, 가만히 앉아서 억지스럽게 유지해야지만 되는 그런 막힌 것이 아니다. 삶 속에 생생하게 살아서 움직이며 통하고 흐르는 것이다.

앉아서 몸도 마음도 움직이지 않는 것이 선정이라고 하며, 좌선 수행을 고집한다면, 『유마경』에서 사리불이 좌선하다 유마힐에게 꾸중을 들은 것과 같다. 그것은 잘못된 좌선이다. 『육조단경』의 말씀처럼 요즘에도 그렇게 가르치는 자가 많고, 이처럼 서로 가르치고 있으니, 참으로 큰 잘못임을 알아야 한다. 이렇게 『육조단경』에서 명명백백하게 설하고 있음에도, 여전히 사람들은 잘못된 선정과 좌선에 빠져 헤매고 있다. 안타까운 일이 아닐 수 없다.

물론 사람의 성품에는 영리함과 아둔함이 있어서, 둔한 사람은 몰록 깨닫는 돈오를 통해 선정과 지혜가 동시에 갖춰지는 그런 경지에 이르기가 쉽지 않다. 그러다보니 아둔한 사람은 점차적인 방식으로 조금씩 조금씩 선정을 닦아가고, 그 결과를 맛보면서 공부하기를 좋아한다. 그러나 바른 깨달음은 단박에 마치는 돈오에 있다. 돈오의 순간 선정과 지혜 또한 단박에 닦이는 것이다.

무념 · 무상 · 무주

● "선지식들이여, 나의 이 법문은 본래부터 무념無念으로 종宗(으뜸)을 삼고, 무상無相을 체體(바탕)로 삼으며, 무주無住를 본本(근본)으로 삼습니다.

무상이란 모습 속에서 모습을 벗어나는 것이며, 무념은 생각 속에서 생각이 없는 것이고, 무주는 사람의 본성입니다.

무주는 세간의 선악, 미추美醜, 원수와 친한 이 등의 분별이 공한 줄 알고, 부딪히고 찌르고 속이고 다툴 때에도 그 모두가 공空함을 깨달아 해칠 생각을 내지 않는 것입니다. 즉, 매 순간 이미 지나간 앞의 일들을 생각하지 않는 것입니다. 만약 앞생각과 지금의 생각과 뒷생각이 이어져 끊임없이 계속된다면, 이것을 일러 얽매임(繫縛)이라고 합니다. 모든 법 위에서 순간순간 머물지 않는다면 얽매임은 없습니다. 이런 까닭에 무주를 근본으로 삼습니다.

선지식들이여, 밖으로 일체의 상에서 벗어나는 것을 이름하여 무상無相이라고 합니다. 상相(모습)에서 벗어날 수 있다면, 법의 본체는 청정합니다. 이런 까닭에 무상을 본체로 삼습니다.

선지식들이여, 모든 경계 위에서 마음이 물들지 않는 것을 일러 무념無念이라고 합니다. 스스로의 생각이 항상 모든 경계에서 떠나 있기에, 경계를 따라 마음을 일으키지 않습니다. 아무 것도 생각하지 않으려고 애씀으로써, 생각을 끊어 없애려고 하지는 마십시오. 만약 한 생각을 끊어버리면 곧 죽게 되어 다른 곳에서 태어나리니, 이는 큰 잘못입니다. 도를 배우는 사람은 모름지기 잘 사유하십시오.

만약 법의 뜻을 알지 못한다면, 자신의 잘못을 오히려 옳다고 여겨 다시 타인에게 그 잘못을 권하게 되니, 이것은 스스로의 어리석음을 보지 못하는 것일 뿐만 아니라 또한 부처님의 가르침을 비방하는 것입니다. 그 까닭에 무념을 세워서 으뜸으로 삼습니다.

선지식들이여, 어찌하여 무념을 세워 으뜸으로 삼는 것일까요?

다만 입으로만 견성을 말하기 때문에, 어리석은 사람이 경계를 따라가며 한 생각을 일으킵니다. 생각을 따라가며 곧 삿된 견해를 일으키니, 일체의 티끌 같은 번뇌 망상이 이로 말미암아 생겨납니다. 자성에는 본래 얻을 수 있는 법이 하나도 없습니다. 만약 얻는 것이 있어 허망하게 화禍와 복福을 말한다면, 이것이 바로 번뇌이며 삿된 견해입니다. 그런 까닭에 이 법문에서는 무념을 으뜸으로 삼습니다.

선지식들이여, 무無라는 것은 무엇이 없다는 것이며, 념念이라는 것은 무엇을 생각하는 것일까요? '무'란 두 개의 상이 없다는 것이며, 모든 번뇌 망상이 없다는 것입니다. '념'이란 진여인 본성을 생각하는 것입니다. 진여眞如는 곧 생각의 본체이며, 생각은 곧 진여의 작용입니다. 진여인 자성이 생각을 일으키는 것이지, 눈·귀·코·혀가 생각을 일으킬 수는 없습니다. 진여에는 자성이 있으므로 생각이 일어날 수 있습니다. 만약 진여가 없다면 눈과 귀, 색깔과 소리는 즉시 소멸될 것입니다.

선지식들이여, 진여인 자성이 생각을 일으키니, 6근六根이 비록 보고 듣고 느끼고 알지만 온갖 경계에 물들지 않고 참된 성품은 늘 자재합니다. 그런 까닭에 경전에서는 '능히 모든 법의 모양을 잘 분별하지만, 제일의第一義에서 움직이지 않는다'*라고 말한 것입니다."

• 『유마경』

6조 혜능 스님의 법문은 본래부터 무념無念으로 종宗(으뜸)을 삼고, 무상無相을 체體(바탕)로 삼으며, 무주無住를 본本(근본)으로 삼는다. 무상이란 모습 속에서 모습을 벗어나는 것이며, 무념은 생각 속에서 생각이 없는 것이고, 무주는 사람의 본성이라 했다.

무주無住는 어디에도 머물러 집착하지 않는 것이다. 이 공부의 근본은 머무는 바 없이 행하는 데 있다. 세간의 온갖 분별들이 전부 공한 줄 알면 그 어디에도 머물러 집착하지 않는다. 심지어 사람들과 싸우고 부딪히고 속이고 다툴 때에도 그것이 공한 줄을 깨닫기에 마음이 머물러 집착함으로써 미운 마음을 담아두지 않는다. 당연히 복수하거나 해칠 생각을 내지 않는다.

머물지 않고 흘러가도록 내버려 두어야 함에도, 이미 지나간 생각과 현재의 생각, 미래의 생각이 계속 이어지면서 끊임없이 번뇌 망상이 계속된다면 그것은 얽매임이지 무주가 아니다. 모든 법 위에서 매 순간 머물지 않는다면 그 어디에도 얽매일 것이 없다. 이런 까닭에 무주를 이 법의 근본으로 삼는다.

무상無相은 밖으로 일체의 상相에서 벗어나는 것이다. 상이란 일체 삼라만상의 제각기 특색 있는 모습·모양을 뜻한다. 정신적인 것 또한 이미지로 마음에서 그려낼 수 있기 때문에 그 또한 상이다. 모습, 즉 상에서 벗어난다는 것은 곧 모습에 얽매이고 모습에 집착하는 마음에서 벗어남을 뜻한다.

사람들이 괴로운 이유는 상에 얽매이기 때문이다. 예를 들어 고가의 자동차를 소유하거나, 여성들은 좋은 명품 가방 같은 것을 소유하면 스스로 높아진다는 상에 사로잡힌다. 소유물과 자신을 동일시함으로써 소유물의 모양에서 나의 가치가 결정되는 것이라고 착각을 일으킨다. 외모를 가꾸려고 하거나, 소위 '있는 척', '높은 체', '잘난 체' 등 '체' 하는 모든 행동들이 전부 상에 사로잡히기 때문에 일어난다.

높다는 상, 낮다는 상, 잘났다는 상, 못났다는 상, 부자라는 상, 가난하다는 상, 좋다는 상, 싫다는 상 등 이 모든 것이 전부 다 상이다.

사실 상相은 마음속의 하나의 이미지일 뿐, 고정된 실체적인 것이 아니다. 좋은 차를 타고 있든, 좋지 않은 차를 타고 있든 사실상 나라는 존재가 그로 인해 근원에서는 달라지지 않는다. 그렇기에 좋지 않은 차를 타고 다니면서도 당당하게 아무 문제없이 사는 사람도 있지만 반면에 나쁜 차를 타고 다니니 사람들이 나를 우습게 보지나 않을까 하는 자격지심에 빠져 사는 사람도 있다. 이것이 바로 상에 빠져 사는 사람들이 제 스스로 만들어낸 문제요, 괴로움이고, 얽매임이다.

무상無相은 곧 일체의 모든 상에서 자유로운 것을 뜻한다. 무상이 곧 본체이며, 바탕인 이유는 무상이야말로 일체 모든 만법의 실상이기 때문이다. 실상무상實相無相이다. 무상이야말로 만법의 참된 실상이지만, 사람들은 어리석기 때문에 무상을 상으로 착각하고, 그 착각된 허망한 모양이 진짜라고 여겨 거기에 집착한다. 상에 집착함으로써 모든 괴로움이 생겨난다.

또한 이 법은 무념無念을 으뜸으로 삼는다. 모든 경계 위에서 마음이 어디에도 물들지 않는 것이 무념이다. 무념은 생각이 없다는 것인데, 이 말의 본뜻은 정말로 하나도 생각을 일으키지 않는다는 것이 아니라, 생각을 다 일으키면서도 그 생각에 사로잡히지 않고 얽매이지 않음을 뜻한다. 생각의 본성이 공하다는 사실을 자각하기 때문이다.

생각의 본성이 공하다는 자각, 그것이 바로 무념이다. 그러니 모든 경계 위에서 수없이 많은 생각을 일으키더라도 마음이 그 어디에도 물들지 않는다. 그 모든 것이 공한 줄을 아는 까닭이다. 대상경계를 생각하면서도 그 대상경계에서 떠나 있기 때문에, 경계를 따라 마음이 이리저리로 휘둘리지 않는다.

어리석게도 사람들은 이러한 무념법을 듣게 되면, 무념을 실천하기 위해서 생각을 없애려고 애를 쓴다. 그러나 생각을 끊어 없애려고 할 필요는 없다. 생각은 끊어 없애려고 한다고 없어지는 것이 아니다. 생각은 자연성품이기 때문에 그저 자연스럽게 인연 따라 일어나고, 우리는 그 자연의 한 일부이기 때문에 생각을 잘 써먹을 줄 알아야 삶을 영위할 수 있다. 생각이 없다면, 그 사람은 단 한 순간도 살아갈 수 없을 것이다.

어리석은 이는 자신이 스스로 만들어 놓은 한 가지 생각에 과도하게 집착하고 고집하면서, 그 생각만이 옳다고 믿고, 그것을 타인에게도 강요함으로써 자신도 괴롭고 남들도 괴롭힌다. 그런 까닭에 이 불법에서는 무념을 으뜸으로 삼는다.

무념을 실천하는 이는, 생각을 하되 그 생각에 집착하지 않으니, 삶에서 과도한 고집이 없다. 유연하다. 이렇게 되어도 좋고, 저렇게 되어도 좋다. 인연 따라 삶을 온전히 내맡기며 자연스럽게 흐를 뿐이다. 자기의 생각을 타인에게 고집하지 않으니, 대인관계도 원만할 수밖에 없다. 타인을 괴롭히지 않는다.

자성에는 본래 얻을 수 있는 한 법도 없다. 만약 얻을 것이 있다고 한다면 그것이 바로 삿된 견해다. 무념·무주·무상을 말하지만, 이것은 모두 '이것을 얻으라'는 것이 아니라, 이것도 아니다, 저것도 아니다, 전부 다 '아니다'라는 사실을 뜻하는 것일 뿐이다. 어느 한 가지에도 과도하게 사로잡히지 말라는 뜻이다.

생각이 일어났다고 할 때, 사실 그 생각은 어디에서 일어났을까? 그 생각이 나온 자리가 바로 진여요, 자성이다. 진여자성에서 한 생각이 일어난 것이고, 그 자리로 사라진다. 생각의 뿌리가 곧 진여자성이다. 그러니 능히 생각을 일으켜 필요할 때 일체 만법의 모양을 잘 분별하면서도, 그 당처인 진여의 바탕에서는 하나도 움직인 바가 없다.

그래서 『유마경』에서는 "능히 모든 법의 모양을 잘 분별하지만, 제일의第一義에서는 움직이지 않는다"고 했다. 제일의는 첫 번째 자리라는 뜻으로, 분별로 걸러지지 않은 순수한 생각 이전의 자리다. 우리 모든 존재의 근원 바탕이며 배경이고, 자성이며 진여의 자리다.

끊임없이 진여자성이 생각을 일으켜 삶을 살아갈지라도, 첫 번째 자리, 이 진여불성의 자리에서는 한 법도 움직인 일이 없고, 한 생각도 일어난 바가 없다.

참된 좌선이란?

● 혜능 대사께서 대중들에게 이르셨다.

"선지식들이여, 어떤 것을 좌선坐禪이라고 할까요? 이 법문은 걸릴 것도 없고 막힐 것도 없습니다(無障無礙). 밖으로 모든 선악의 경계에 대해 생각이 일어나지 않음이 좌坐요, 안으로 자성을 보아 움직임이 없는 것이 선禪입니다.

선지식들이여, 어떤 것을 선정禪定이라고 할까요? 밖으로 상相을 떠나는 것이 선이고, 안으로 산란하지 않는 것이 정입니다. 밖으로 상에 집착하면 곧 안의 마음이 산란하고, 밖으로 만약 상을 벗어나면 마음이 산란하지 않습니다.

본성은 스스로 청정하고 스스로 안정되어 있으나, 단지 경계를 보고 경계를 따라 생각하기 때문에 산란합니다. 만약 온갖 경계를 보고도 마음이 산란하지 않다면 그것이 바로 참된 정定입니다.

선지식들이여, 밖으로 상을 벗어나는 것이 선이고, 안으로 산란하지 않은 것이 정이니, 밖으로는 선을, 안으로는 정을 행하면 그것이 곧 선정입니다.

『유마경』에는 '곧장 활짝 열리면 본심을 되찾는다(卽時豁然 還得本心)'고 하였고, 『보살계경』에는 '나의 본성은 본래부터 스스로 청정하다(我本性元自淸淨)'고 하였습니다.

선지식들이여, 순간순간 스스로 본성의 청정함을 보면, 저절로 닦고 저절로 행하여 저절로 불도가 이루어집니다. 이 선문禪門의 좌선은 원래 마음에 집착하지도 않고, 또한 청정함에도 집착하지 않으며, 또한 움직이지 않는 것을 옳다고 여기지도 않습니다.

마음에 집착한다고 말하지만, 마음은 본래 허망합니다. 마음이 환상과 같음을 알기에 집착할 것도 없습니다.

청정함에 집착한다고 하지만 사람의 본성은 본래 청정합니다. 허망한 생각이 진여를 뒤덮고 있을 뿐, 단지 허망한 생각만 없으면 본성은 본래 청정합니다. 마음을 일으켜 청정함에 집착한다면 도리어 청정함이란 망상이 생겨납니다. 망상은 본래 처소處所가 없지만, 집착을 하면 곧 망상이 됩니다.

청정함에는 형상形相이 없음에도 도리어 청정하다는 상을 세워서 그것을 공부라고 말하지만, 이런 견해가 곧 자신의 본성을 가로막아 도리어 청정함에 얽매이게 됩니다.

선지식들이여, 부동不動(움직이지 않음)을 닦는 자가 모든 사람을 대할 때 그 사람의 옳고 그름, 좋고 나쁨, 잘못과 근심을 보지 않는다면, 이것이 곧 자성의 부동(自性不動)입니다.

선지식들이여, 어리석은 사람은 몸은 비록 부동하나, 입만 열면 곧 다른 사람의 옳고 그름, 장단점, 좋고 싫음을 말하니, 이것은 도와 어긋납니다. 만약 마음에 집착하고 청정에 집착한다면, 도리어 도를 가로막는 것입니다."

6조 혜능 스님은 누구나 보편적으로 알고 있는 수많은 불교의 용어와 방편의 가르침들을 돌이켜, 그 삿된 말의 의미를 타파하고, 그 말뜻이 가리키는 바의 본질만을 곧장 드러내 주고 있다. 방편을 깨고 본질을 드러내는 것, 즉 파사현정破邪顯正이다. 달을 가리키는 손가락을 치워버림으로써 곧바로 달을 보도록 이끄는 방식이다.

좌선에 대해서도 마찬가지다. 누구나 좌선은 앉아서 호흡을 관찰하던가, 몸을 관찰하던가, 마음을 관찰하는 것이라고 생각했다. 이를 좌선관심坐禪觀心이라고 한다. 이는 현시대에도 마찬가지다. 참된 수행이나 참된 참선은 곧 좌선뿐이라고 여긴다. 좌선이야말로 수행의 기본이며, 좌선을 하지 않으면 참선을 한다고 여기지 않는다. 좌선하는 수행자만이 바른 수행자이고, 장좌불와長坐不臥 즉 눕지 않고 오래 버티며 앉아 있는 것을 최고의 수행으로 여긴다.

6조 혜능 스님은 말씀하신다.

"밖으로 모든 선악의 경계에 대해 생각이 일어나지 않음이 좌坐요,

안으로 자성을 보아 움직임이 없는 것이 선禪이다."

앉아 있는 것이 좌가 아니라, 밖으로 일체 선악의 경계에 대해 생각이 일어나지 않는 것이 좌다. 그 어떤 선악의 차별경계에 대하여 좋다고 집착하거나, 싫다고 거부하려는 생각을 일으키지 않는 것이 좌라는 것이다. 몸으로는 앉아 있으면서 생각은 끊임없이 온갖 생각을 따라가고, 온갖 선악의 경계에 대해 좋거니 싫거니 하며 수만 가지 생각을 일으킨다면 그것은 좌가 아니다.

선 또한 안으로 자성을 보아 움직임이 없는 것이다. 자성을 보면 움직이면서도 움직임이 없다. 그 모든 것이 전부 텅 빈 공한 것임을 깨닫는다면, 그 무엇을 붙잡아 쥐려고 애쓰고, 그 무엇을 버리려고 하겠는가. 자성에 뿌리내리고 있다면 그 모든 움직임이 움직임이 아니니, 그것이 바로 선이다.

좌가 선이고, 선이 좌다. 안팎으로 분별을 따라가지 않고, 생각과 망상에 휘둘리지 않는 것, 그래서 마음이 움직이더라도 움직임이 없는 것, 그것이 바로 좌선이다.

그런데 우리는 앉아서 몸을 움직이지 않는 것을 좌선이라고 생각해 왔다. 마음이 움직이지 않는 것이 좌선이며, 더욱이 마음이 움직이면서 움직이지 않는 것이야말로 참된 좌선이다.

선정禪定도 마찬가지다. 밖으로 상相을 떠나는 것이 선이고, 안으로 산란하지 않는 것이 정이다. 모든 모습에 얽매이지 않고, 안으로 산란함이 없으면 그 자리가 바로 선정이다.

본래 우리의 본성은 스스로 안정되어 있어, 언제나 선정 아닌 때가 없다. 그러나 경계를 보고 경계를 실체화시키며 그 경계 따라 마음을 일으키고 분별하며 취사선택하려 하기 때문에 마음이 산란할 뿐이다. 만약 경계를 보고도 마음이 산란하지 않다면 그것이 바로 참된 정定이다.

순간순간 스스로 본성의 청정함을 보면, 저절로 닦고 저절로 행하여 저절로 불도가 이루어진다. 이처럼 무위無爲로써 저절로 행하여지는 것이 참된 불법이다. 억지로 애써서 노력하는 것은 유위법이며, 오히려 마음을 산란하게 만드는 것일 뿐이다. 무언가를 억지로 하는 것이 아니라, 억지로 하려던 그 모든 마음을 그저 쉬는 것일 뿐이다. 푹 쉬고 나면 저절로 본성의 청정함이 드러난다.

이 선문의 좌선은 그 어떤 것도 붙잡지 않는다. 마음을 보라고 하지만 마음에도 집착하지 않고, 청정함을 얻으라고 하면서도 청정함에도 집착하지 않고, 부동심不動心으로 마음이 움직이지 않아야 한다고 하면서도 움직이지 않는 것을 옳다고 집착하지도 않는다.

아무리 좋은 것이라고 하더라도 그것만이 옳다고 집착하는 순간, 그것은 취사간택의 분별이 되기 때문이다. 그 어디에도 발 딛고 설 곳이 없어서, 어디에도 기대지 않고, 어디에도 머물지 않는 것이 바로 선의 길 없는 길이다.

오분향과 참회를 말하다

자성 오분법신향

● 그때 대사께서 광주廣州와 소주韶州를 비롯한 사방에서 온 선비와 서민들이 법문을 듣고자 산중으로 모여드는 것을 보시고, 법좌에 올라 대중에게 말씀하셨다.

"잘 오셨습니다. 선지식들이여, 이 일은 모름지기 자성으로부터 일어납니다. 일체 모든 순간순간 그 마음을 청정히 하고 스스로 닦고 행하여 자기의 법신을 보십시오. 자기 마음의 부처를 보고, 스스로 제도하며 스스로 경계하였다면 여기까지 올 필요가 없었을 것입니다. 그러나 먼 길을 찾아와 이렇게 함께 모였으니, 이 또한 다 인연이 있기 때문입니다.

이제 모두들 호궤胡跪합장 하십시오. 먼저 자성自性의 오분법신향

五分法身香을 전해 주고, 다음에 무상참회無相懺悔를 전해 드리겠습니다.

대중이 모두 호궤 합장하니, 혜능 스님께서 말씀하셨다.

"첫째는 계향戒香이니, 곧 자기의 마음속에 잘못도 없고, 악함도 없고, 질투도 없고, 탐냄도 성냄도 없으며, 해치고자 하는 위협도 없는 것을 일러 계향이라 합니다.

둘째는 정향定香이니, 모든 선한 경계와 악한 경계의 모습을 보고 자기 마음에 혼란이 없는 것을 일러 정향이라 합니다.

셋째는 혜향慧香이니, 자기 마음에 걸림이 없어서, 항상 지혜로써 자성自性을 비추어 보아, 어떤 악도 짓지 않고, 비록 많은 선을 닦더라도 마음으로 집착하지 않으며, 윗사람을 공경하고 아랫사람을 보살피고, 외롭고 가난한 이를 불쌍히 여기는 것을 혜향이라 합니다.

넷째는 해탈향解脫香이니, 자기 마음에 얽매이는 것이 없어서, 선도 생각하지 않고 악도 생각하지 않으며, 자재하여 걸림이 없는 것을 일러 해탈향이라고 합니다.

다섯째는 해탈지견향解脫知見香이니, 자기 마음이 이미 선악에도 얽매이지 않고, 공에 빠져 고요함을 지키려고 하지도 않으며, 모름지기 널리 배우고 법문을 들어, 자기의 본래 마음을 알고 모든 부처의 이치에 통달하여, 하나임의 빛으로 사물을 대하고, 나도 없고 남도 없어서 곧바로 깨달음에 이르러, 참된 자성과 다르지 않다면 이것을 일러 해탈지견향이라고 합니다.

선지식들이여, 이 오분법신향은 각자의 내면에서 피워지는 것이니, 결코 밖을 향해 찾지 마십시오."

오분법신향은 깨달음을 얻으신 부처님께서 갖추고 계신 광대하고 무량한 공덕 다섯 가지를 말한다. 부처님은 8만 4천 가지의 공덕을 갖추고 있다고 하여, 공덕을 만행萬行·만덕萬德이라고도 하는데, 이러한 무한한 부처님의 공덕을 줄이고 줄여 다섯 가지로 줄여 놓은 것이 바로 오분향五分香이다.

이러한 무량 공덕의 결과인 오분향을 지니신 부처님의 몸은 법신이기 때문에 오분법신향이라고 한다. 이러한 오분법신을 지니신 부처님께 향을 올리고 예를 갖추어 절하는 것을 오분향례五分香禮라고 하여, 절에서는 매일 새벽예불뿐 아니라 모든 예불과 법회, 기도 때마다 오분향례를 올린다.

오분법신향은 계향戒香·정향定香·혜향慧香·해탈향解脫香·해탈지견향解脫知見香이다. 혜능 스님의 설명을 들어보자.

첫째는 계향戒香이니, 곧 자기의 마음속에 잘못도 없고, 악함도 없고, 질투도 없고, 탐냄도 성냄도 없으며, 해치고자 하는 위협도 없는 것을 일러 계향이라 한다.

계율에 정해져 있는 항목들을 억지로 지키려고 노력하고, 절대 어기면 안 되는 것으로 여기는 것은 참된 계율의 실천이 아니다. 계율은 개차開遮라는 말도 있듯이, 불교의 계율은 잘 지킬 줄도 알아야 하지만, 잘 범할 줄도 알아야 한다. 이 말은 계율에 어떤 절대성을 부여해서는 안 된다는 의미다. 절대적인 선과 악이 없는데, 어떻게 '이것을 지키면 선'이고 '이것을 어기면 악'이라고 하겠는가?

참된 계율의 향기는 억지스럽게 계율을 고집하고, 계율에 사로잡히는 것이 아니라, 자기 마음속에 잘못·악함·질투·성냄·탐냄·해침 등의 마음이 없는 것이다. 마음속에 탐·진·치貪瞋癡 3독三毒과 분별망상과 취사간택심이 없으면, 우리의 삶은 저절로 윤리 도덕적이 될 수밖에 없다.

지켜야 하니까 어쩔 수 없이 지키는 것이 아니라, 계율이라는 생각도 없이 그저 자연스럽게 살 뿐이지만 저절로 삶 자체가 지계持戒의 삶이 되는 것이다. 마음속에 잘못이나 악함·질투·탐심과 진심瞋心과 어리석음 등이 있다면 계율을 어기는 잘못된 삶을 살 수 있겠지만, 마음속에 이미 그런 삿된 마음이 없으니, 억지로 계율을 지키려고 하지 않더라도 저절로 계율을 지키게 되는 것이다.

이렇게 되면 내가 계율을 지키는 것이 아니라, 삶 자체가 그대로 계행이 되고, 모든 행동 하나하나에서 계향의 향기가 피어나온다. 그때는 설사 겉모습으로 계율을 어긴 일이 있더라도 마음의 의도는 전혀 계율을 어길 의도가 아니었기 때문에 그것은 계율을 어긴 것이 아니다. 이것이 바로 지범개차持犯開遮요, 개차법開遮法이며, 이러한 자연스러운 계행에서 저절로 우러나오는 계의 향기가 바로 계향이다.

둘째는 정향定香이니, 모든 선한 경계와 악한 경계의 모습을 보고 자기 마음에 혼란이 없는 것이다. 보통 정향은 선정의 향기, 삼매의 향기를 뜻한다. 일반적으로는 좌선수행을 통해 고요한 선정삼매에 이르는 것이다.

그러나 참된 정향은 몸이 움직이지 않는 것이 아니라, 선악의 경계와 모습을 보고도 마음에 혼란이 없는 것이다. 왜 그럴까? 선과 악이라는 것 자체가 허망한 하나의 관념이며, 분별심이기 때문이다. 선악은 인연 따라 잠시 선악의 모습으로 드러났을 뿐이고, 자기 마음에서 선악이라고 이름 지었을 뿐이지, 있는 그대로의 실상에는 선도 없고 악도 없다. 선도 없고 악도 없이 텅 비어 공하기 때문에, 선한 모습을 보고도 악한 모습을 보고도 마음에 흔들림이 없다. 선악에 휘둘리지 않는다.

선악뿐 아니라 옳고 그름, 좋고 나쁨, 대소大小, 장단長短, 아름답고 추함, 부자와 가난 등 그 모든 이분법적인 분별심에 휘둘리지 않아, 마음에 전혀 혼란이 없는 것이다.

셋째는 혜향慧香이니, 자기 마음에 걸림이 없어서, 항상 지혜로써 자성을 비추어 보아, 어떤 악도 짓지 않고, 비록 많은 선을 닦더라도 마음으로 집착하지 않으며, 윗사람을 공경하고 아랫사람을 보살피고, 외롭고 가난한 이를 불쌍히 여기는 것이다.

혜향은 지혜의 향기다. 지혜란 늘 자성을 보는 삶이다. 만법을 보되 분별의 눈으로 보지 않고, 무분별로써 바라본다. 분별없이 세상을 있는 그대로 바라보기 때문에 대상을 좋거나 나쁘다고 둘로 나누지 않고, 취사간택하지 않는다. 그러니 좋을 것도 싫을 것도 없다. 마음이 취하거나 버리지 않으니, 아무런 걸림이 없다. 그러니 자연스럽게 살아갈 뿐, 악을 짓지도 않고, 선을 닦더라도 스스로 선을 닦았다는 상을 내지 않으며, 자랑하거나 집착하지도 않는다.

자성으로써 늘 삶을 비추어 보면서도, 인연에 응하여 윗사람이 오면 공경심으로 맞이하고, 아랫사람이 오면 따뜻하게 보살피며, 외롭고 가난한 이는 저절로 불쌍히 여기게 되는 이것이 바로 삶 속에서 저절로 피어나는 지혜의 향기다.

이처럼 자성을 보아 지혜가 생겨나면, 삶과 동떨어지고 중생들과 동떨어져서 자기 혼자 고고한 삶을 사는 것이 아니다. 중생들 속에서 중생들과 하나 되어, 수많은 인연에 자연스럽게 응하면서 평범하고도 자연스러운 삶을 산다. 너와 내가 둘이 아니며 오로지 하나의 자성일 뿐임을 알기 때문에, 사람들을 둘로 나누고 차별하지 않고, 상대가 곧 나 자신임을 알기에, 타인을 나 자신과 같이 돌본다.

넷째는 해탈향解脫香이니, 자기 마음에 얽매이는 것이 없어서, 선도 생각하지 않고 악도 생각하지 않으며, 자재하여 걸림이 없는 것이다. 해탈이란 말 그대로 일체의 묶임, 얽매임에서 벗어난 삶이다. 묶인 것으로부터 풀려났으니, 마음에 얽매이는 것이 없다. 선에도 얽매이지 않으며, 악에도 얽매이지 않는다. 완전한 대자유가 주어진다. 일체법에 자재하게 걸림 없이 살아가니, 이것이 바로 해탈의 향기다.

그동안 중생일 때는 무승자박無繩自縛으로 아무런 포승줄도 없음에도 불구하고, 제 스스로 문제를 만들어내 스스로를 꽁꽁 묶어 둔다. 스스로를 묶어 놓고는 스스로 자유를 찾아 나선다. 깨닫고 나면 그동안 나를 묶었던 포승줄이 사실은 포승줄이 아니었고, 내 의식이 만들어낸 환상이었음이 밝혀진다. 제 스스로를 묶는 일이 사라지니, 일체에 걸릴 것이 없다. 완전히 자유로우니 자유롭다는 말조차 필요 없어지고, 그저 자연스럽게, 아무 일 없이, 아무런 걸림 없이 그저 살아갈 뿐이다.

다섯째는 해탈지견향解脫知見香이니, 자기 마음이 이미 선악에도 얽매이지 않고, 공에 빠져 고요함을 지키려고 하지도 않으며, 모름지기 널리 배우고 법문을 들어, 자기의 본래 마음을 알고 모든 부처의 이치에 통달하여, 하나임의 빛으로 사물을 대하고, 나도 없고 남도 없어서 곧바로 깨달음에 이르러, 참된 자성과 다르지 않다면 이것을 일러 해탈지견향이라고 한다.

말 그대로 해탈지견의 향기란, 자신이 해탈했음에 대해 확실하게 불지견이 열려 스스로의 해탈을 스스로 증명할 수 있는 부처님의 경지를 말한다. 견성 이후의 보임이 원만하게 이루어져 이제 더 이상은 퇴전하지 않는 확고한 깨달음의 자리에 서 있는 것이다.

이제 더 이상 선악의 시비에 얽매이지 않을 뿐만 아니라, 공에도 치우치지 않고, 고요함을 따로 지키려고 애쓸 것도 없다. 그 어떤 곳에도 치우치지 않고 집착하지 않지만, 그 모든 공덕이 저절로 드러난다.

이미 바른 법을 널리 배우고 법문을 들어 더 이상 흔들리지 않는 불퇴전의 지위에 이른다. 자기 본래 마음에 완전히 계합하고 모든 부처님의 이치에 온전히 통달하게 된다.

자성에 계합한다는 것은 곧 불이법不二法에 통한 것이다. 일체 삼라만상 모든 것이 곧 하나임을 알아 하나임의 빛으로 사물을 대한다. 너와 나를 둘로 나누지 않고, 온 우주가 그대로 나 자신임을 확인한다. 이것이 해탈지견의 향기이다.

이러한 오분법신향은 각자 자기 내면에서 피워 올리는 것이지, 결코 밖을 향해 찾을 것이 아니다. 부처님의 오분법신향, 그런 것은 없다. 나의 오분법신향이 있을 뿐이다. 내가 바로 부처님이고, 나의 향기가 곧 오분법신향이니, 나의 본성이 무엇인지만 확인한다면 내면의 오분법신향이 곧장 증득된다.

무상참회

● "이제 그대들에게 무상참회를 전해 주어 삼세의 죄업을 소멸하고 3업을 청정하게 하겠습니다.
선지식들이여, 각자 내 말을 따라 외우십시오.

'저희 제자들은 과거와 현재와 미래의 모든 생각들이 매 순간 어리석음과 미혹에 물들지 않도록 하겠습니다. 과거로부터 지어온 악업인 어리석고 미혹한 죄를 모두 참회합니다. 원하옵건대 일시에 소멸하여 다시는 일어나지 않게 해 주시옵소서.

저희 제자들은 과거와 현재와 미래의 모든 생각들이 매 순간 교만과 거짓에 물들지 않도록 하겠습니다. 과거로부터 지어온 악업인 교만과 거짓의 죄를 모두 참회합니다. 원하옵건대 일시에 소멸하여 다시는 일어나지 않게 해 주시옵소서.

저희 제자들은 과거와 현재와 미래의 모든 생각들이 매 순간 질투에 물들지 않도록 하겠습니다. 과거로부터 지어온 악업인 질투의 죄를 모두 참회합니다. 원하옵건대 일시에 소멸하여 다시는 일어나지 않게 해 주시옵소서.'

선지식들이여, 이와 같은 것이 바로 무상참회입니다. 무엇을 이름하여 참懺이라 하고, 무엇을 이름하여 회悔라고 할까요?

참이라는 것은 지나간 허물을 뉘우치는 것입니다. 과거로부터 지어온 악업惡業인 어리석음과 미혹, 교만과 질투 등의 죄를 모두 참회하여 영원히 다시 일으키지 않는 것을 이름하여 참懺이라고 합니다.

회라는 것은 다가올 허물을 뉘우치는 것입니다. 미래에 있을 악업인 어리석음과 미혹, 교만과 질투 등의 죄를 지금 미리 깨닫고 모두 다 영원히 끊어서 다시 짓지 않는 것을 이름하여 회悔라고 합니다.

이런 까닭에 참회懺悔라고 합니다. 범부들은 어리석고 미혹하여 다만 과거의 허물만 뉘우칠 줄 알고, 미래에 다가올 허물은 뉘우칠 줄 모릅니다. 앞으로 다가올 허물을 뉘우치지 않기 때문에 앞선 허물도 사라지지 않고 뒤의 허물이 계속 생겨나게 됩니다. 과거의 허물이 아직 사라지지 않았고, 미래에 허물이 다시 생겨난다면, 그것을 어찌 참회라고 할 수 있겠습니까?"

무상참회無相懺悔는 올바른 참회가 무엇인지를 설명해 준다. 혜능 스님이 설해주신 참회문은 다음과 같다.

"과거·현재·미래의 모든 생각들이 어리석음과 거짓과 질투에 물들지 않겠습니다. 과거로부터 지어온 악업인 어리석은 죄, 거짓의 죄, 질투의 죄를 참회합니다. 원하옵건대 일시에 소멸하여 다시는 일어나지 않게 해 주시옵소서."

참懺이란 지나간 허물을 뉘우치는 것으로서, 과거로부터 지어온 일체 모든 악업을 참회하여 다시는 짓지 않겠노라는 지극한 뉘우침이다. 회悔는 다가올 허물에 대해 미리 깨닫고 영원히 끊어 다시는 짓지 않겠노라는 자기 다짐이다.

과거의 허물을 뉘우치고 참회하면 과거로부터 가져 온 죄의식과 죄업이 완전히 소멸된다. 사실 죄의식이나 죄라는 것 자체가 하나의 모양으로 만들어 놓은 상相일 뿐, 죄의식이나 죄는 실체적인 것이 아니다. 내가 죄라고 마음속에서 여기고, 그 죄의식이라는 상에 갇혀 있게 되면, 스스로 죄의식 속에 속박되고 구속되는 것이다. 그러나 그것이 죄라는 것을 누가 규정지었나? 죄라는 것이 과연 실체가 있기는 한가? 그것이 죄인지 아닌지를 누가 결정할 것인가? 본래 선악에는 실체가 없다. 그 어떤 행위도 그 행위 자체에 절대적인 선이나 악이 있지는 않다.

사실 죄라는 것은 마음에서 만들어내는 상相일 뿐이다. 그래서 『천수경』에서도 "죄무자성종심기 심약멸시죄역망 죄망심멸양구공 시즉명위진참회罪無自性從心起 心若滅是罪亦忘 罪忘心滅兩俱空 是卽名爲眞懺悔"라고 했다. 죄는 그 자성이 없어서, 다만 마음을 따라 일어날 뿐이다. 죄는 실체가 없다는 말이다. 실체적인 상이 없음에도 우리 마음속에서 죄의식이라는 모양을 만들어 내고, 그 상에 갇혀 있었을 뿐이다. 그렇기에 그 죄의식이라는 상이 소멸되면 죄 또한 소멸된다. 죄와 마음이 모두 멸해져서 공해지면, 그것이 바로 참된 참회라는 것이다.

이것이 바로 죄의 실체다. 죄라는 실체가 없는 것이 죄의 실체다. 그러니 죄라는 상에 갇혀 있지 않고, 진심을 다해 과거와 현재와 미래의 죄업을 참회한다면 그 참회는 이루어진다. 내 마음에서 상을 만들어내 죄를 만들어냈으니, 참회 또한 내 마음 안에서 참회문을 간절히 독송하고 참회의 마음을 일으킴으로써 사라지게 할 수 있는 것이다. 이것이 바로 참된 무상참회無相懺悔다.

사홍서원

● "선지식들이여, 이미 참회를 마쳤으니, 이제 선지식들과 더불어 사홍서원四弘誓願을 발원發願하겠습니다. 각자 마음을 모아 바르게 들으십시오.

자심自心 중생 끝없으나 제도하기를 서원합니다.

(自心衆生無邊誓願度)

자심 번뇌 끝없으나 끊어내기를 서원합니다.

(自心煩惱無邊誓願斷)

자성自性 법문 끝없으나 다 배우기를 서원합니다.

(自性法門無盡誓願學)

자성 불도 위없으나 이루기를 서원합니다.

(自性無上佛道誓願成)

선지식들이여, 많은 사람들이 어찌하여 '중생무변서원도衆生無邊誓願度'라 하지 않고 '자심중생무변서원도'라 했는지 궁금하겠지요? 그것은 제가 말하는 제도濟度는 그 뜻이 달리 쓰이기 때문입니다.

선지식들이여, 마음속의(自心) 중생이란, 이른바 삿되고 미혹한 마음(邪迷心), 속이는 허망한 마음(誑妄心), 착하지 못한 마음(不善心), 질투하는 마음(嫉妬心), 악독한 마음(惡毒心) 등입니다. 이러한 모든 마음이 곧 중생이기에, 각자는 모름지기 자성으로 스스로 제도(自性自度)하여야 하니, 그것을 일러 참된 제도라 합니다.

어떤 것이 참된 '자성제도'일까요? 자기 마음속에 사견과 번뇌와 어리석음 등의 중생을 정견正見으로 제도하는 것입니다. 우리에게는 이미 정견이 있으니, 반야의 지혜로써 어리석음·미혹·허망함이라는 중생들을 타파할 수 있습니다. 그렇게 각자 스스로를 제도하되, 삿됨이 오면 바름으로 제도하고, 미혹이 오면 깨달음으로 제도하고, 어리석음이 오면 지혜로써 제도하고, 악이 오면 선으로써 제도하니, 이와 같은 제도를 참된 제도라고 이름합니다.

또한 번뇌무변서원단煩惱無邊誓願斷은 자성의 반야지혜로써 허망하게 사량 분별하는 마음을 제거하는 것입니다.

또 법문무진서원학法門無盡誓願學은 모름지기 항상 정법을 행함으로써 견성見性하는 것으로, 이를 참된 배움이라고 합니다.

무상불도서원성無上佛道誓願成은 언제나 하심下心을 실천하여 진리와 정법을 행하며, 미혹도 벗어나고 깨달음도 벗어나 항상 반야를 드러내고, 참됨도 제거하고 허망함도 제거하여 곧바로 불성을 보는 것입니다. 이렇게 하면 곧 언하言下에 불도를 이루게 되어, 항상 수행을 잊지 않게 되니 이것이 곧 원력법願力法입니다."

6조 혜능 스님의 사홍서원은 자심自心의 사홍서원이다. 자기 마음속에서 일어나는 사홍서원이다.

내 마음속의 중생이 끝없으나 제도하기를 서원하는 것이야말로 참
된 자심의 사홍서원이다. 왜 마음속의 중생이라고 했을까? 중생은 사
실 이 특정한 육신을 중생이라고 하는 것이 아니다. 중생이란 마음의
상태다. 마음속에 삿되고 미혹한 마음, 속이는 허망한 마음, 착하지
않은 마음, 질투의 마음, 악독한 마음 등이 있으면 그 마음을 보고 중
생이라고 한다.

우리는 아무 생각 없이 나는 깨닫지 못했으니 중생이라고 여긴다.
그러나 이 몸은 중생도 부처도 아니다. 다만 내 마음 속에서 한 생각
삿된 마음이 일어나면 그때 중생도 함께 생겨난다. 삿되고, 미혹하고,
허망하고, 착하지 않고, 악독한 마음이 일어날 때 중생도 함께 연기하
는 것으로 본래부터 중생이 있었던 것이 아니다. 이처럼 중생은 인연
따라 연기하는 것이요, 중생이라는 실체적인 몸이 따로 있는 것이 아
니라는 것을 확실히 인식해야 한다.

따라서 우리가 중생이었다가 부처로 변화하는 것이 아니다. 본래
부처였는데, 다만 한 생각 삿되고, 허망하고, 악독한 등등의 마음이
일어날 때만 인연 따라 잠깐 중생이 되는 것일 뿐이다.

그러니 제도할 것은 중생이라는 이름을 걸친 이 몸이 아니다. 삿된
마음이 곧 중생이기에 제도해야 할 것은 삿된 마음, 악독한 마음, 분
별을 일으킨 마음 등이다. 한 생각도 일어나지 않을 때는 중생도 없
다. 그때는 제도해야 할 중생도 없다. 그대로 아무 문제가 없으니 그
대로 부처다.

참된 제도는 자성으로 스스로를 제도하는 것이다. 본래면목은 말 그대로 본래부터 있어 왔던 아무 일 없던 천진한 자성이니, 여기에는 아무 문제도 없고, 제도할 것도 없다. 그러나 잠깐 한 생각 삿된 마음이 일어날 때 중생도 함께 생겨나니, 그런 삿된 생각을 따라가지 않고 본래부터 있었던 자성을 그대로 둘 때 그것이 곧 '자성으로 스스로를 제도하는 것'이다.

자성제도란 자기 마음속에 사견과 번뇌, 어리석음 등의 중생을 정견으로 제도하는 것이다. 정견이란 사견·번뇌·어리석음 등으로 오염되지 않은 있는 그대로의 자성이다. 우리에게는 이미 자성이 있으니, 그 자성의 지혜로 어리석음·미혹·번뇌 등의 중생을 타파할 수 있다. 이처럼 참된 제도는 내 바깥에 있는 부처님이 나를 제도해 주시는 것이 아니라, 내 안에 본래부터 있던 자성의 빛, 반야의 지혜로 스스로가 스스로를 제도하는 것이다. 내가 나를 제도하는 것이 참된 제도다.

사실은 나 하나밖에 없기 때문이다. 이 우주에는 오로지 나 하나밖에 없다. 삼라만상 차별경계는 전부 허망한 망상이 만들어낸 환영이고, 진실된 것, 변화되지 않는 것, 불생불멸법의 참된 진리의 실상은 오로지 마음 하나, 나 하나, 이것 하나, 불성 하나, 자성 하나밖에 없다. 이 자성을 참나라고 해도 좋고, 마음이라고 해도 좋고, 이것이라고 해도 좋다. 이것이야말로 진정한 '나'다. 그러니 내가 나를 제도할 수밖에.

번뇌무변서원단은 번뇌가 한이 없지만 모두 끊어내기를 서원한다는 발원인데, 그 번뇌는 누가 끊어내는 것일까? 자기 자성의 반야지혜가 사량 분별의 마음을 제거하는 것이다. 누가 제거해 주는 것이 아니라, 자기 안에 이미 자성이 있으니, 그 자성의 지혜의 빛으로 어두운 사량 분별과 번뇌 망상을 제거하는 것이다.

법문무진서원학은 법문이 다함없이 많으니 다 배우기를 서원한다는 발원인데, 이것은 말 그대로 항상 법을 가까이 하고, 늘 법문을 들으며, 정법만을 행함으로써 결국에 견성하겠노라는 발원이다. 참된 배움은 곧 정법을 배우는 것이고, 정법을 배우려면 법을 가까이 하고, 법이 있는 선지식을 가까이 하며, 언제나 정법만을 행하고자 하는 발원이 있어야 한다.

무상불도서원성은 불도가 위없으나 다 이루기를 발원한다는 것인데, 진리와 정법을 반드시 깨닫고 말겠다는 발원이다. 어리석음에서 벗어나 깨달아 반드시 반야를 드러내겠다는 발원이다. 그러려면 먼저 하심下心해야 한다.

내가 잘난 줄 알고, 내가 많이 아는 줄 알고, 또 그렇게 생각하는 '나'가 있는 사람에게 깨달음은 없다. 나라는 것이 전부 사라져 무아無我로 돌아가는 것이 깨달음인데, '나'라는 것을 내세우는 마음이 있다면 어찌 깨달을 수 있겠는가? 하심이란, 나를 내세우지 않는 마음이며, 내가 잘났다고 여기지 않는 마음이고, 나는 모른다는 마음이다.

그런 마음으로 발심하고 공부하다 보면, 결국 허망함이 제거되지만, 나중에 가서는 참됨 또한 제거되어 그 어떤 티끌도 전혀 남지 않게 된다. 참된 공부는 중생만 제거하는 것이 아니라, 부처도 제거하여, 내세울 그 무엇도 남기지 않는 것이다. 완전한 공空으로 돌아가는 것이다. 그렇게 되면 결국 말끝에 곧장 불도를 이루게 되고, 견성하게 된다.

이것이 곧 원력법이다. 원력의 힘, 발원의 힘만이 우리를 깨달음으로 이끌 수 있기에 이를 원력법이라고 한다.

무상삼귀의계

- "선지식들이여, 이제 사홍서원을 발원하였으니, 다시 그대들에게 무상삼귀의계無相三歸依戒를 주겠습니다.
선지식들이여,
두 발로 걷는 인간 가운데 가장 존귀하신 깨달은 분께 귀의합니다.(歸依覺二足尊)
올바르게 탐욕을 벗어나신 가장 존귀하신 분께 귀의합니다.(歸依正離欲尊)
계율을 잘 지키는 청정한 이들 가운데 가장 존귀하신 분께 귀의합니다.(歸依淨衆中尊)
오늘부터는 깨달음을 스승으로 삼고, 다시는 삿된 마귀와 같은 외도邪魔外道에게 귀의하지 않겠습니다. 자성삼보께서는 늘 스스로 증명해 주시옵소서.

선지식들에게 권하노니, 자성삼보自性三寶에 귀의하십시오. 불佛은 깨달음(覺)이고, 법法은 올바름(正)이며, 승僧은 청정함(淨)입니다.

자기 마음이 깨달음으로 돌아가 의지하면, 삿됨과 미혹이 일어나지 않고, 소욕지족少欲知足을 알게 되고, 능히 재색財色에서 벗어나기에 '두 발로 걷는 자들 중에 가장 존귀한 분(二足尊=兩足尊)'이라고 합니다.

자기 마음이 올바름으로 돌아가 의지하면, 생각마다 삿된 견해가 없고, 삿된 견해가 없으므로 나와 남을 차별하여 우쭐대지 않고, 탐애貪愛와 집착이 없으니, 이것을 일러 '탐욕을 벗어나신 존귀하신 분(離欲尊)'이라고 합니다.

자기 마음이 청정함으로 돌아가 의지하면, 모든 번뇌와 애욕의 경계에 자성이 전혀 물들거나 집착하지 않으니, 이것을 일러 '청정한 이들 가운데 가장 존귀하신 분(衆中尊)'이라고 합니다.

이러한 행을 닦는 것이 곧 스스로 귀의하는 것(自歸依)임에도, 범부들은 이것을 알지 못한 채 아침부터 밤까지 날마다 삼귀의계만 받습니다.

만약 부처님께 귀의한다고 말한다면, 부처님은 어디에 계십니까? 만약 부처님을 만나지 못한다면, 도대체 무엇에 귀의할 것입니까?

말이 도리어 허망해 질뿐입니다.

선지식들이여, 각자 스스로 관찰해 보되, 마음을 잘못 쓰지는 마십시오. 경문經文에 분명히 자기 부처에 귀의하라(自歸依佛)고 말하였지, 다른 부처에 귀의하라(歸依他佛)고 말하지는 않았습니다. 자기 부처에 귀의하지 않는다면, 따로 귀의할 곳은 없습니다.

이제 이미 스스로 깨달았다면, 각자는 모름지기 자기 마음의 삼보에 귀의하여야 합니다(歸依自心三寶). 안으로 마음의 성품을 잘 지키고, 밖으로 다른 사람을 공경하면, 이것이 곧 자신에게 귀의하는 것(自歸依)입니다."

거룩한 삼보三寶는 내 바깥에 저 거룩한 부처님에게만 있는 것이 아니라, 바로 내 안에 자성으로 있다. 자성삼보自性三寶!

자성삼보에서 불보佛寶는 깨달음이고, 법보法寶는 올바름이며, 승보僧寶는 청정함이다.

이 모든 것은 바로 내 안에 본래 구족되어 있다. 내 안에 본래 깨달음이 있지만, 삿된 분별망상이 본래의 깨달음을 잠시 가린 것처럼 느낄 뿐이지, 자성의 깨달음은 없었던 적이 없다. 그래서 본래 깨달아 있다고 하여, 본각本覺이라고도 한다.

자기 마음이 이러한 본래의 깨달음으로 돌아가 의지하면, 자기 불보에 귀의하면, 삿됨과 미혹이 일어나지 않고, 소욕지족으로 작은 것만으로도 충분히 만족함을 알게 되고, 능히 재물과 색에서 벗어난다. 그렇기에 부처님을 '두 발로 걷는 자들 가운데 가장 존귀한 분'이라고 하듯, 바로 그 가장 존귀한 이족존二足尊, 양족존兩足尊이 바로 나 자신의 근원이다.

법보 또한 내 안에 있으니, 본래 내 안에 무엇이 올바른지 올바르지 않은지를 구분할 수 있는 본래적인 지혜가 고스란히 담겨 있다. 내 안에 지혜의 법보가 가득하다. 본래 깨달아 있고, 본래 자성이 있으니 그 자성에서 법이 흘러나오는 것이다.

때때로 삶의 의문들이 있을 때, 내면으로 계속해서 궁금해 하고 답을 찾다보면 어느 순간 제 스스로 갑자기 답이 나오는 것을 경험해 보았을 것이다. 우리 안에 본래 지혜가 다 갖춰져 있고, 내 삶을 위한 가장 바른 길을 안내하는 나침반이 이미 구족되어 있다.

그렇기에 매 순간 의문이나 질문이 있을 때마다 우리는 그저 내면의 법보에 턱 내맡기고 질문을 던지면 된다. 질문을 던지고 나면 그저 편안한 마음으로 그 답이 나올 시절인연을 기다리면 된다. 조바심 내거나, 빨리 빨리 재촉할 것도 없이, 인연이 성숙되면 저절로 답이 나올 것이기 때문이다. 그것이 바로 내면의 법보다.

자기 마음이 이처럼 본래부터 올바르다는 사실에 돌아가 의지하면, 생각이 삿되지 않고, 삿된 견해가 없으므로 나와 남을 차별하여 상을 내지 않고, 탐욕과 집착이 없어지므로, '탐욕을 벗어나신 분들 가운데 가장 존귀하신 분'인 이욕존離欲尊이라 불리니, 그것이 바로 자기 내면에 갖추어져 있다.

내면의 올바름이라는 법보를 체득하게 되면, 삿된 생각·차별심·우월감·탐욕·아집 등에서 벗어나 무엇을 행하든 항상 올바른 길을 걷게 된다.

승보는 내면의 청정함이다. 자기 안에 본래 청정한 자성이 있다. 그 자성은 본래 청정하여 오염되지 않는다. 중생들은 수많은 번뇌 망상과 탐·진·치 3독에 오염되어 잠시 청정함을 잃은 것처럼 보일 뿐이지만, 사실 청정함은 얻고 잃을 수 있는 것이 아니다. 우리의 본래적인 성품이 곧 청정함이어서, 내면의 자성인 승보는 결코 오염될 수 없다.

그러니 깨달음을 얻었다고 하여 없던 청정함이 새롭게 만들어진 것이 아니라, 본래의 청정함을 되찾은 것일 뿐이다. 이처럼 자기 마음이 본래 청정함을 되찾게 되면, 일체의 번뇌와 애욕에 물들거나 집착하지 않으니 이를 일러 '청정한 이들 가운데 가장 존귀하신 분' 즉 중중존衆中尊이라 부른다. 바로 그 최상의 존귀한 청정함이 내 안에 깃들어 있으니, 자성의 승보라고 한다.

이처럼 스스로에게 귀의하는 자귀의自歸依야말로 진정한 자성의 삼보에 귀의하는 올바른 길임에도 중생들은 그것을 알지 못한 채 밖을 향해 부처님과 법과 선지식을 찾아 나선다. 바깥의 삼보에만 귀의할 뿐, 자기 안에 이미 갖춰진 삼보에 귀의하지는 않는다. 경전에도 자기 부처에 귀의하라고 했으며, 다른 부처에 귀의하지 말라고 했으니, 귀의할 곳은 자기 부처일 뿐이다.

일체삼신자성불

● "선지식들이여, 이미 자성의 삼보에 귀의를 하였으니, 각자는 다시 마음을 모으십시오. 제가 일체삼신자성불—體三身自性佛(한 몸이면서 삼신으로 나투는 자성불)을 설해 주어 그대들로 하여금 삼신三身을 밝게 보고 스스로 자성을 깨닫도록 하겠습니다. 모두 저를 따라 말하십시오.

자신의 색신色身 가운데 있는 청정법신불께 귀의합니다.
(於自色身 歸依淸淨法身佛)
자신의 색신 가운데 있는 천백억화신불께 귀의합니다.
(於自色身 歸衣千百億化身佛)
자신의 색신 가운데 있는 원만보신불께 귀의합니다.
(於自色身 歸依圓滿報身佛)

선지식들이여, 색신은 곧 집(舍宅)이니, 귀의할 곳이라고 말할 수는 없습니다. 삼신불은 자성 가운데 있으므로 세상 사람들이 모두 가지고 있습니다. 다만 자신의 마음이 어리석어, 안에 있는 자성을 보지 못하고 밖으로만 삼신불을 찾아 나서니, 스스로의 색신 가운데 있는 삼신불을 보지 못하는 것입니다.

그대들은 제 말을 잘 들어 보십시오. 그대들로 하여금 자기 안에 자성의 삼신불이 있음을 보도록 해 주겠습니다. 이 삼신불은 자성에서 생기는 것이지 밖에서는 얻지 못합니다.

무엇을 일러 청정법신淸淨法身이라고 할까요?

세상 사람들의 자성은 본래 청정하지만, 만법萬法이 자성으로부터 생겨납니다. 일체의 악한 일을 생각하면 곧 악행을 하게 되고, 일체의 착한 일을 생각하면 곧 선행을 하게 됩니다. 이와 같이 모든 법(諸法)은 자성 가운데에 있습니다.

하늘은 맑고 해와 달은 항상 밝게 빛나지만, 구름이 덮이면 구름 위 하늘이 밝음에도 구름 아래는 어두워집니다. 문득 바람이 불어 구름이 흩어지면 구름 위와 아래가 함께 밝아 만물의 모습이 전부 드러나는 것과 같습니다.

세상 사람의 본성도 이처럼 항상 하지만, 늘 떠돌며 들떠있는 것처럼 보임은 마치 저 하늘의 구름과 같습니다.

선지식들이여, 지智는 해와 같고, 혜慧는 달과 같아서 지혜는 항상 밝지만, 바깥으로 경계에 집착하기 때문에 허망한 생각의 뜬구름에 뒤덮여 자성이 밝고 환하지 못하게 된 것입니다.

만약 선지식을 만나 참되고 바른 법法을 듣고서 허망한 어리석음을 스스로 제거하면, 안팎이 밝게 통하여, 자성 가운데에 만법이 모두 나타납니다. 견성한 사람 또한 이와 같으니, 이것을 일러 청정법신불淸淨法身佛이라고 합니다.

선지식들이여, 자기의 마음이 자기의 본성에 귀의하는 것이 진짜 부처님께 귀의하는 것입니다. 자귀의自歸依(스스로에게 귀의한다)라 함은 자기의 본성 가운데에서 착하지 못한 마음(不善心), 질투하는 마음(嫉妒心), 교만한 마음(憍慢心), 아상我相이 있는 마음(吾我心), 속이는 허망한 마음(誑妄心), 남을 업신여기는 마음(輕人心), 거만한 마음(慢人心), 삿된 견해를 가진 마음(邪見心), 우쭐대는 마음(貢高心) 등과 일체의 착하지 않은 행위를 버리고, 항상 스스로의 허물을 볼 뿐 타인의 좋고 나쁨을 말하지 않는 것입니다. 이것이 곧 자기에게 귀의하는 것입니다.

늘 모름지기 하심下心하면서 널리 공경하면, 곧 견성하고 통달하여 다시는 막히거나 걸림이 없게 되니, 이것이 곧 자귀의입니다.

무엇을 천백억화신千百億化身이라고 할까요? 만약 만법을 생각하지 않으면 본성은 본래 허공과 같습니다. 한 생각이라도 사량 분별하면, 그것을 일러 변화變化라고 합니다.

악한 일을 생각하면 변화하여 지옥이 되고, 선한 일을 생각하면 변화하여 천당이 됩니다. 독하고 해로운 마음은 변화하여 용이나 뱀이 되고, 자비심은 변화하여 보살이 되며, 지혜는 변화하여 높은 세계(上界)가 되고, 어리석음은 변화하여 낮은 세계(下方)가 됩니다.

자성의 변화는 매우 많지만, 어리석은 사람은 살피고 깨닫지 못하여 생각마다 악을 일으켜 항상 악한 길을 갑니다. 그러나 한 생각을 돌이키면 곧 지혜가 생기니, 이것을 일러 자성의 화신불(自性化身佛)이라 합니다.

무엇을 원만보신圓滿報身이라 할까요? 비유하면, 하나의 등불이 능히 천 년 동안의 어둠을 없앨 수 있는 것과 같이, 하나의 지혜가

만 년 동안의 어리석음을 없앨 수 있습니다.

과거는 생각하지 마십시오. 이미 지나간 과거는 가히 얻을 수 없습니다. 항상 앞날을 생각하며 순간순간 두루 밝으면 스스로 본성을 볼 것입니다.

선과 악은 비록 다르지만, 그 본래의 성품은 둘이 아닙니다. 둘로 나뉘지 않는 자성이야말로 참된 본성(實性)입니다. 참된 본성 속에서 선악에 물들지 않는 것, 그것을 일러 원만보신불이라 합니다.

자성이 한 순간 악한 생각을 일으키면 만 겁 동안 쌓은 선한 원인이 사라지며, 자성이 한 순간 선한 생각을 일으키면 갠지스강 모래알만큼 많은 악을 없앨 수 있습니다. 곧바로 무상보리에 도달하여, 순간순간 스스로 보아, 생각의 근본을 잃지 않는 것을 일러 보신報身이라고 합니다.

선지식들이여, 법신法身에서 생각이 나오는 것이 곧 화신불化身佛이며, 순간순간 자성을 스스로 보는 것이 곧 보신불報身佛입니다. 스스로 깨닫고 스스로 닦는 자성의 공덕이 바로 참된 귀의歸依입니다. 가죽과 살로 된 몸은 색신色身이며, 색신은 곧 집이니, 이러한 육신에 귀의한다고 말하지는 않습니다. 다만 자성의 삼신을 깨닫는다면, 곧 자성불自性佛을 아는 것입니다.

나에게 하나의 무상송無相頌이 있으니, 만약 그대들이 능히 수지 독송하면 말끝에(言下) 오랜 겁 동안 쌓인 죄를 일시에 소멸시킬 수 있습니다."

일체삼신자성불一體三身自性佛이란 말 그대로 한 몸이면서 삼신으로 나툰 자성불이다. 자기의 몸 가운데 청정법신불淸淨法身佛과 천백억화신불千百億化身佛과 원만보신불圓滿報身佛이 본래부터 갖추어져 있다.

　그렇다고 이 색신인 몸에 귀의하라는 것은 아니다. 삼신불은 이 몸에 있는 것이 아니라, 자성 가운데에 있다. 자성삼신불을 보지 못하는 어리석은 이는 밖으로만 삼신불을 찾아 나서고, 바깥으로만 영험 있는 부처님과 법력 있는 스님을 찾아 나선다.

　청정법신이란 무엇일까? 본래 깨끗하고 텅 빈 자성이지만, 일체 만법이 바로 그 공空한 자성에서 생겨난다. 삼라만상, 일체만법이 바로 자성에서 나툰 것이므로, 삼라만상 일체만유의 본성은 청정한 법신이다. 이 온 우주 삼라만상이 그대로 청정법신불이다. 해와 달은 항상 밝게 빛나지만, 구름에 뒤덮이면 구름 아래는 어두워지는 것처럼, 사람의 본성도 항상 밝게 빛나고 있지만, 저 허망한 생각과 분별망상의 구름에 잠시 가려져 있기에 어두운 것처럼 느껴질 뿐이다. 그러니 선지식을 만나 바른 법을 듣고 허망한 어리석음을 스스로 제거하면 내외명철하여 본래 청정했던 자성이 환히 나타나게 되니 그것이 바로 자성의 청정법신불이다.

　무엇이 천백억화신일까? 화신은 변화신變化身이다. 만법을 생각하지 않을 때는 본성이 본래 허공이지만, 한 생각이라도 사량 분별하게 되면 그것이 바로 변화다.

악을 생각하면 변화하여 지옥이 되고, 선을 생각하면 변화하여 천당이 된다. 지혜는 높은 세계로, 어리석음은 낮은 세계로 변화한다. 이처럼 자성이 변화하여 나투면 무수히 많아지지만 어리석은 이는 삿된 생각을 일으켜 악한 길을 간다. 어리석지 않은 이는 선한 생각을 일으켜 선한 길을 간다. 그러나 선도 악도 생각하지 않아, 한 생각 그 생각이 나온 자리, 근원 당처로 돌이키면 지혜가 생기니, 이것이 자성의 화신불이다.

화신불이 내 앞에 출현하시기를 기다리기만 하다가는 어느 세월에 그때를 만날 것인가? 바로 그 화신불은 언제나 자성 속에 있으니, 천백억 가지로 올라오는 수많은 생각의 당처를 돌이켜 보라. 그 수많은 생각 생각들이 전부 천백억 화신이다. 그 생각을 따라가 휘둘리면 중생이지만, 그 생각의 근원을 돌이키면 그 자리가 바로 화신이다.

원만보신은 무엇일까? 사실 보신報身이란 발원과 수행의 공덕이 쌓여 그 결과 깨달음에 이르는 부처의 몸을 말한다. 그렇다면 과거에 수행하지 않고, 발심하지 않은 사람이라면 원만보신이 될 수 없는 것일까? 그렇지 않다.

과거는 생각하지 말라. 과거는 없다. 생각 속에서만 있을 뿐, 과거는 실재가 아니다. 천 년 동안 어둡던 동굴일지라도 밝은 등불을 하나 밝히면 그 천 년의 어둠이 일시에 사라지는 것처럼, 바로 지금 밝은 본성을 밝히면 스스로 곧장 본성을 보아 보신불이 된다.

참된 원만보신불은 참된 본성 속에서 선악에 물들지 않는 것이다. 과거에 열심히 선을 닦고 복을 짓고 정진하고 수행을 많이 했느냐에 따라 그 결과로 보신이 되는 것이 아니라, 바로 지금 선악에 물들지 않으면 그것이 곧 보신불이다.

사람들은 선을 닦았느냐 악을 지었느냐에 따라, 수행을 많이 했느냐 하지 않았느냐에 따라 그 결과로 보신불이 된다고 여기지만, 사실 선과 악은 그 본래 성품이 둘이 아니다. 자성은 결코 둘로 나뉘지 않는 불이법이다. 그러니 과거의 선악에 머물러 있지 말라. 바로 지금 참된 본성 속에서 선악에 물들지만 않으면, 곧장 원만보신불이다.

과거의 닦은 결과로 현재 보신불이 되는 것이 아니라, 바로 지금 한 생각 선해지면 수많은 과거의 악을 없앨 수 있고, 바로 지금 한 생각 악해지면 만 겁 동안 쌓은 선한 원인일지라도 곧바로 사라진다. 이처럼 보신은 과거세에 닦은 것이 중요한 것이 아니라, 바로 지금 스스로 보아 생각의 당처를 잃지 않는 것이고, 그랬을 때 곧바로 무상보리에 도달하게 되니, 이것이 보신이다.

법신에서 한 생각이 흘러나와 변화되면 그것이 곧 화신불이고, 순간순간 자성을 스스로 보면 그것이 곧 보신불이다. 자성의 삼신을 깨닫는다면, 그것이 곧 자성불을 아는 것이다.

무상송

● "어리석은 사람은 복은 닦지만 도는 닦지 않으며
  단지 복 닦는 것을 곧 도라고 말한다.

  보시와 공양의 복이 끝없이 많아도
  마음속의 3악三惡은 어쩔 수가 없구나.

  복을 닦으면서 죄가 없어지기를 바라지만
  후세에 복을 받더라도 죄는 그대로 있다.

  다만 마음속에서 죄의 원인을 제거하면
  각자 자성 속에서 참된 참회(眞懺悔)가 있으리라.

  문득 대승을 깨달아 참되게 참회하면
  삿됨은 제거되고 바름이 드러나 죄는 없어진다.

  도를 배우는 이가 늘 자성을 본다면
  모든 부처님과 동일한 부류가 될 것이다.

  우리의 조사스님들께서는 오직 이 돈오법을 전했으니
  견성하여 동일한 하나의 본체가 되기를 서원하라.

만약 법신法身을 찾고자 한다면
모든 법상法相을 떠나 마음을 깨끗이 하라.

게으름 없이 노력하여 스스로 자성을 본다면
뒷생각이 홀연히 끊어져 한 세상 푹 쉬게 된다.

대승의 법을 깨닫는다면 견성하게 될 것이니
공손하게 합장하고 지극한 마음으로 구해 보라."

혜능 대사께서 말씀하셨다.
"선지식들이여, 이 게송을 지니십시오. 이것에 의지해 수행하면, 언하言下에 자성을 보게 되리니, 비록 나와 천 리를 떨어져 있더라도 항상 내 곁에 있는 것과 같습니다. 언하에 깨닫지 못한다면, 얼굴을 마주하고 있더라도 천 리나 떨어져 있는 것과 같습니다. 어찌 애써 먼 길을 찾아오겠습니까? 이제 그만 잘들 가십시오." 대중이 법문을 듣고서는 깨닫지 않은 이가 없었으며, 모두 기뻐하면서 받들어 행하였다(歡喜奉行).

어리석은 이는 복은 닦지만 도는 닦지 않는다. 이 수많은 절들에 수많은 신도님들 중에 복 닦는 사람은 무수히 많으나, 도 닦는 사람은 적다. 보시를 아무리 많이 하고, 불전에 공양을 한없이 올릴지라도 마음속이 3악三惡으로 물들어 있다면, 그것은 공덕이 되지 않는다. 사람들은 복만 지으면서 죄가 없어지기를 바라지만, 복은 복대로 받되, 죄 또한 죄대로 받아야 한다. 복이 죄를 대치시켜 주지는 않는다. 참으로 죄와 업장을 소멸시키려거든, 복이 아닌 참된 공덕을 닦아야 한다. 그것은 바로 도를 닦는 길이다. 마음공부의 길이다.

마음공부를 통해 마음속에서 죄의 원인, 죄의 근원을 제거한다면 자성 속의 참된 참회가 일어난다. 바른 법, 대승의 진리를 깨달아 참되게 참회한다면, 억겁의 죄업장과 일체의 삿됨이 일시에 제거된다. 죄는 본래 없기에, 죄의 공함을 깨닫는 순간, 죄는 사라진다. 복을 짓는다고 사라지는 것이 아니라, 지혜를 닦아야만 사라진다.

지혜를 닦아 자성을 본다면, 그가 바로 부처다. 모든 부처님과 동류가 된다. 오랜 선의 스승들은 오직 몰록 깨닫는 돈오법을 전해왔다. 견성하기만 한다면 모든 부처님과 같아질 것이다.

부처님의 법신을 증득하고자 한다면, 일체의 법상法相을 떠나야 한다. '법은 이것이다'라고 하는 상을 짓는다면 그것은 아무리 정교하고 훌륭한 교리로 무장을 했다고 할지라도 그것은 법상일 뿐 법이 아니다. 일체의 상을 타파한 자리가 법신이다. 부처라는 상조차 붙어 있다면 그것은 법신이라 할 수 없다.

게으름 없이 이 법에 정진하라. 법에 관심을 기울이고, 법에 발심하고, 끊임없이 법만을 마음에 품으라. 마음속에 오로지 법에 대한 간절한 발심이 있게 되면, 계속해서 법문을 듣게 되고, 법이 드러나 있는 경전을 가까이 하며, 법이 있는 곳이라면 어디든 달려간다. 그렇게 스스로 함이 없는 정진, 길 없는 길 위에서 꽉 막히는 정진을 하게 되다 보면, 어느 순간 자성을 보게 된다.

자성을 보게 되면 홀연히 일체의 모든 생각이 끊겨져 한 세상 푹 쉬게 된다. 공손하게 하심하며 '모른다'는 마음으로 지극하게 구해 보라. 구하되 구함 없이 구해 보라. 견성하게 될 것이다.

이 가르침에 의지해 수행한다면, 언하에 자성을 보게 되리라고 6조 혜능 스님은 당부하고 계신다. 자성을 본다면, 6조 스님과 천 리를 떨어져 있더라도 항상 함께 있는 것이다. 6조 스님과 천 년, 만 년을 떨어진 시대에 살고 있더라도 항상 함께 있는 것이다. 깨닫지 못한다면 함께 살며, 매 순간 얼굴을 마주하고 있더라도 천 리, 만 리나 떨어져 있는 것과 같다.

법을 청한 제자들

무진장 비구니

● 혜능 대사께서 황매산에서 법을 받고, 고향 소주韶州의 조후촌
曹侯村으로 돌아왔지만, 아무도 알아보는 이가 없었다. 오직 유
지략劉志略이라는 유학자 선비만 예의를 갖추어 매우 후하게 대
하고 깊이 사귀었다.

유지략의 고모는 무진장無盡藏이라는 법명을 가진 비구니스님으
로, 늘『대열반경大涅槃經』을 독송하였다. 대사께서 경전 독송하는
소리를 듣고서 곧장 그 오묘한 뜻을 알아차린 뒤, 비구니스님에게
설명하여 주셨다. 이에 비구니스님은 경전을 들고 와서 글자를 여
쭈었고, 대사께서 말씀하셨다.

"글자는 알지 못하지만, 그 뜻이라면 물어 보십시오."

비구니가 말했다.

"글자도 모르는데, 어찌 그 뜻을 알 수 있습니까?"

대사께서 말씀하셨다.

"모든 부처님의 묘한 진리는 문자와는 상관이 없습니다."

비구니가 놀랍고 기이하게 여겨 마을의 덕이 높은 어르신들에게 두루 알리며 말했다.

"이 분은 틀림없이 도가 있는 분입니다. 마땅히 청하여 공양 올리십시오."

이에 진晉나라 무후武侯의 증손자인 조숙량曹叔良과 그 마을 사람들이 다투어 찾아와 예배를 드렸다.

그 곳에 보림사寶林寺라는 오래된 절터가 있었는데, 수나라 말기에 전쟁으로 폐허가 된 터였다. 이 터에 다시 절을 중건하고 대사를 모셔 머물게 하니, 머지않아 보배스러운 사찰의 면모를 갖추게 되었다. 대사가 이곳에서 9개월 남짓 머무셨을 때 다시 악한 무리들이 쫒아와 앞산으로 몸을 숨기셨다. 악한 무리들은 그 산에 불을 놓아 초목을 불태웠다. 대사께서는 바위틈으로 동굴 속에 들어가 몸을 숨겨 화를 면하셨다.

지금도 그 바위에는 대사께서 가부좌하고 앉았던 그 무릎 흔적과 옷자락 무늬가 남아 있는데, 그로 인해 그 바위를 피난석避難石이라 부르게 되었다.

대사는 "회懷를 만나면 머물고, 회會를 만나면 숨으라"는 5조의 부촉대로 두 고을(懷集縣과 四會縣)로 가서 몸을 숨기셨다.

큰스님들께서 법을 깨닫고 고향으로 내려가면 알아보는 사람도 없고, 오히려 콧방귀를 뀐다. "큰스님이 온다고 해서 큰 기대를 했는데, 고작 저 앞 동네 누구누구의 아들이야?"

편견 어린 시선으로 그를 보기 때문이다. 자기 스스로 만들어 놓은 편견으로 상대를 바라보는 것 자체가 하나의 허망한 상相이다.

물론 일반인들이라면 그럴 수 있다. 그러나 혹시 이 공부에 조금이라도 발심한 수행자라면, 스승에 대한 편견과 판단은 금물이다. 스승도 똑같은 평상심의 사람이다. 다만 내면의 분별과 번뇌를 조복 받았을 뿐이지, 그 분별이 완전히 사라진 것은 아니다. 있으되 없는 것이지, 아예 없어진 것이 아니다.

그러니 과거의 많은 습관들은 그대로 가지고 있을 수도 있다. 남들과 똑같이 평범한 하루를 산다. 깨달음은 내면의 변화이지, 외적인 변화는 아니기 때문이다.

그럼에도 사람들은 깨달은 도인이라는 자기만의 상相을 가지고 있다. 그 상에 걸맞는 사람을 도인이라고 인정한다. 그러나 우리들의 일반적인 편견과는 달리 참된 도인은 그저 평범한 사람일 뿐이다. 그러다 보니 사람들은 참스승을 알아보지 못한다. 너무 우리와 똑같기 때문이다.

그런 도인에 대한 헛된 상 때문에 오히려 잘못된 스승, 외도의 스승, 신비적인 스승, 중생을 외적인 모습으로 현혹하는 스승의 앞에서 고개를 조아린다. 이것이 우리의 공부를 막는 장애가 된다.

참된 공부는 스승을 바로 볼 수 있는 안목에서부터 시작한다. 이 평범하지만 그 평범함 속에 무분별과 내적인 자내증을 실현한 스승을 찾아내야 한다. 어쩌면 여기까지가 우리 공부의 전부라고 할 수도 있다. 그 다음부터는 그저 스승을 믿고, 스승의 가르침에 기대며, 그 회상에 함께 하면 되기 때문이다. 그것이 바로 참선參禪, 즉 선에 참여하는 것이다.

이 평범한 6조 혜능 스님을 고향에서 알아본 자가 있었으니, 유지략이라는 선비였다. 유지략의 고모인 무진장 비구니스님 또한『열반경』의 글자를 모름에도 그 뜻을 막힘없이 설하는 6조 혜능 스님을 보고는 대번에 그의 도를 알아보았다. 점점 그 도를 아는 이들이 찾아와 오래된 절을 중건해 드리고 대사를 모셔 머물게 한다.

그러나 악한 무리들이 대사를 쫓아와 산으로 몸을 숨기셨다. 도가 있는 사람이 왜 사람들에게 쫓기는 신세가 되셨을까? 바로 6조라는 명예, 이름 때문이다.

어리석은 중생들은 6조가 가진 법 때문이 아니라, 그 6조라는 타이틀을 통해 얻을 수 있는 세속적인 존경과 명예와 그에 딸린 수많은 세속적 가치에 더 욕심이 많다. 오죽하면 법으로써 6조가 되어야 함에도, 6조의 가사와 발우를 탐하여 그것을 빼앗아 6조가 되려고 하겠는가?

그래서 6조 이후부터는 더 이상 가사와 발우를 전하지 않으셨다. 6조라는 조사 타이틀이 더 이상 참된 법을 펴는 데 좋은 방편으로 쓰이는 것이 아니라, 삿된 방편이 되었기 때문이다. 조사는 더 이상 조사라는 타이틀이 필요가 없다.

　법은 스스로의 법을 자랑하지 않는다. 조사는 스스로 조사이기를 원하지 않는다. 본래무일물인데, 어디에서 조사라는 한 물건을 탐하겠는가? 조사만이 유일하게 조사의 자리를 탐내지 않는다.

법해 비구

● 한 스님이 있으니, 그 이름은 법해法海이고, 소주韶州의 곡강曲江 사람이다. 처음 조사를 찾아와 예를 올리며 여쭈었다.
"즉심즉불卽心卽佛, 즉 마음이 곧 부처라 하는데, 그 뜻을 가르쳐 주십시오."
대사께서 말씀하셨다.
"앞생각이 생기지 않으면 마음이요, 뒷생각이 사라지지 않으면 곧 부처입니다. 일체의 상相을 만들어내는 것이 마음이요, 일체의 상을 떠나는 것이 곧 부처입니다. 내가 다 구족하게 설하려면 무한한 세월을 해도 끝나지 않을 것입니다. 나의 게송을 들으십시오.

곧장 이 마음이 지혜이며,
곧장 이 부처가 선정이다.
선정과 지혜가 서로 같아지면

마음이 청정해진다.

이 법문을 깨닫는 것은
그대에게 본래 익숙해 있던 성품性品 때문이다.
그 성품의 작용은 본래 무생無生이어서
정혜쌍수로 함께 닦는 것이 곧 바른 길이다."

법해가 언하대오言下大悟하고 게송을 지어 찬탄하였다.

"곧장 이 마음이 원래 부처이거늘
깨닫지 못하여 스스로 어긋났을 뿐이네.
내 이제 정과 혜의 원인을 알았으니
둘을 함께 닦아서 모든 상을 떠나리라."

즉심즉불卽心卽佛, 마음이 곧 부처다. 한 생각도 생겨나거나
사라지지 않으면 그것이 곧 마음이요, 부처다. 한 생각 분별이 일어
날 때 곧장 중생도 생겨난다. 그러나 무수한 생각이 일어나되, 일어나
면서도 그 생각의 공함을 바로 깨달아 일어난 바가 없다면, 그것이 곧
마음이고 부처다.

분별심이 생겨나고 사라지는 것은 곧 생사법生死法이다. 그러나 생

겨나지도 않고 사라지지도 않으면 그것이 곧 마음이고 부처이며, 불생불멸법이다.

일체 모든 상이 나온 자리가 곧 마음이며, 일체의 상을 떠나는 것이 곧 부처다. 마음자리에서 일체 만법이 나왔고, 그 만법이 다시 돌아가는 곳도 바로 그 자리다.

곧장 바로 지금 이 마음이 바로 지혜이며, 부처이고, 선정이다. 그것은 서로 나뉜 별도의 법이 아니라, 오로지 한 법으로 여일하다.

곧장 이 마음을 누구나 깨달을 수 있는 것은 우리에게 본래 익숙하게 갖추어져 있는 자기의 본연의 성품 때문이다. 내 안에 본래부터 있어 왔던 자성·마음·불성·본래면목이 있으니, 그 성품이 제 스스로 깨닫는 것이다.

그 성품의 작용은 본래 무생이어서, 태어나지도 않고 사라지지도 않는다. 그 성품의 자리에서 생겨난 모든 것은 삼라만상으로 구분되고 차별되지만, 사실은 성품 하나로 서로 다르지 않다.

성품이 바다요, 삼라만상은 파도일 뿐이다. 파도가 곧 바다이듯이, 이 세상 모든 존재·만법·개념·언어, 그 모든 차별적인 개념들은 전부 다 하나의 바다일 뿐이다. 일불승一佛乘일 뿐!

하물며 정과 혜가 어찌 서로 다를 수 있겠는가? 정혜가 서로 둘이 아님을 깨닫게 된다면, 그것이 곧 바른 길이다.

법달 비구

● 법달 스님은 홍주洪州 사람이다. 7세에 출가하여 늘 『법화경』을 외웠
다. 6조 혜능 스님에게 찾아와 절을 할 때 머리가 땅에 닿지 않자 6
조께서 꾸짖으셨다.

"절을 하면서 머리가 땅에 닿지 않으니 어찌 이렇게 무례한가? 네
마음속에 필시 한 물건이 있는데, 지금까지 무엇을 익혔느냐?"

법달이 말했다.

"『법화경』을 3천 번 외웠습니다."

6조께서 말씀하셨다.

"그대가 만약 1만 번을 외워서 경전의 뜻을 안다고 하더라도 그것
을 자랑 삼지 않는다면, 나와 함께 할 수 있을 것이다. 하지만 그대
는 그 일에 자부심을 느끼면서 그것이 허물이 되는지조차 모르고
있구나. 나의 게송을 들어라.

절을 하는 것은 본래 아만심을 꺾기 위한 것인데
어찌하여 머리가 땅에 닿지 않는가?
아상이 있으면 곧 죄가 생겨나고
공덕을 잊으면 복이 비교할 수 없게 커진다."

혜능 대사께서 다시 말씀하셨다.

"그대의 이름은 무엇인가?"

법달이 말했다.

"법달입니다."

대사께서 말씀하셨다.

"이름은 법달인데, 어찌 법에 통달하지는 못하였느냐?"

다시 게송을 말씀하셨다.

"그대의 이름은 법달인데

열심히 경전만 외울 뿐 아직 쉬지를 못하였구나.

공연히 외우며 단지 소리만 되풀이하지만

마음을 밝혀야만 보살이라고 일컫는다.

그대는 지금 나와 인연이 있으니

내가 이제 그대를 위해 설해 주겠다.

부처에게는 말이 없음을 믿는다면

연꽃이 입에서 피어날 것이다."

법달이 게송을 듣고 뉘우치고 사죄하며 말하였다.

"지금 이후부터는 마땅히 일체 모든 것을 공경하겠습니다. 저는『법화경』을 외워왔지만, 정작 경의 뜻은 아직 이해하지 못하여 마음에 항상 의심이 있습니다. 스님께서는 지혜가 광대하시니, 원하옵건대『법화경』의 뜻과 이치를 간략히 설해 주십시오."

대사께서 말씀하셨다.

"법달이여, 법은 곧 통달하였다고 하나, 그대의 마음은 통달하지 못하였구나. 경전은 본래 의심할 것이 없는데, 그대의 마음이 스스로 의심할 뿐이다. 그대는 이 경전을 외우면서 무엇을 근본으로 삼고 있느냐?"

법달이 말했다.

"저는 근성이 어둡고 둔하여 지금까지 다만 문자에만 의지하여 외웠을 뿐입니다. 그러니 어찌 근본 뜻을 알겠습니까?"

대사께서 말씀하셨다.

"나는 문자를 모르니, 그대가 경전을 한 번 외워 보아라. 내 마땅히 그대를 위해 설명해 주겠다."

법달이 큰 목소리로 경을 외우다가 「비유품」에 이르자, 조사께서 말씀하셨다.

"그만 읽어라. 이 『법화경』은 원래 부처님이 세간에 나타나신 인연(因緣出世)을 근본으로 삼는다. 비록 여러 종류의 비유를 말씀하시지만, 역시 이것을 벗어나지는 않는다.

무엇을 인연因緣이라 하는가? 경에 이르기를 '모든 부처님은 오직 일대사인연一大事因緣으로 이 세상에 출현하신다'라고 하셨다. 일대사라는 것은 부처님의 지견知見이다.

세상 사람들은 바깥으로는 어리석게 모습(相)에 집착하고, 안으로는 어리석게 공空에 집착한다. 만약 상相에서 상을 떠날 수 있고, 공空에서 공을 떠날 수 있다면 즉시 안팎으로 미혹하지 않게 된다.

만약 이 법을 깨달아 한 순간 마음이 열리면, 이것이 곧 부처님의 지견(佛知見)을 여는 것이다.

불佛은 깨달음(覺)을 뜻하며, 이것을 나누면 네 가지 문門이 있다. 깨달음의 지견知見을 열고(開), 깨달음의 지견을 보이고(示), 깨달음의 지견을 깨닫고(悟), 깨달음의 지견에 들어감(入)의 넷이다.

만약 깨달음의 지견을 열어 보이심(開示)을 듣고 능히 깨달아 들어가게(悟入) 되면, 깨달음의 지견이라는 본래의 참된 자성이 나타나게 된다.

그대는 경전의 뜻을 잘못 알지 않도록 조심하라. 경전에서 이르신 '깨달음의 불지견을 열어 보이고 깨달아 들어간다'는 개시오입開示悟入의 가르침에 대해, '그것은 부처님의 지견일 뿐, 우리는 그럴 자격이 없다'라고 한다면, 이는 경전을 비방하고 부처님을 헐뜯는 것이다.

그대는 이미 부처님이요, 이미 지견을 갖추고 있는데, 어찌 무엇을 다시 열고자 하는가? 그대는 불지견佛知見이라는 것이 오직 그대 자신의 마음일 뿐, 다시 다른 부처가 없다는 것을 믿으라.

일체 모든 중생들은 스스로의 밝은 빛을 감추고, 6진의 경계를 탐하고 집착하면서, 밖으로 관계를 맺고 안으로 어지럽게 흔들리며, 경계에 휘둘리는 것을 오히려 즐거워하고 있다. 이에 세존께서는 수고롭게 삼매로부터 일어나 여러 가지 간곡한 말씀으로 중생들이 편히 쉬도록 하신 것이니, 밖을 향해 구하지만 않으면 부처님과 다름이 없다고 하셨느니라.

이런 까닭에 불지견을 열라고 하신 것이며, 나 역시 모든 사람들에게 자기 마음속에서 항상 불지견을 열라고 권한다.

세상 사람들은 마음이 삿되고 어리석게 헤매면서 죄를 짓는다. 입은 선하게 말하지만 마음은 악하여, 탐냄·성냄·질투·아첨·아만 등으로 사람을 해치고 사물도 해치면서, 스스로 중생의 지견을 열고 있다.

만약 마음을 바르게 하여, 항상 지혜를 내어 자기 마음을 비추어 보아서, 악을 멈추고 선을 행한다면(止惡行善), 이것이 바로 스스로 불지견을 여는 것이다. 그대는 순간순간 불지견을 열되, 중생의 지견을 열지는 말라. 불지견을 열면 곧 출세간出世間이요, 중생지견을 열면 곧 세간世間이다.

그대가 만약 힘들게 경을 외고 예불하는 등의 공과功課만을 고집하며 공부로 삼는다면, 물소가 자기 꼬리를 좋아하다가 죽어가는 것•과 무엇이 다르겠느냐?"

법달이 말했다.

"만약 그렇다면 단지 뜻만 이해하면 될 뿐, 애써서 경전을 독송할 필요는 없습니까?"

대사께서 말씀하셨다.

• 이우애미犛牛愛尾: 『법화경』「방편품」의 게송으로 "오욕락을 탐내고 집착하는 것은, 마치 물소가 자기 꼬리를 좋아하는 것과 같다(深著於五欲 如犛牛愛尾)"고 한 내용. 이우犛牛는 물소. 물소는 꼬리가 길고 아름다운 것을 자랑스러워하지만, 사람들은 그 때문에 물소의 꼬리로 기旗를 만드는 데 쓴다. 제 꼬리를 좋아하지만 그 때문에 죽는다.

"경전에 무슨 허물이 있기에 경전 읽는 것 자체를 못하게 하겠느냐? 어리석음과 깨닫는 것은 무릇 사람에게 달려 있고, 손해와 이익 또한 모두 자기에게 달려 있다. 입으로 외우면서 마음으로도 행하면 곧 경전을 굴리는 것이지만, 입으로는 외우면서 마음으로는 행하지 않으면 곧 경전에 굴림을 당하게 된다. 나의 게송을 들으라.

마음이 어리석으면『법화경』이 나를 굴리고
마음이 깨달으면 내가『법화경』을 굴린다.

경을 외워도 오래도록 밝지 못하면
경전의 뜻이 오히려 원수가 된다.

생각이 없으면(無念) 생각이 바르고
생각이 있으면(有念) 생각이 삿되다.

생각이 있고 없음을 전혀 헤아리지 않으면
오래도록 백우거白牛車를 타고 노닐 것이다."

법달이 게송을 듣고 자기도 모르게 눈물을 흘리면서 언하대오言下大悟하여 크게 깨닫고는 6조께 아뢰었다.
"저는 지금까지 한 번도 참으로『법화경』을 굴린 적이 없고『법화경』에 끌려 다니기만 했습니다."

다시 여쭈었다.

"경전에 이르기를, '모든 대성문大聲聞과 보살들이 온갖 생각을 다 기울여 헤아릴지라도 부처님의 지혜는 측량할 수 없다'고 하였습니다. 그런데 지금 '범부가 자기 마음만 깨달으면 곧 불지견이라 이름 한다'고 하시니, 상근기가 아니라면 의심과 비방을 하지 않을 수 없을 것입니다. 또 경전에서 세 가지 수레(三車)를 말씀하셨는데, 이 양이 끄는 수레, 사슴이 끄는 수레, 소가 끄는 수레의 3거三車와 흰 소가 끄는 수레(白牛車)는 어떻게 구별해야 하는지 다시 가르쳐 주십시오."

대사께서 말씀하셨다.

"경전의 뜻은 분명하지만, 그대 스스로 어리석어서 어긋나 있구나. 모든 3승三乘*의 사람들이 부처님의 지혜를 측량하지 못하는 까닭은 분별하여 헤아리는 병이 있기 때문이다. 비록 그들이 온갖 힘을 다해 추구하더라도 더욱더 멀어질 뿐이다.

부처님께서는 본래 범부凡夫를 위해서 설법하실 뿐, 부처님을 위해서 설법하시지는 않는다.

이 도리를 믿지 않는다면, 그로 인해 본래의 자리에서 물러나, 이미 흰 소가 끄는 수레에 앉아 있으면서도 그것을 전혀 알지 못한 채 다

• 3승三乘: 양이 끄는 수레, 사슴이 끄는 수레, 소가 끄는 수레의 세 가지 수레로서, 이는 성문승聲聞乘·연각승緣覺乘·보살승菩薩乘이라는 깨달음으로 가는 대표적인 세 가지 방편을 말함.

시 문 밖의 3거三車를 찾아 헤매는구나.

하물며 경문經文에서 다음과 같이 분명히 그대에게 말하고 있다.

'오직 일불승一佛乘만 있을 뿐, 이승二乘이나 삼승三乘 등의 다른 수레는 없다. 무수한 방편과 여러 가지 인연담과 비유의 말씀들이 모두 일불승인 이 법을 얻기 위함이다.'

이렇게 이르셨거늘 어찌하여 깨닫지 못하는가? 세 개의 수레(三車)는 거짓이며 과거의 방편일 뿐이고, 일승一乘만이 진실이니 바로 지금 있는 것이기 때문이다. 이는 다만 그대에게 거짓을 버리고 진실로 돌아오도록 이끌기 위함이니, 진실로 돌아온 다음에는 진실이라는 이름 또한 없다.

마땅히 알지니, 가지고 있는 모든 보물과 재산은 모두 그대의 것이니 마음대로 받아 쓰되, 다시는 아버지라는 생각, 아들이라는 생각을 하지 말고, 또한 받아 쓴다는 생각도 하지 말라.

이렇게 하는 것이야말로 『법화경』을 참으로 수지하는 것이니, 무한한 오랜 세월 동안 손에서 경을 놓지 않는 것과 같고, 밤낮으로 생각하지 않는 때가 없는 것과 같다."

법달은 가르침을 받고 뛸 듯이 기뻐하며 게송으로 찬탄하여 말했다.

"『법화경』을 3천 번 외웠지만

조계의 한마디 말씀(一句)은 없었다.

출세간의 뜻을 밝히지 못하면

다생의 미친 짓을 어찌 쉬겠는가.

양·사슴·소가 끄는 수레를 방편으로 시설하여

처음·중간·끝까지 잘 드러내었지만,

누가 알았으랴. 불타는 집 속이

원래부터 법 가운데 왕이었음을."

혜능 대사께서 이르셨다.

"지금부터 그대는 가히 경을 외우는 스님이라고 이름할 만하다."

법달은 이로부터 깊은 뜻을 깨달았고, 경을 읽는 것을 버리지도 않

았다.

　　　법달 스님은 7세의 어린 나이에 출가하여 줄곧 『법화경』을 외

웠다. 오랫동안 『법화경』이라는 대승불교 최고의 경전을 공부하고 외

워 왔으니, 불법을 많이 공부했다는 상이 생겨났을 것이다.

　불교는 아무리 많이 공부할지라도, 그것이 지견일 뿐, 아직 자기의

성품을 보지 못했다면, 여전히 중생일 뿐이다. 경전을 아무리 많이 읽

고 외우고 통달하며, 독경을 3,000번을 하고, 다라니를 1만 번 외우

고, 좌선을 며칠씩 일어나지 않고 앉아서 한다고 하더라도 자기 성품

에 미혹하면 그는 다른 모든 중생들과 똑같다.

　그러나 불교를 많이 공부하고, 수행을 많이 실천한 사람은 정신적

인 우월감에 사로잡힌다. 자신은 이 위대한 불법을 많이 공부했고, 남

들은 하지 못하는 수많은 수행을 해 왔다는 것이야말로 자신을 남들과는 다른 영적으로 우월한 사람으로 여기게 만든다. 이것이야말로 가장 큰 마음공부의 장애이니, 이것이 바로 법상(法相)이다.

법상이 높은 사람은 겸손하기 어렵다. 자신이 많이 안다고 여기니 남들 앞에서 어찌 하심을 할 수 있겠는가? 자기를 드러내고, 아상이 높아지기 때문에, 하심하지 않는 법상을 지닌 이들에게 참된 공부는 익어가기 어렵다. 스스로 그 법상을 깨고 나오지 않는 이상 공부의 진척이 쉽지 않다.

법달은 스스로 『법화경』을 3,000번 외운 것에 대한 자랑스러움과 남들과는 다르다는 법상을 높이 세우다 보니, 6조 혜능 스님을 뵙고도 자신을 완전히 낮추고 하심하지 못한 것이다.

그러나 6조 혜능 스님께서는 『법화경』을 1만 번을 외우더라도 그것을 외웠다는 상이나, 스스로 자랑하거나, 자부심을 느끼는 등의 아상과 법상이 없어야 나와 함께 할 수 있을 것이라고 설하신다. 스스로 잘났다고 여기고, 스스로 공부가 많이 되어 있다고 여긴다면, 어찌 이 공부를 할 수 있겠는가?

공부인은 모름지기 스스로를 낮추고 하심하며, 자신이 부족한 줄 알아야 한다. 스스로 본성을 확인하기 전까지는 여전히 중생이니 부족한 것이다. 경전을 많이 읽은 것에 자부심을 느끼는 것 자체가 큰 허물이 된다는 사실을 일깨우고 계신다. 다행히도 6조 혜능 스님의 일깨움의 법문을 듣고, 법달은 사죄하며 앞으로는 일체 모든 것을 공경하겠노라고, 스스로 하심하고, 아상을 내려놓겠노라고 말씀드린다.

드디어 기존에 가지고 있던 아상과 법상의 틀을 깨고, 새로운 공부 인연을 만날 준비가 된 것이다.

법달은 비로소 스스로를 완전히 낮추고 그동안 자신은 문자에만 의지해 경전을 외웠을 뿐, 그 근본 뜻을 모르고 있음을 고백한다. 6조 혜능 스님은 이제 준비가 되었음을 아시고 『법화경』을 설하신다.

부처님은 오직 일대사인연一大事因緣으로 이 세상에 출현하신다. 그 일대사, 즉 하나의 큰 일이 바로 불지견佛知見을 갖추는 일이다. 부처가 되고자 하는 그것이야말로 우리가 이 세상에서 해야 할 하나의 큰 인연이다.

일대사라는 불지견을 깨달으려면, 바깥으로 상相에 집착하지 않고, 안으로는 공空에 집착하지 않아야 한다. 상과 공에 집착하지 않는다는 것은, 상과 공을 완전히 버리겠다는 것이 아니다. 상에서 상을 떠나는 것이고, 공에서 공을 떠나는 것이다.

어떻게 상을 완전히 버릴 수 있겠는가? 깨달음을 얻은 사람이라 할지라도 상으로 만들어진 이 세상 속에서 계속해서 다시 살아야 한다. 분별상을 다 써먹어야 한다. 깨달은 사람도 배가 고프면 밥을 먹어야 하고, 집에 갈 때는 몇 번 버스인지를 분별해서 제대로 된 차를 타야 한다.

상을 완전히 버린다면, 완전히 바보가 되고 말 것이다. 분별이 완전히 없기만 하다면, 버스를 몇 번 타야 할지도 모르고, 너와 나의 구분이 없다면, 내 남편과 남의 남편이 누군지도 모를 것이 아닌가? 깨달음은 그런 아무런 분간도 못하는 바보가 아니다.

분별상을 잘 알면서도 그 분별상에서 벗어나는 것이다. 그 분별상에 집착하지 않는 것일 뿐이다. 세간적으로는 상 위에서 상을 떠날 수 있어야 하고, 출세간적으로는 공에서 공을 떠난다. 공을 떠난다고 하니, 공이라는 이 공부마저도, 열반과 해탈과 본래면목·주인공·불성마저도 다 쓸데없다고 여기라는 말이 아니다. 열반을 추구하면서도 열반을 추구하지 않을 수 있어야 한다.

그래서 불법에서는 끊임없이 불법·자성·부처·열반·해탈·도·마음·본래면목 등을 이야기하면서도, 다시 '부처도 없고 열반도 없다'거나, '본래무일물'이라거나, 공도 떠나야 한다고 설한다.

집착하는 바 없이 마음을 내어야 하기 때문이다. 공을 버려야 하는 것이 아니라, 공 위에서 공을 떠나야 한다. 상을 버리고 공을 닦되, 상도 버리지 않고 공도 취하지 않을 때, 곧 부처님의 지견이다.

불지견을 여는 데는 네 가지의 문이 있다. 『법화경』의 유명한 개시오입開示悟入의 가르침이다. 깨달음의 불지견을 열고(開), 깨달음의 지견을 보이고(示), 깨달음의 지견을 깨닫고(悟), 깨달음의 지견에 들어감(入)의 넷이다. 불지견을 열어 보이고 깨달아 들어가는 이 개시오입의 가르침이 부처님의 지견일 뿐, 나는 그럴 자격이 없다고 하는 것은 곧 부처님을 헐뜯는 것이다. 내가 바로 부처이기 때문이다.

우리는 이미 부처님이요, 불지견을 갖추고 있다. 다시 열 것도 없고, 열어 보일 것도 없고, 깨달아 들어갈 것도 없다. 그러나 방편으로 설하신 것이다.

중생은 스스로가 부처인 줄 모르고, 자기 안에 있는 밝은 지혜의 빛을 감춘 채, 바깥의 색·성·향·미·촉·법이라는 6경六境을 탐하고 집착하며, 사람들과의 관계 속에서 실체감을 부여하며 집착하여 어지럽게 흔들린다. 그렇게 경계에 휘둘리는 것을 오히려 좋아하고 즐거워한다. 돈을 벌고, 명예를 증득하며, 나라는 존재의 확장을 즐기고 있다. 내가 목숨 걸고 지키려고 애쓰고 확장하려고 애쓰는 그 '나'가 바로 무아無我이며 실체가 없음을 모르기 때문이다.

그래서 부처님께서는 끊임없이 중생들에게 본래 부처인 줄을 알아, 스스로 불지견을 열도록 이끄신다. 중생의 지견을 열어 세간 속으로 빨려 들어가는 대신, 불지견을 열어 출세간으로 나아가기를 바라신다.

부처님은 오로지 불지견을 열어 개시오입하기를 바라실 뿐, 경전을 외고, 예불하고, 수행하며, 수행의 공과만을 고집하며 공부로 삼는 것을 경계하고 계신다.

그렇다고 경전을 독송하는 것 자체에 허물이 있다는 것은 아니다. 경전을 독송하는 것이야 무슨 허물이 있는가? 중요한 점은 경전만 독송하면 그 경전독송이라는 행위 자체에 어떤 공덕이 있다고 착각해서는 안 된다는 점이다. 입으로 경전을 외우며 마음으로도 행한다면 아무 문제가 없다.

경전을 많이 읽더라도 그 참뜻을 밝히지 못하면, 경전의 뜻이 오히려 원수가 된다. 그 뜻에 얽매여 오히려 그 말뜻이 장애가 된다. 한 생각·분별심이 없으면 생각이 바른 것이고, 한 생각 분별하면 그 생각은 삿되다. 그러나 생각이 있고 없다는 것조차 전혀 분별하지 않는다면 대백우거大白牛車, 하얀 소가 끄는 수레를 타고 노닐 것이다. 대백우거는 곧 일불승이다. 방편이 아닌 하나의 진리, 하나의 마음, 불이법의 진실이 바로 일불승이요, 부처요, 열반이고, 자성이다.

『법화경』에는 삼승三乘과 일불승一佛乘의 가르침이 주요 사상으로 등장한다. 삼승은 성문승聲聞乘·연각승緣覺乘·보살승菩薩乘으로 깨달음으로 가는 대표적인 3가지 방편을 말한다. 방편을 닦아서 결국 깨달음으로 가고자 하는 수행자를 삼승이라고 한다.

그러나 이들도 결국에는 그 삼승을 버리고 일불승이라는 하나의 참된 진실로 나아가야 한다. 참된 진리는 오직 하나밖에 없기 때문이다. 성문·연각·보살은 여전히 분별하여 헤아리는 병에서 완전히 빠져나오지 못한 이들이다. 여전히 방편에 사로잡혀 있기 때문이다. 그러니 아무리 열심히 방편을 갈고 닦을지라도 더욱 더 멀어질 뿐이다. 삿된 것에 마음을 애써 노력하기 때문이다.

그래서 기도와 수행과 좌선을 아무리 잠도 자지 않고, 목숨 걸고 수행하는 사람도 깨닫지 못하는 것이다. 깨닫지 못하는 정도가 아니라, 오히려 더욱 더 멀어지고 있다는 사실을 스스로는 모르고 있다. 필자가 만난 수많은 수행자들 또한 스스로 그렇게 열심히 수행하는 것에 대한 대단한 자부심에 사로잡혀 있고, 그것이 유위법이며, 삼승이고, 방편임을 깨닫지 못한다.

그동안 갈고 닦아 왔던 삼승의 방편 수행을 내려놓고, 이제 곧장 일불승이라는 불이법의 진실, 불이중도의 길에 들어서야 한다고 말해 주면 아주 크게 화를 내기도 하고, 콧방귀도 안 뀐다.

이 참된 도리를 믿지 않는 이들은 흰 소가 끄는 수레 즉 일불승의 자리에 늘 앉아 있으면서도 그것을 모른 채, 도리어 문 밖의 삼승, 방편, 세 가지 수레만을 찾아 헤매며 추구한다.

『법화경』에서는 "오직 일불승一佛乘만 있을 뿐, 이승二乘이나 삼승三乘 등의 다른 수레는 없다. 무수한 방편과 여러 가지 인연담과 비유의 말씀들이 모두 일불승인 이 법을 얻기 위함이다"라고 설하고 있다. 오로지 일승만이 진실이다.

지통 비구

● 지통 스님은 수주壽州의 안풍安豊 사람이다. 처음부터 『능가경楞伽經』을 천 번 넘게 보았지만, 3신三身과 4지四智*를 이해하지 못했다. 이에 6조 스님을 찾아가 절을 올리고 그 뜻을 여쭈었다. 대사께서 말씀하셨다.

● 4지四智: 중생의 8가지 의식이 변하여 대원경지大圓鏡智 · 평등성지平等性智 · 묘관찰지妙觀察智 · 성소작지成所作智의 4지가 된다. 대원경지는 제8식第八識이 무명無明을 제거하여 나타나는 지혜, 평등성지는 자의식自意識인 제7식第七識이 변하여 얻어지는 지혜, 묘관찰지는 제6식第六識인 의식이 변하여 이루어지는 지혜, 성소작지는 눈 · 귀 · 코 · 혀 · 몸 등의 5관으로 느끼는 전5식前五識이 변하여 이루어지는 지혜이다.

"3신三身의 청정법신淸淨法身은 그대의 본성이고, 원만보신圓滿報身은 그대의 지혜이며, 천백억화신千百億化身은 그대의 행行이다. 만약 본성을 떠나 따로 3신을 말한다면, 이는 곧 몸은 있으나 지혜가 없는 것이다. 만약 3신의 각각에 자성이 없음을 깨달으면, 곧바로 4지四智를 깨닫는 것이다. 나의 게송을 들어라.

자성自性은 3신三身을 갖추었고
밝게 드러나면 4지四智를 이룬다.

보고 듣는 인연을 떠나지 않으면서
단번에 연등불의 지위에 오른다.

내 이제 그대를 위해 설하니
잘 듣고 믿어 영원히 미혹하지 말라.

마음 밖으로 배우려고 치달려 구하지 않으면
하루 종일 깨달음을 설하게 되리라."

지통이 다시 여쭈었다.
"4지四智의 뜻을 더 듣고자 합니다."
대사께서 말씀하셨다.
"그대가 이미 3신을 알았다면 곧 4지에 밝을 텐데, 어찌 다시 묻느냐? 만약 3신을 빼고 따로 4지를 논한다면, 이는 지혜(智)는 있으나 몸(身)이 없는 것과 같아서, 이 지혜 있음이 도리어 지혜 없음이 되어 버린다."

그리고 다시 게송으로 말씀하셨다.

"대원경지大圓鏡智는 본성의 청정함이요,

평등성지平等性智는 마음에 병 없음이며,

묘관찰지妙觀察智는 보되 봄이 없이 보는 것이고,

성소작지成所作智는 둥근 거울(圓鏡)과 같다.

5식·6식·7식·8식의 인연이 돌고 돌지만

다만 이름과 말을 그렇게 쓸 뿐, 거기에 참된 자성은 없다.

만약 돌고 도는 곳에 정情을 두지 않으면

번잡한 망상분별 속에서도 대선정에 머문다."

이에 지통은 문득 본성의 지혜를 깨닫고서 게송을 지어 말했다.

"3신三身은 본래 나의 본체요,

4지四智는 본래 마음의 밝음이다.

3신과 4지가 하나 되어 막힘이 없으면(圓融無碍)

만물에 따라 응해 주고, 모양을 따라 맡긴다.

수행을 한다는 것은 모두가 허망한 행동이요,

머물거나 지킬 것이 있으면 참됨이 아니다.

스승으로 인해 묘한 뜻이 밝아지니

마침내 더럽다는 이름조차 없구나."

지통 스님은 『능가경』을 천 번도 넘게 보았지만, 3신三身과 4지四智를 깨닫지 못한 채 6조 혜능 스님께 여쭌다. 3신의 각각의 뜻과 4지의 각각의 뜻을 분별하여 이해하려고 하니, 불가능했던 것이다.

3신은 곧 부처님의 세 가지 몸으로서 법신法身·보신報身·화신化身을 말한다. 4지는 중생의 전5식·6식·7식·8식이라는 분별의식이 변해서 이루어지는 네 가지 지혜로서 대원경지大圓鏡智·평등성지平等性智·묘관찰지妙觀察智·성소작지成所作智의 4지다.

대원경지는 제8식第八識이 무명無明을 제거하여 나타나는 지혜, 평등성지는 자의식自意識인 제7식第七識이 변하여 얻어지는 지혜, 묘관찰지는 제6식第六識인 의식이 변하여 이루어지는 지혜, 성소작지는 눈·귀·코·혀·몸 등의 5관으로 느끼는 전5식前五識이 변하여 이루어지는 지혜이다. 이론상으로는 그렇다는 것이다.

이와 같이 지통은 3신과 4지를 각각의 따로따로 이해해야 할 개별적인 지식으로 여겼다. 그러니 3신의 하나하나를 별도로 이해하고, 4지를 하나하나 나누어 머릿속에서 헤아리고 이해하여 정리를 해야 하는 것으로 여겼다.

그러나 본래 진리는 그렇게 따로따로 나누어지는 것이 아니다. 방편으로 중생들에게 설명하기 위해서 '이 하나의 법', '이 하나의 진실', 불성·자성·본래면목·마음·법을 설명해 주기 위해서, 여러 가지 용어와 여러 가지 방편을 가지고 설명하다 보니 여러 가지 용어가 나온 것일 뿐이다.

오로지 참 진리는 하나다. 일불승 이 하나뿐이다. 부처님의 몸은 오로지 법신法身 이것 하나뿐이지만, 중생들의 근기에 따라 보신도 설하고 화신도 설하는 것일 뿐이다. 법신·보신·화신은 전혀 다른 세 분의 부처님이 아니다. 일불승일 뿐이다.

중생들 중에 원력을 세우고 정진하여 그 발원을 다 이루셔서 그 결과 부처님이 되셨다고 알려진 분을 이름하여 보신이라고 불렀을 뿐이다. 보신과 법신이 어찌 따로따로일 수 있겠는가? 보신이 곧 법신이다. 화신 또한 석가모니부처님처럼 이 땅에 화현하여 나오신 부처님이지만 화신이 곧 법신이다.

그래서 6조 혜능 스님께서는 3신 중에 청정법신清淨法身은 그대의 본성이고, 원만보신圓滿報身은 그대의 지혜이며, 천백억화신千百億化身은 그대의 행行이라고 하셨다. 법신과 보신과 화신이 모두 본성이고, 지혜이고, 지혜에서 우러나오는 행이라는 것이다. 본성이 법신인데, 본성을 깨닫는 것이 지혜이고, 법신이며, 그 지혜로부터 나온 행위가 화신이다. 여기에 무슨 차이가 있는가?

6조께서는 "만약 3신의 각각에 자성이 없음을 깨달으면, 곧바로 4

지四智를 깨닫는 것이다"라고 했다.

3신이 바로 자성이며 지혜이니, 4지 또한 그와 다르지 않다. 3신이 바로 하나의 일불승임을 깨닫는 것이 곧 지혜요, 4지가 아닌가? 3신은 곧 깨달음의 몸이고, 4지는 깨달음의 지혜다.

4지도 마찬가지다. 이론상으로는 네 가지 지혜가 각각 다른 것 같지만, 사실은 그러한 네 가지 지혜가 따로따로 있는 것이 아니다. 중생이 이해하기 쉽게 분별의식을 네 가지로 구분해 놓다 보니 '분별심을 버리고 지혜를 깨닫는 것'이 불법이어서, 네 가지 분별의식이 모두 하나의 지혜로 바뀌어야 함을 설한 것이다. 그런데 네 가지 분별의식이 있으니 중생들은 그 네 가지 분별의식이 전부 따로따로의 네 가지 지혜로 바뀌는 것으로 설명을 해야 이해하기 쉽기 때문에 그렇게 설한 것일 뿐이다.

사실 그 네 가지 지혜는 하나의 지혜다. 반야의 지혜 하나다. 그래서 6조 혜능 스님은 그것을 밝히기 위해, 대원경지는 본성의 청정함이요, 평등성지는 마음에 병 없음이고, 묘관찰지는 보되 봄이 없이 보는 것이고, 성소작지는 둥근 거울과 같다고 했다. 이것이 다 무슨 말인가? 다 똑같은 지혜·반야·본성·불성·마음·법·본래면목을 설명하는 것이다. 똑같은 의미라는 것이다.

5식·6식·7식·8식도 인연 따라 그렇게 이름과 말을 방편으로 썼을 뿐 거기에 자성은 없다. 필자도 처음 불교를 공부할 때, 머릿속에서 유식불교를 공부하면서 그 모든 식을 다 이해하려니 머리가 깨지는 것처럼 아팠다. 얼마나 어리석은 일인가? 머리로 헤아리는 것을 하지 않는 것이 불교인데, 오히려 머리로 더 심하게 헤아리게 시키고 있으니, 이 얼마나 어리석은 일인가?

유식불교는 머리로 심각하게 복잡하게 헤아리고 헤아리도록 시켜, 헤아리는 분별의 끝까지 몰아가게 해 놓고, 그 헤아림의 극에 이르러 결국 그 모든 헤아림과 분별이 단순한 '이 하나의 진실'일 뿐임을 설함으로써, 그 모든 분별에서 몰록 벗어나게 하기 위한 방편이다. 머리로 헤아리기 좋아하는 사람들에게 딱 좋은 방편이다.

그 수많은 돌고 도는 헤아림의 끝판왕의 헤아림 속에서도 그 어떤 곳에도 마음을 머물러 두지 않으면, 그 번잡한 망상분별 속에서 문득 대선정에 머문다. 그 모든 분별과 헤아림이 일순간 텅 빈 이 하나의 진리라는 사실을 깨닫게 되는 것이다. 여기 지통 스님처럼.

지통은 문득 지혜를 깨닫고서, 3신은 본래 나의 본체요, 4지는 본래 마음의 밝음이니, 3신과 4지가 결국 하나여서, 막힘이 없다는 사실에 눈뜬 것이다.

지상 비구

● 지상智常 스님은 신주信州의 귀계貴谿 사람이다. 어려서 출가하여 견성見性을 구하는 것에 뜻을 두었다. 어느 날 대사를 찾아와 참례

參禮하자 대사께서 물으셨다.

"너는 어디에서 왔느냐? 또 무슨 일을 구하고자 하느냐?"

답하였다.

"저는 최근 홍주洪州의 백봉산白峰山에서 대통 신수大通神秀 스님을 참례하여 뵈옵고 견성성불見性成佛의 뜻에 대해 여쭈었으나, 여전히 여우같은 의심을 끊지 못하여, 이렇게 다시 먼 길을 찾아와 화상께 지극한 예를 올리옵니다. 엎드려 바라오니 스님께서는 자비로써 법을 가리켜 보여(指示) 주십시오."

대사께서 물으셨다.

"그분께서 어떤 말씀을 하셨는지 네가 말해 볼 수 있겠느냐?"

답하였다.

"제가 그곳에 도착하여 3개월이 지나도록 아무런 가르침도 받지 못했습니다. 법에 대한 간절함이 있었던 까닭에, 하루는 저녁에 홀로 방장실에 들어가 '어떤 것이 저의 본래마음이며 본래성품입니까?' 하고 물었습니다. 대통 스님이 물으시길, '너는 허공을 보느냐?'라고 하셨고, 저는 '봅니다'라고 답하였습니다. 다시 물으시길, '네가 보는 허공에 모양이 있느냐?'라고 하시기에, 제가 답변 드리길, '허공은 형상이 없는데, 무슨 모양이 있겠습니까?'라고 하였습니다.

신수 대사께서 다시 말씀하셨습니다.

'너의 본성은 허공과 같아서, 자성을 비추어 보되, 한 물건도 볼 수 없다는 것을 요달하면 이것이 곧 정견正見이며, 한 물건도 알지 못하는 것을 요달하면 이것이 곧 참으로 아는 것(眞知)'이다. 푸르고 누렇고, 길고 짧다는 분별없이, 다만 본래의 근원이 청정하고, 깨달음이 둥글고 밝음을 보면, 이것을 견성성불見性成佛이라 하고, 또한 극락세계極樂世界라 하며, 또한 여래의 지견知見이라 한다.'

저는 비록 이런 설법을 들었지만 아직도 분명하게 요달하지 못하였으니, 부디 스님께서 법을 열어 보여 주시기를 바라옵니다."

혜능 대사께서 말씀하셨다.

"그 스님께서 설하는 바에 있어서, 오히려 본다거나 안다는 지견知見이 남아 있어서 지금 네가 요달하지 못하는 것이다. 내가 너를 위해 하나의 게송을 보여 주겠다.

한 법도 보지 않는다 하여 없다는 견해가 있으면
뜬 구름이 해를 가리는 것과 같으며,
한 법도 알지 못한다 하여 공하다는 앎을 지키면
오히려 허공에 번갯불이 일어나는 것과 같다.

이런 지견이 문득 일어나게 되면
잘못 안 것이니 어찌 방편을 이해할 수 있겠는가.
네가 마땅히 한 순간 스스로 잘못되었음을 알면
자기의 신령한 광명이 언제나 현현顯現할 것이다."

지상 스님이 게송을 듣자 마음이 확연하게 통하여 곧 게송을 지어 말했다.

"바르지 않게 지견을 일으켜

모양에 집착해 깨달음을 구했구나.

마음에 한 생각 깨달음이라는 것이 남아 있으면

어찌 과거의 어리석음을 넘어설 수 있겠는가?

자성인 깨달음의 근원적인 본체는

비춤을 따라 굽어 흐르며 움직이니

조사의 방에 들어오지 않았다면

아득하게 양 극단으로 나아갔을 것이다."

지상 스님이 하루는 혜능 대사께 여쭈었다.

"부처님께서 3승법三乘法을 설하시고, 다시 최상승법最上乘法(一乘法, 一佛乘)을 말씀하시니, 저는 아직 이해하지 못하였습니다. 바라옵나니 저를 위해 가르침을 주십시오."

대사께서 말씀하셨다.

"너는 스스로의 본래마음을 살펴보되, 바깥으로 법상法相에 집착하지는 말라. 법에는 4승四乘이 없는데, 사람 마음이 스스로 차등을 두는 것이다. 보고 듣고 전하고 외우는 것은 곧 소승小乘이요, 법을 깨달아 뜻을 이해하면 중승中乘이며, 법에 의지해 수행하면 대승大乘이다. 만법을 모두 통달하고, 만법을 다 갖추어, 일체 그 어떤 것에도 물들지 않고, 모든 법상法相을 떠나, 한 법도 얻은 것이 없는 것을 일러 최상승最上乘이라고 한다. 승乘이란 행한다는 뜻이고, 그것은 입으로 논쟁하는 데 있지 않으니, 너는 모름지기 스스로 닦고 나에게 묻지는 말라. 일체 모든 때에 자성自性은 스스로 여여하다."

지상 스님이 절을 올리며 감사를 표하고, 대사께서 세상을 마치실 때까지 늘 곁에서 모시었다.

지상 스님은 대통신수 스님에게 법을 배우다가 견성하지 못하고 6조 혜능 스님을 찾아뵈었다. 신수 스님이 지상 스님에게 전해준 법의 요체는 사실 법문 자체로 잘못된 것은 아니다. 법은 이렇게 설했다가, 그 설한 바에 집착하게 되면 다시금 그 법에 대해 아니라고 하며 깨어 준다. 여기에서는 신수 스님이 법을 설해 준 것에 대해, 6조 혜능 스님께서 그 허물을 보여 주면서, 지상 스님이 묶여 있는 부분을 풀어주고 있다.

본성은 허공과 같다. 자성을 보되, 한 물건도 볼 수 없음을 알면 그것이 정견이다. 참으로 아는 것은 한 물건도 알지 못하는 것이다. 온갖 분별 속에서도 분별없이, 다만 본래의 청정한 근원 성품을 밝게 보면 그것이 곧 견성성불이고, 극락세계이며, 불지견이다. 참으로 여법한 법문이다. 이 법문 자체가 문제여서 깨닫지 못하는 것은 아니다.

6조께서 말씀하신다. 그 신수 스님께서 설하시는 바에 있어서, 지상 스님은 그 법문을 지견으로 이해하려고 했기 때문에 그 법을 요달하지 못하고 있었음을 일깨워 주고 계신다.

한 법도 보지 않는다 하여 한 법도 보지 않는다는 견해를 붙잡아 집착하면 안 된다. 한 법도 알지 못해 모든 것이 공하다는 법문을 듣고 공하다는 앎을 지키고 집착하면 법상法相일 뿐이다.

아무리 여법한 법문을 들었더라도 그 법문을 지견으로 이해하게 되면 잘못 안 것이니 방편을 오해한 것이다. 방편을 분별로써 이해한 것이다.

누구나 처음 법문을 들으면, 아무리 바른 법문을 듣더라도 처음에는 오랜 분별의 습관 때문에 그 법문을 듣자마자 헤아리고, 듣자마자 분별하여 정리하려는 습관이 발동한다. 지상 스님은 그러면서 신수의 법문을 들어왔던 것이다.

바로 그 점을 6조께서 곧장 찔러주고 있고, 바로 그때 지상은 '한 순간 스스로 잘못되었음을 알아 신령한 광명이 현현'하고, 마음이 확연히 통하게 되었다.

지상 스님은 게송을 통해 스스로 지견을 일으켜 상에 집착해 있었음을 고백하며, 이 6조의 방에 들어와 점검 받지 못했더라면 아득하게 끊임없이 양 극단에 치우쳐 중도로 나아가지 못했을 것임을 노래하고 있다.

다시 지상 스님은 방편인 삼승과 최상승인 일불승의 법에 대해 묻는다. 3신과 4지가 곧 3승이고, 그 3신과 4지가 결국 하나의 법이라는 것이 곧 일불승이다. 법에는 본래 3승도 없고 일불승도 없다. 사람이 스스로 차별하고 법상에 집착하는 것일 뿐.

법을 전하고 외우는 것은 소승의 작은 공부요, 법을 깨닫고 뜻을 이해하면 중간의 공부고, 법에 오로지 의지해서 공부하면 그것이 곧 큰 대승의 공부다. 이것이 바로 성문·연각·보살의 3승이다. 그러나 최상승인 일불승은 곧 만법을 모두 통달하고 만법을 다 갖추지만 그 어떤 것에도 물들지 않고, 그것이 법이라는 상에도 물들지 않아, 한 법도 얻은 것이 없다. 법이라는 한 티끌도 물들지 않아 완전히 텅 비어 확연자재한 것이지만, 그렇다는 생각조차 없는 것이다.

지도 비구

● 지도志道 스님은 광주廣州의 남해南海 사람인데, 대사께 법문을 청하며 여쭈었다.

"저는 출가한 이후 『열반경』을 거의 10여 년 넘게 보았으나, 아직 대의大意를 밝히지 못하였습니다. 원하오니 스님께서 가르침을 내려 주십시오."

대사께서 말씀하셨다.

"그대는 어느 대목을 밝히지 못했느냐?"

"저는 '모든 행이 무상하니(諸行無常) 이것이 생멸법이다(是生滅法). 생멸이 사라지고 나면(生滅滅已) 적멸이 즐거움이 된다(寂滅爲樂)'라는 구절에 의문이 있습니다."

대사께서 말씀하셨다.

"거기에 어떤 의문이 있느냐?"

지도가 말했다.

"일체 중생에게는 모두 두 몸이 있으니, 색신色身과 법신法身입니다. 색신은 무상하여 생멸이 있지만, 법신은 영원하여 앎도 없고 느낌도 없습니다. 경전의 '생멸이 사라지고 나면 적멸이 즐거움이 된다'라는 부분에 있어서, 어떤 몸이 적멸하는 몸이며, 어떤 몸이 즐거움을 받는 몸인지를 알지 못하겠습니다.

만약 색신이라면 색신이 멸할 때는 4대四大가 흩어지므로 모든 것이 고통이니 즐거움이라고 말할 수는 없을 것입니다. 만약 법신이 적멸하다면 곧 풀과 나무와 기와나 돌과 같은데 어떻게 누가 즐거움을 받겠습니까?

또한 법성法性은 생멸生滅의 본체(體)요, 5온五蘊은 생멸의 작용(用)이니, 하나의 본체에서 다섯의 작용이 나오고, 거기에 생멸이 늘 일어납니다. 생生이란 본체로부터 작용이 일어나는 것이고, 멸滅이란 작용을 마치고 본체로 돌아가는 것입니다.

만약 거듭 생生함을 인정하면, 중생의 무리들이 끊어지지도 않고 사라지지도 않을 것입니다. 만약 거듭 생함을 인정하지 않는다면, 영원히 적멸로 돌아가 무정물無情物과 같을 것입니다. 이와 같다면 일체제법一切諸法이 열반에 속박되어 생겨나지 못하게 될 것이니, 무슨 즐거움이 있겠습니까?"

대사께서 말씀하셨다.

"그대는 부처님의 제자이거늘, 어찌 외도外道의 단상사견斷常邪見을 가지고 최상승법最上乘法을 논하려 하느냐? 너의 견해에 의하면, 색신 밖에 따로 법신이 있으며, 생멸을 떠나 따로 적멸을 구하려는 것이다. 또한 열반이 항상 즐겁다(常樂)라는 말을 듣고 짐작하여 말하길, 즐거움을 받을 몸이 따로 있어야 한다고 여기니, 이것은 곧 생사에 집착하고 세간의 즐거움에 탐착하는 것일 뿐이다.

이제 마땅히 알도록 하라. 모든 어리석은 사람들은 5온이 화합한 것을 자기의 본체와 참모습으로 여기고, 일체의 대상을 분별하여 바깥 경계의 모습으로 삼으며, 생生을 좋아하고 사死를 싫어하며 순간 순간 흘러가고, 이 모든 것이 꿈과 같고 환상 같은 허망한 가짜임을 알지 못하고 헛되이 윤회를 받으며, 늘 즐거운 열반을 괴로운 것으로 착각하여 종일토록 밖을 향해 치달려 구하고 있으니, 부처님께서는 이것을 불쌍히 여겨 열반의 참된 즐거움을 보여 주신 것이다.

찰나에 생한다는 모양이 없고, 찰나에 멸한다는 모양도 없어, 다시 없앨 만한 생멸이 없으니, 이것이 곧 적멸이 눈앞에 드러난 것이다. 적멸이 눈앞에 드러날 때에는 눈앞에 드러난다는 헤아림도 없으니, 이를 일러 영원한 즐거움(常樂)이라고 한다.

이 영원한 즐거움은 받는 자도 없고, 받지 않는 자도 없다. 어찌 하나의 본체니 다섯의 작용이니 하는 말이 있을 수 있겠느냐? 또한 어찌 열반이 모든 법을 속박하여 생겨나지 못하게 한다고 말할 수 있겠느냐? 이것이 곧 부처님을 비방하고 법을 훼손하는 것이다. 나의 게송을 들어보라.

위없는 대열반은

두루 밝고 항상 고요히 비추지만,

어리석은 범부는 이를 죽었다 말하고,

외도는 끊어졌다고 고집한다.

2승二乘을 추구하는 사람들은

열반을 그 어떤 조작도 없는 것이라 말하지만,

그것은 모두 뜻으로 헤아리는 것이니,

62견六十二見*의 뿌리일 뿐이다.

허망하게 거짓 이름을 세워 놓고

어찌하여 참된 뜻이라고 여기는가?

오직 모든 분별을 벗어난 사람이라야

통달하여 취하고 버림이 없어진다.

5온五蘊의 법과

5온 속에 있는 나와

밖으로 드러나는 여러 색상色相과

하나하나의 말과 소리의 모습이

● 62견六十二見: 외도의 견해를 62가지 종류로 구분한 것.

한결같이 꿈과 같고 환영과 같음을 알아

범부니 성인이니 하는 견해를 버리고

열반이라는 견해도 짓지 않으면

양 극단(二邊)과 과거·현재·미래라는 시간(三際)이 끊어진다.

항상 온갖 경계 따라 6근六根이 작용하지만

작용한다는 생각도 일으키지 않고

모든 법을 잘 분별하면서도

분별한다는 생각을 일으키지 않는다.

겁화劫火가 바다 밑바닥까지 태우고

폭풍이 불어 산과 산이 서로 부딪치더라도,

적멸의 즐거움은 참되고 영원하니

열반의 모습은 바로 이와 같다.

내가 이제 억지로 말을 하여

그대의 삿된 견해를 버리도록 하나니

그대가 말을 따라 이해하지 않는다면

조금은 알아차릴 수 있을 것이다."

지도 스님은 이 게송을 듣고 뛸 듯이 기뻐하며 절을 하고 물러갔다.

지도 스님은 출가 이후『열반경』을 10년 넘게 보았지만,『열반경』사구게인 '제행무상 시생멸법 생멸멸이 적멸위락諸行無常 是生滅法 生滅滅已 寂滅爲樂'이라는 부분을 깨닫지 못했다.

　일체 제법, 삼라만상은 전부 다 무상하니 생겨났다가 사라지는 생멸법이다. 생멸이 사라지고 불생불멸이 드러날 때 곧 참된 적멸의 즐거움이 있다.

　지도 스님은 불교 공부를 지식으로 많이 했다. 그러다 보니, 이 진리의 게송을 머리로 이해하려고 애쓰고 있다. 몸을 색신과 법신으로 둘로 나눈 뒤에 도대체 적멸의 즐거움을 색신이 받는 것인지, 법신이 받는 것인지를 묻는다.

　분별로 헤아려 이해하려고 하면 불법은 전혀 이해할 수 없다. 분별되는 것이 아니기 때문이다. 이 공부는 절대적으로 분별해서 이해하는 공부가 아니다. 머리를 이리 저리로 굴려 잘 이해하고 헤아려서 불교 교리를 잘 정리한다고 할지라도 그것은 오히려 하나의 법상이 되어 더욱 더 미혹으로 이끌 뿐이다.

　지도 스님처럼 적멸위락을 '색신이 받는 것이냐, 법신이 받는 것이냐' 하고 규정하고 정리하려는 습관이야말로 법상法相이고, 분별심이다. 색신이 받는다면 윤회의 문제가 또 다른 이해의 문제에 걸리고 만다. 끊임없이 이쪽에서 정리된 것을 가지고, 다른 쪽을 뜯어 맞춰야 한다. 이 공부는 그런 공부가 아니다. 그것은 외도의 단상사견이다.

　죽으면 모든 것이 다 끊어지고 없어지는 것이냐? 아니면 영원히 계속되는 것이냐? 이런 생각을 머리로 이해하고 헤아리려 하는 것 자체가 바로 단상사견이다. 단견斷見과 상견常見에 치우친 것이다. 불교는 단견도 아니고 상견도 아닌 중도의 가르침이다.

색신 밖에 따로 법신이 있는 것이 아니다. 색신이 곧 법신이고 법신이 곧 색신이다. 어찌 이것을 머리로 이해할 수 있겠는가? 당신은 지금 이대로 중생이지만, 동시에 지금 이대로 부처다. 이것을 어떻게 머리로 이해하겠는가? 그것은 이해 불가한 불가사의한 영역이다. 이 공부는 이해하는 공부가 아니라 깨닫는 공부다. 깨닫고 나야 확연하게 통하는 공부일 뿐, 깨닫기 전에는 전혀 이해할 수 없는 공부다.

아무리 머리를 굴리고 굴려도 도저히 정리할 수 없고, 이해할 수 없으며, 깨닫기 전에는 '오직 모를 뿐'임을 받아들이지 않고서는 이 공부에 한 발자국도 다다를 수 없다.

모른다는 사실, 이해되지 않는다는 사실 앞에서 불안해하지 말라. 이 공부는 모름을 통해 나아가는 공부이지, 아는 공부가 아니다. 세속의 공부는 알면 알수록 더 밝아지지만, 이 공부는 모르면 모를수록 더 밝아질 수 있는 공부다.

색신과 법신이 따로따로가 아니며, 생멸과 적멸이 둘이 아니다. 열반의 즐거움을 누리는 어떤 특정한 '몸'이 있는 것이 아니다. 색신도 법신도 없는데, 누가 열반에 즐거움을 받겠는가? 적멸위락을 말한 것은 그런 열반의 즐거움을 받는 어떤 '몸'이 있다는 것을 설하려는 것이 아니다. 굳이 표현한다면 어떤 몸이 받는 것이 아니라, 그저 이 우주 전부가 그 즐거움 속에 늘 있는 것이다. 적멸의 즐거움은 생멸을 없애는 데 성공한 사람만이 받을 수 있는 어떤 특정한 상태가 아니다.

적멸의 즐거움이 곧 지금 이것이다. 지금 이렇게 있는, 있는 그대로의 삶이 그대로 적멸의 즐거움이다. 적멸의 즐거움을 받는 누가 있는 것이 아니다. 그 즐거움을 받을 자가 있다면 그는 아상이 있는 자이니, 그는 적멸의 즐거움을 모르는 자다. 그렇다고 받는 자가 없는 것도 아니다.

어리석은 이들은 적멸·열반을 그 어떤 조작도 없는 것이라고 말하지만, 그것은 뜻으로 헤아려 안 것일 뿐이니, 그것은 결국 견해의 뿌리일 뿐, 참된 적멸이 아니다.

깨닫지 못하면 아무리 그럴듯한 말이라도 거짓이름이며, 헛된 문자일 뿐이다. 5온과 나와 수많은 모습들과 말과 소리들이 전부 한결같이 꿈이고 환영과 같음을 알아, 일체의 견해를 버리고, 열반의 견해조차 짓지 않으면 양 극단과 시공이 전부 다 일시에 끊어진다.

청원행사 선사

● 청원행사靑原行思(?~740) 선사는 성이 유劉씨요, 길주吉州의 안성安城 사람이다. 조계曹溪의 법석法席이 성대하게 잘 교화한다는 소문을 듣고 찾아와 인사를 드리고는 물었다.

"마땅히 어떻게 힘써야 계급階級에 떨어지지 않습니까?"

대사께서 말씀하셨다.

"그대는 지금까지 어떻게 해 왔느냐?"

행사가 말했다.

"성스러운 진리(聖諦)라도 행하지 않았습니다."

대사께서 말씀하셨다.

"그런데 무슨 계급에 떨어졌느냐?"

행사가 말했다.

"성스러운 진리도 행하지 않는데, 무슨 계급이 있겠습니까?"

6조께서 그를 깊은 법기法器로 여겨, 대중의 우두머리로 삼았다.

어느 날 대사께서 말씀하셨다.

"너는 마땅히 한 지방으로 가서 교화하여 선이 끊이지 않도록 하여라."

행사는 이미 법을 얻었으므로, 마침내 길주吉州의 청원산靑原山으로 돌아가 법을 널리 펴고 교화하였다.

계급에 떨어진다 함은 여러 가지 서로 다른 단계를 분별한다는 말이다. 즉 분별에 떨어진다는 말은 차별된 서로 다른 경계가 있어서, 높고 낮은 지위가 생겨난다는 뜻이다.

계급에 떨어지지 않음은 곧 분별에 떨어지지 않는 것이다. 이 질문에 대사께서는 행사에게 어떻게 해 왔느냐고 묻는다. 행사는 '성스러운 진리라도 행하지 않았다'고 답한다. 성스러운 진리란 최고 단계의 진리를 말한다. 그러나 성스러운 진리라는 최고의 진리가 있다고 여기면, 그것은 곧 최고의 단계와 그것보다 못한 단계를 나누는 것이기에, 곧장 계급에 떨어진 것이 되고 만다.

청원이 성스러운 진리라도 행하지 않았다고 함은 곧 계급에 떨어지지 않았음을 뜻한다. 대사는 그런데 도대체 무슨 계급에 떨어졌느냐고 묻는다. 행사는 성스러운 진리조차 행하지 않는데 무슨 경계가 있겠느냐고 맞받아친다.

6조께서 그를 법기라고 여겨 우두머리로 삼았다.

이 공부는 그 어떤 계급·단계·차별·분별 등 높고 낮은 경계를 둘로 나누어 놓고 그 가운데 더 높은 경계를 선택하는 공부가 아니다. 더 높은 단계로 나아가는 공부가 아니다. 중생에서 부처로 가는 것도 아니고, 부처로 나아가는 수많은 중간 단계가 있는 것도 아니다.

남악회양 선사

● 남악회양南岳懷讓(677~744) 선사는 금주金州 두杜씨의 아들이다. 처음에 숭산嵩山의 숭악혜안嵩嶽慧安(642~709) 국사를 찾아뵈었는데, 혜안 국사가 회양에게 조계로 가서 6조 혜능 대사를 찾아뵙게 하였다. 회양이 조계에 이르러, 6조 대사께 절을 하니 6조 대사께서 말

씀하셨다.

"어디에서 오는가?"

회양이 말했다.

"숭산에서 왔습니다."

대사께서 말씀하셨다.

"어떤 물건이 이렇게 왔는가?"

회양이 말했다.

"설사 한 물건이라고 해도 맞지 않습니다."

대사께서 말씀하셨다.

"수행을 통해 깨달을 수 있느냐?"

회양이 말했다.

"수행하여 깨닫는 일이 없지는 않으나, 어디에도 물들어 오염되지는 않습니다."

대사께서 말씀하셨다.

"다만 이 물들거나 오염되지 않는 것, 그것만이 모든 부처님께서 보호하고 보살피는 것이니, 네가 이미 그와 같고, 나 또한 그와 같다. 인도(西天)의 반야다라般若多羅 존자께서 '그대의 발 밑에서 한 망아지가 나와 천하의 사람들을 밟아 죽일 것이다'*라고 예언하셨으니, 잘 명심하되, 너무 급히 법을 펴려고 하지는 말라."

회양은 막힘없이 계합하였다. 그로부터 15년 동안 6조를 곁에서 모

---

* 남악회양의 제자, 마조도일馬祖道一에 대한 예언.

셨는데, 날로 깨달음의 깊이가 현묘하고 오묘해져 갔다. 뒤에 남악
南嶽으로 가서 선종禪宗을 크게 드날렸다.

수행하여 깨닫는 일이 없지는 않다. 수행이라는 말을 어떻게
쓸 것이냐가 문제다. 수행을 기도·염불·독경·좌선 등의 노력을 통해
이쪽에서 저쪽으로 가거나, 없던 깨달음을 있도록 만드는 그런 것이
라면 그것은 여기서 말하는 참된 수행이 아니다.

발심을 하는 것도 수행이고, 발심하여 법을 찾는 것도 수행이며, 법
문을 듣는 것도 수행이다. 그러나 그 모든 것은 애써서 억지로 되는
것이 아니라 자연스럽게 그렇게 된다. 애써서 되는 것이 아니라는 자
각이 문득 한 번 찾아와야지만 그동안 애써 수행하던 모든 것들이 몰
록 한 번 쉬어지고, 바로 그때가 진정한 수행 아닌 수행의 순간이다.

물론 어느 정도는 열심히 수행하려는 노력도 필요하다. 수행을 열
심히 한다는 것은 그만큼 발심이 크고 간절하다는 뜻이기 때문이다.
수행을 열심히 하는 사람은 그 수행 때문에 공부에 진전이 있는 것이
아니라, 그 수행 뒤의 원동력인 '발심' 때문에 공부에 진전이 있는 것
이다.

많은 경우, 수행을 열심히 닦고 닦다가 해도 해도 도저히 안 되어
너무 힘이 들어 하다가, 지치고 지쳐서, 더 이상 해도 안 되는구나 하
는 자각이 찾아오면서, 무기력해지고, 힘이 완전히 빠진 채 두 손 두

발을 다 놓게 되는 순간이 찾아온다. 바로 그때 깨달음도 함께 찾아온다. 그러니 그것을 수행 때문이라고 하겠는가? 수행을 놓았기 때문이다. 그러나 그런 애쓰는 수행의 기간이 있었기 때문에 그것을 한 번 몰록 쉬어버리는 경험도 있다 보니, 그런 유위적인 수행 또한 무조건 필요 없다고 할 수는 없는 것이다.

부처님께서도 6년간의 선정과 고행의 기간을 보내시다가, 그 두 가지 수행법이 모두 자신을 깨달음으로 이끌 수 없음을 깨달으시고는 그 모든 수행법을 다 놓아버리고, 완전히 쉬셨을 때 문득 깨달음이 오게 되었다.

여기에서 중요한 것은, 물론 그 6년의 고행의 기간, 수행의 기간이 필요했을 수도 있기 때문에, '수행하여 깨닫는 일이 없지는 않으나'라고 했지만, 그렇다고 그것이 필수인 것은 아니라는 점이다.

부처님께서 우리에게 법을 설하실 때, 너희들도 나처럼 온갖 선정 수행과 고행을 6년도 넘게 다 겪어 보라고 하지는 않으셨다. 그럴 필요가 없음을 본인이 깨달으시고는, 중생들에게는 내가 잘못해 왔던 그 길을 너희들은 갈 필요가 없다고 해서 중도를 설하신 것이 아닌가?

그럼에도 우리는 여전히 수행불교, 고행불교, 선정불교에 치우쳐 있다. 부처님께서 말씀하신, 선사스님들께서 말씀하신 가르침과는 멀어져 있다.

수행하여 깨닫는 일이 전혀 없는 것은 아니지만, 어디에도 물들어 오염되어서는 안 된다. 본래불이고, 본래 청정한 자성이기 때문에 물들거나 오염될 수는 없다. 이 법, 이 진리, 이 성품은 어디에도 영향 받지 않고, 어디에도 오염되지 않으며, 물들지 않는다.

그렇기에 수행할 필요가 없다. 물들어 오염될 수 있다면 그 오염된 것을 수행하여 닦아 없애야 하지만, 본래 오염될 수 없다면, 그것을 닦을 필요조차 없는 것이다.

그래서 이 말, "수행하여 깨닫는 일이 없지는 않으나, 어디에도 물들어 오염되지는 않습니다"는 세속의 이해로써는 말이 안 되는 말이다. 수행하여 깨달으려면 오염이 있어야 하고, 수행이 필요 없으려면 본래 오염되지 않아야 한다. 모순이다. 그럼 왜 이렇게 모순적으로 표현했을까?

이것이 바로 불이중도의 법문이다. 불이중도의 가르침은 중생의 알음알이로는 이해가 불가능하다. 깨달아 보아야지만 확인될 뿐.

이쪽이 절대적으로 옳다거나, 저쪽이 절대적으로 옳다는 양 극단 중 어느 한쪽에 서지 말라는 것이다. 그래서 수행에 대해서도, 하지 말라고 하면서도, 그렇다고 하지 않으면 영원히 중생일 뿐이라고 한다. 수행을 하라는 말인지, 하지 말라는 말인지를 똑 부러지게 말하지 않는다. 하라는 편에도 하지 말라는 편에도 서지 말라는 것이다. 이것이 중도의 길이다. 의식이 꽉 막히고, 갈 길을 잃어야 한다.

본래부터 물들거나 오염될 수 없는 것, 그것만이 모든 부처님께서 보호하고 살피시는 것이다. 스승과 제자가 이미 그와 같다면, 막힘없는 계합이다.

영가현각 선사

● 영가현각永嘉玄覺(673~713) 선사는 어릴 적부터 경론經論을 익혔고, 천태天台의 지관법문止觀法門에 정통하였는데, 『유마경』을 보다가 마음바탕(心地)을 밝게 깨달았다. 6조의 제자 현책玄策을 만나 법담法談을 깊이 나누었는데 그가 하는 말이 은근히 여러 조사의 말과 합일하였다. 현책이 말했다.

"어진 이여, 그대에게 법을 얻게 해 준 스승은 누구십니까?"

현각이 말했다.

"제가 방등方等의 여러 경론을 배울 때는 각각 스승이 있었으나, 나중에 『유마경』에서 부처님 마음의 근본을 깨달았는데 아직 증명해 준 분은 없었습니다."

현책이 말했다.

"위음왕불威音王佛 이전이라면 괜찮지만, 위음왕불 이후에 스승 없이 혼자 깨닫는 것은 모두 천연외도天然外道입니다."

현각이 말했다.

"그렇다면 스님께서 저를 증명해 주십시오."

현책이 말했다.

"저의 말은 가볍습니다. 지금 조계에는 6조 대사가 계신데, 사방에서 구름처럼 모여들어 법을 받고 있으니, 만약 가시겠다면 저도 함께 가겠습니다."

현각이 드디어 현책과 함께 6조를 찾아뵈었다. 현각이 조사의 주위를 세 번 돌고는 지팡이로 땅을 찍고서 우뚝 서자, 6조께서 말씀하셨다.

"무릇 사문沙門이라면 3천 위의威儀*와 8만 세행細行을 갖추어야 하거늘, 스님은 어디에서 왔기에 그렇게 큰 아만我慢을 부리는가?"

현각이 말했다.

"삶과 죽음의 일이 크고, 세월은 무상하여 재빨리 흘러갑니다."

6조께서 말씀하셨다.

"어찌 무생無生의 도리를 체득하여, 빠름이 없음을 밝히지 못하는가?"

현각이 말했다.

"체득하면 생겨남이 없고, 밝히면 본래 빠름이 없습니다."

6조께서 말씀하셨다.

"그렇고 그렇다."

현각은 비로소 예를 갖추어 절하고 곧 하직 인사를 하니, 6조께서 말씀하셨다.

"너무 빨리 돌아가려 하는구나!"

현각이 말했다.

"본래 스스로 움직임이 없거늘, 어찌 빠름이 있겠습니까?"

6조께서 말씀하셨다.

- 3천 위의三千威儀: 비구가 일생에서 지켜야 할 250계를 행주좌와行住坐臥의 4위의에 곱하면 1천이 되고, 이를 과거·현재·미래로 곱한 것.

"누가 움직이지 않음을 아느냐?"

현각이 말했다.

"스님께서 스스로 분별을 내시는군요."

6조께서 말씀하셨다.

"그대는 참으로 무생無生의 뜻을 알았구나!"

현각이 말했다.

"생겨남이 없는데 어찌 뜻이 있겠습니까?"

6조께서 말씀하셨다.

"뜻이 없다면, 누가 마땅히 분별하느냐?"

현각이 말했다.

"분별하지만 역시 뜻은 아닙니다."

6조께서 말씀하셨다.

"훌륭하다. 하룻밤 묵고 가거라."

이때의 일로 인해 사람들은 현각을 일숙각一宿覺이라 불렀다. 현각은 뒷날 『증도가證道歌』를 지었으니, 세상에 널리 유포되었다.

영가현각 선사는 어릴 적부터 불법을 꾸준히 공부해 오다가 결국 『유마경』을 보다가 문득 마음을 밝혔다. 이처럼 아주 드물게 스스로 자신의 마음을 밝히는 선지식들이 있다.

현대에도 마찬가지다. 우리나라도 그렇고, 특히 서양의 현대의 선지식들이 대부분 그처럼 문득 스스로 마음이 밝아짐을 체험하곤 한다. 그러나 동서고금을 막론하고, 문득 자신의 자성을 밝히는 것은 드물게 혼자서도 가능하지만, 문제는 그 이후에 있다.

혼자서 마음을 밝힌 사람은 스스로 그 법에 대한 확신이 부족하거나, 체험하는 그 순간 찾아오는 쑥 내려가는 듯한 느낌 같은 경계 체험을 법이라고 여기기 쉽다. 그러다 보니 대부분 처음 체험을 하고서도 머지않아 '찾았는데 놓쳤다'고 말하곤 한다. 경계는 왔다가 가는 것일 뿐임을 알지 못하기 때문이고, 그 경계가 법은 아님을 모르기 때문이다. 그래서 서양의 스스로 마음을 밝힌 현자들 또한 대부분 불교 경전이나 선사의 어록을 보고 보임을 이어가는 경우가 많다.

필자가 알고 있는 한 분께서도 종교가 다름에도 스스로 명상과 공부를 이어가다가 문득 마음을 밝히셨는데, 그 이후 오랫동안 부처님 가르침과 경전에 의지해 보임을 해 나가셨다.

그러나 가장 좋은 점은 견성 이후에는 반드시 스승을 찾아가 가르침을 받는 것이다. 대부분의 경우 견성을 해 놓고도 스승의 지도를 받지 못하고, 경계를 법으로 착각하여, 혹은 발심이 부족하여 보임이 제대로 되지 못하는 경우가 많다. 견성한 사람은 소털처럼 많으나, 보임이 원만히 이루어지는 경우는 소뿔처럼 적다는 말도 그것을 말한다. 오히려 견성 이후에 더 잘못되거나, 삿된 쪽으로 자신의 체험을 해석함으로써 나락으로 떨어지는 경우가 많다.

그래서 선의 스승들은 한결같이 자신의 마음을 밝혔다고 할지라도 그 깨달음을 증명해 주고, 이후의 공부를 이끌어 줄 스승을 찾지 못한다면 그는 외도라고 말하곤 한다. 그만큼 잘못되기 쉽기 때문이다.

영가현각 선사가 현책 스님에게 자신의 공부를 증명해 달라고 하자, 자신은 그 법이 가벼우니, 6조 대사께 함께 가자고 말한다. 견성을 했다고 다 곧바로 스승이 될 수 있는 것이 아니기 때문이다. 현책은 아직 영가현각을 증명해 주고 이끌어 줄 만한 스승이 되지 않았던 것이다. 많은 경우 견성을 할지라도, 법을 설하기는 쉬운 일이 아니니 한참을 기다리라고 하는 이유가 거기에 있다. 보임은 그만큼 시간이 필요하다.

6조처럼 견성한 제자들을 대상으로 원만하게 보임을 지도해 줄 만한 스승이 없는 것, 그것이 어쩌면 요즘 불교계의 큰 문제가 아닐까? 물론 때때로 견성한 도인이 나타나는 것이야 어느 시대든 있어 왔던 일이다. 그러나 견성했다고 곧바로 도인이 되고, 스승이 되지는 못한다. 원만한 보임은 더욱이 6조처럼 스스로 원만히 보임이 이루어진 스승만이 이끌어 줄 수 있다. 그러니 견성한 도인은 종종 볼 수 있다고 하더라도, 그 이후의 보임을 원만히 성취한 분도 안 계실뿐더러, 그런 공부를 지도해 줄 스님이 많이 없다는 점이 안타깝다.

그러다 보니 견성했다는 도인들이 오히려 중생들에게 자신의 견성 체험을 자랑삼아 이야기하며, 스스로를 도인처럼 꾸미고, 중생을 현혹하는 경우도 종종 있고, 또한 그런 외도들에게 중생들도 속으니 큰 문제가 아닐 수 없다.

참으로 공부가 원만히 이루어진 분이라면 아상이 사라져 스스로를 깨달았다느니 하며 자랑할 것이 없다. 깨닫고 말고가 없기 때문이다.

그러나 어리석은 이들일수록 자신의 변변치 않은 공부를 자랑삼아 이야기하며 중생을 현혹한다.

더 심한 것은 견성도 하지 못한 채, 선정체험과 삼매체험 같은 일종의 신비체험 같은 것들을 좀 해 놓고서는, 그것을 큰 공부인 양 떠들어대는 경우이지 싶다.

이처럼 공부의 길은 결코 쉽지만은 않다. 그러나 쉽지 않지만, 바른 대선지식만 만난다면 어려울 것도 없다. 부처님께서 바른 스승과 도반을 만나는 것이 이 공부의 전부라고 한 것도 그 때문일 것이다.

6조 대사를 찾아간 영가현각은 조사의 주위를 돌고 지팡이를 찍고 우뚝 서는 것을 통해 법을 드러내고 있다. 6조께서 다시 한번 찔러본다. 수많은 계행과 세행을 들먹이며 누구이기에 이토록 기본 예의도 지키지 않느냐고 따져 묻는다.

현각은 나고 죽는 일이 크고도 무상하여 빠르게 흘러가는데, 예의 차릴 시간이 어디 있느냐고 답한다. 이에 6조께서는 나고 죽는 일이 큰 것이 아니라 본래 남 자체가 없다는 무생법인無生法忍을 드러내면서, 본래 태어남이 없다면 빠르고 느릴 것이 없음을 왜 요달치 못하느냐고 답한다.

현각은 곧장 답한다. 남이 없는 무생無生을 체득해야 하는 것이 아니라 체득하고 나니 곧바로 무생이 확인되었고, 빠르고 느림이 없다는 것을 요달해야 하는 것이 아니라 법을 깨닫고 나니 저절로 빠르고 느림이 없다는 것이다. 스스로의 안목이 그러함을 드러낸 것이다.

비로소 6조께서 '그렇다'고 말하며 현각의 안목을 인정해 준다. 인정해 주더라도 호들갑 떨지 않는다. '와, 너가 깨달았구나', '대단하다', '천상과 인간의 스승이 되었다', '부처가 되었다' 그런 미사어구가 필요 없다.

그저 '그렇다' 정도의 한마디면 사실 스승으로서는 크게 인정해 준 것이나 다름없다. 그러나 그 인정에도 사로잡히지 않게 해 주기 위해 가볍게 말하는 것이다. 사실 법을 얻은 것도 아니지 않은가? 법이란 얻고 못 얻을 것도 없고, 확인했다고 하더라도 확인하지 못한 중생과 법 자체의 바탕에서는 달라질 것도 없기 때문이다. 깨달음에 대해 호들갑 떠는 것 자체가, 대단하게 여기는 것 자체가 깨달음에 대한 무지에서 비롯된다.

현각 또한 스승에게 자신의 깨달음에 대해 증명해 주면서 '인증서'라도 한 장 받고 싶은 마음도 없고, 제7조의 의발을 하사 받겠다거나, 대단하게 인정해 줄 것을 요구하지도 않는다. 그럴 것이 없기 때문이다. 이 법은 사실 인정받고 인정해 줄 '무엇'이 따로 없다. 이 법은 늘 여여한데 누가 누구에게 주고받겠는가?

현각은 스승의 '그렇다'는 한마디를 듣고는 하직 인사를 올린다.

6조께서는 일상적인 말로 왜 이렇게 빨리 가느냐, 좀 있다가 가라고 말한다. 현각은 그 일상의 말을 또 다시 법으로 응한다. 본래 스스로 움직이지 않는데, 어찌 빠르게 갈 것이 있느냐는 것이다.

6조께서 '남이 없음, 즉 무생법인의 뜻을 깊이 얻었구나'라고 다시 한번 인정하지만, 현각은 도리어 참으로 무생이라면, 무생법인의 뜻은 어디에 있고 그 뜻을 얻고 말고가 어디에 있겠느냐는 법담으로 응한다.

이에 다시 6조께서 뜻이 없다면, 그렇게 뜻이 없다고 분별하여 말하고 있는 그 분별은 누가 하느냐고 묻는다. 이에 현각은 분별 또한 뜻이 아니라고 답한다.

분별하지만 분별한 바가 없다는 것이다. 사실 그 어떤 말이든, 말로 표현했다 하면 벌써 세속제世俗諦이며, 제일의제第一義諦가 되지 못한다. 말은 진실을 있는 그대로 표현할 수 없다. 그래서 어쩔 수 없이 유마 거사가 침묵을 지켰듯, 침묵할 수밖에 없다. 그럼에도 침묵하지 않고 말로 표현하는 것은, 그 말이 드러났음에도 드러난 바가 없음을 온전히 깨닫기 때문이다.

이 공부는 분별하지 않는 공부가 아니라, 분별하되 분별이 없는 공부다. 깨달은 사람은, 말은 허물이 있다고 하여 아무런 말도 하지 않는 벙어리가 아니다. 분별을 버려야 한다고 해서 아무런 분별도 하지 않는 이가 아니다. 말을 함에도 말에 구속되지 않고, 분별을 함에도 분별이 없는 것이다.

6조께서 "훌륭하다. 하룻밤 묵고 가라"고 하니, 이로 인해 사람들은 현각을 일숙각一宿覺이라 불렀다. 영가현각의 「증도가證道歌」와 『선종영가집禪宗永嘉集』은 선종의 대표적인 법문집으로 유명하다.

지황 비구

● 선 수행자 지황은 처음에 5조를 참례하고 스스로 이미 선정禪定을 얻었노라고 하고는 암자에 머물며 눕지 않고 앉아 좌선하기를 20년 동안이나 하였다. 6조의 제자인 현책이 두루 돌아다니다가 하삭河 朔에 이르러, 지황의 명성을 듣고 암자로 찾아가서 물었다.

"당신은 여기에서 무엇을 합니까?"

지황이 말했다.

"선정에 들어갑니다."

현책이 말했다.

"당신이 선정에 들어간다고 하니, 유심有心으로 들어갑니까? 무심 無心으로 들어갑니까? 만약 무심으로 들어간다면, 정식情識이 없는 풀과 나무, 기와와 돌들도 마땅히 선정을 얻어야 할 것입니다. 만약 유심으로 들어간다면, 모든 정식을 가진 존재들 역시 마땅히 선정 을 얻어야 할 것입니다."

지황이 말했다.

"내가 선정에 들어갈 때는 유有니 무無니 하는 그런 마음이 있음을 보지 않습니다."

현책이 말했다.

"유니 무니 하는 그런 마음이 있음을 보지 않는다면, 곧 언제나 선 정인데, 어떻게 들어가고 나옴이 있겠습니까? 만약 출입이 있다면 곧 참된 선정은 아닙니다."

지황은 아무 대답도 못한 채 한참을 있다가 현책에게 물었다.

"스님은 누구를 스승으로 모셨습니까?"

현책이 말했다.

"저의 스승은 조계曹溪의 6조六祖입니다."

지황이 말했다.

"6조께서는 무엇을 선정이라고 하십니까?"

현책이 말했다.

"저희 스승께서 말씀하시길, '묘하고 맑고 원만하고 고요하며, 체體와 용用이 여여如如하며, 5온五蘊이 본래 공空하고, 6진六塵이 있지도 않으며, 나가고 들어오는 것도 아니고, 안정된 것도 산란한 것도 아니다'라고 하셨습니다.

또 '선의 본성은 머무름이 없으니, 머무름을 떠난 것이 선의 고요함이다. 선의 본성은 생겨남이 없으니, 생겨남을 떠난 것이 선의 생각이다. 마음은 허공과 같지만, 또한 허공이라는 헤아림도 없다'고 하셨습니다."

지황은 이 말을 듣고, 곧바로 6조를 찾아뵈니, 조사께서 물으셨다.

"스님은 어디에서 왔는가?"

지황이 앞의 인연을 말씀드리자, 6조께서 말씀하셨다.

"진실로 현책이 말한 바와 같다.

마음을 허공과 같이 하되

공하다는 견해에 집착하지 않으면

응하고 작용함에 걸림이 없다.
움직임과 고요함에 무심하여

범부니 성인이니 하는 생각을 잊고
주관과 객관이 모두 사라져서
본성과 겉모습이 한결같으면
선정 아닌 때가 없다."

이에 지황은 크게 깨달았으니, 20년 동안 얻은 마음이 흔적조차 없이 사라져 버렸다. 그날 밤, 하북河北 지방의 사람들은 "지황 선사가 오늘 도를 얻었다"라는 소리가 허공에 울리는 것을 들었다.
그 뒤 지황은 조사께 하직 인사를 올리고 하북으로 돌아가 사부대중을 교화하였다.

지황이 좌선을 20년 동안 하여 선정을 얻었노라고 하니, 도대체 선정에 들어가는 그 마음은, 마음이 있어서 들어가는 것인지, 마음이 없음에도 들어가는 것인지를 묻는다. 마음이 없는데도 선정에 들어간다면 마음이 없는 풀과 나무, 돌 또한 선정을 얻어야 하고, 마음이 있어서 들어간다면 마음 있는 모든 존재들 역시 선정에 들어가야 한다.

마음이 있는 것도 아니고, 없는 것도 아닌데 선정에 들어간다면, 마음이 있든 없든 상관없이 언제나 선정이라는 것인데, 그렇다면 어떻게 선정에 들어오고 나옴이 있겠는가?

지황은 현책의 말에 깨달은 바가 있어 현책의 스승과 그 스승께서 설하시는 선정이 무엇인지를 여쭌다.

참된 선정은 무엇일까? 마음의 번뇌를 멈추고, 분별망상을 억지로 멈춘 뒤에, 한 가지 대상에 마음을 집중하여, 고요함을 유지하고 유지하다 보면 어떤 특정한 마음의 상태에 도달한다. 그것을 외도들은 선정이라고 여긴다.

그러나 그런 선정은 좌선할 때만, 억지로 만들어 낼 때만 잠시 존재했다가 좌선에서 나오면 곧장 선정도 사라진다. 그것을 선정이라고 한다면, 그 선정은 참된 법이 아니다. 생겨났다가 사라지는 생멸법이기 때문이다. 생겨났다가 사라지는 생멸법은 세속의 법이지 출세간법이 아니다. 출세간법은 불생불멸이며, 무생법인의 법이기 때문이다.

즉 이 불법의 참된 선정은 만들어 내는 것도 아니고, 수행을 통해 얻는 것도 아니다. 선정에 들어갔다가 나왔다가 하는 선정, 선정이 생겨났다가 사라지는 선정, 그것은 바른 선정이 아니다.

불법의 선정은 들어갈 것도 나올 것도 없다. 언제나 법의 본체로서 늘 밝고 원만하며 언제나 고요한 이 마음이 그대로 선정이다. 본체와 그 본체의 작용이 한결같아 둘이 아니다. 나와 남이 없고, 나가고 들어올 것도 없으며, 산란과 안정도 아니다. 언제나 이 한결같은 여여한 법의 성품이 언제나 있을 뿐, 새롭게 만들어지는 것이 아니다. 이 청정한 자성·법성·마음·법·본래면목, 이 자리가 그대로 선정이다.

허공과 같다고 말할 수도 있지만, 허공과 같다는 생각도 없다. 공하다고 말할 수도 있지만, 공하다는 견해에도 집착하지 않는다. 선정을 행한다고 언제나 고요한 것이 아니라, 인연에 응해 마땅히 작용을 다하고 움직이면서도 한 법도 움직인 바가 없고 작용한 바가 없다. 이것이 묘용妙用이다.

움직이면 산란함이고 고요하면 선정이 아니다. 움직임 그대로 한 치도 움직이지 않는 것이 곧 선정이다. 범부니 성인이니 하는 생각도 없고, 주관과 객관도 사라지며, 본성과 모습이 한결같으면 모든 순간이 곧 선정이다.

한 스님

● 한 스님이 6조 대사께 여쭈었다.

"황매黃梅의 종지宗旨를 어떤 사람이 얻었습니까?"

6조께서 말씀하셨다.

"불법을 아는 사람이 얻었다."

그 스님이 물었다.

"스님도 얻으셨습니까?"

6조께서 말씀하셨다.

"나는 얻지 못하였다."

스님이 물었다.

"어찌하여 스님께서 얻지 못하셨는지요?"

6조께서 말씀하셨다.

"나는 불법을 알지 못하기 때문이다."

불법을 얻었거나, 불법을 안다고 하면 그것은 이법二法으로 참된 불이법의 불법이 아니다. 불법을 얻으려면 '불법을 얻는 자'와 '얻을 불법'이 둘로 나뉘어 있어야 한다. 주관과 객관이 둘로 나뉘어져야 한다. 불법을 아는 것도 마찬가지로, '불법을 아는 자'와 '알아야 할 불법'이 둘로 나뉘어 있어야 한다.

불법은 그렇게 둘로 나뉘어 있어서, 주관이 객관 대상을 알거나 깨닫거나 얻는 것이 아니다. 그렇기에 불법을 알았다거나, 보았다거나, 얻었다고 하면 벌써 그것은 둘로 나뉘는 차별이고 분별이기에, 그렇게 말하는 사람은 불법을 깨달은 것이 아니다.

분리와 차별 속에서만 '알고 얻는 것'이 가능하다. 그러니 무분별의 이 불법 속에는 알 것도 없고, 얻을 것도 없다.

이미 내가 바로 그것이니 이미 얻은 것이어서, 따로 또 얻어야 할 것이 없다. 깨달음은 본래부터 있던 것이고, 본래부터 온 우주 법계에 하나로 구족되어 있어서, 있고 없는 것이 아니다. 그저 '하나'밖에 없다면, 둘로 분리될 것이 없지 않은가. 깨달음은 바로 그 하나의 진실이지, 진실과 진실 아닌 것이 둘로 나뉘어져 있는 것이 아니다.

내가 바로 깨달음인데, 어찌 내가 다시 그것을 얻을 수 있단 말인가? 내가 바로 불법인데 어찌 다시 내가 그것을 알 수 있단 말인가?

바로 그렇게 깨달음을 '얻고자 하고, 알고자 하는' 바로 그것이 분별심이기 때문에, 그런 생각이 있는 이상 깨달음은 멀고도 멀다. 바로 깨달음을 얻어야 한다는 그 생각이 깨달음을 방해하는 주범이기 때문이다. 깨닫는 일을 기대하고, 추구하고, 원하고, 얻고자 하고, 알고자 하는 바로 그 생각이 곧 분별이다.

내가 나를 그저 확인하는 것이 이 공부다. 내가 나를 다시 얻거나 아는 공부가 아니다. 그래서 이 공부는 '얻는다, 안다'는 표현보다는 '확인한다, 계합한다, 하나 된다'는 표현을 주로 쓴다. 전자는 둘로 나뉘는 분별의 개념이고, 후자는 그나마 하나가 하나를 확인하고, 하나로 통하는 개념이기 때문이다.

방변 비구

● 조사께서 어느 날 전해 받은 법의法衣를 세탁하고자 하였으나 마땅한 샘이 없었다. 그래서 절 뒤로 5리 쯤 되는 곳으로 가니, 산림이 울창하고 상서로운 기운이 있는 곳을 보셨다. 대사가 석장錫杖을 휘

둘러 땅을 내리치니 즉시 샘물이 솟았고, 곧 물이 고여 연못이 되었다. 조사께서 무릎을 꿇고 돌 위에서 옷을 빨고 있는데, 문득 한 승려가 나타나 예배하고 말했다.

"제 이름은 방변方辯이며, 서촉西蜀 사람입니다. 어제 남천축국南天竺國에서 달마 대사達磨大師를 만났는데 저에게 부촉한 바가 있었습니다.

'속히 당나라로 가거라. 내가 전한 마하가섭摩訶迦葉의 정법안장正法眼藏과 가사(僧伽梨)가 6대六代에까지 전하여 소주韶州의 조계曹溪에 이르렀으니 그대는 가서 찾아뵙고 인사를 드리거라'라고 하셨습니다.

그리하여 제가 멀리서 왔으니 저희 조사께서 전해주신 의발衣鉢을 보여 주십시오."

대사께서 의발을 꺼내 보여 주고는 물었다.

"그대는 무슨 일을 잘하는가?"

방변이 말했다.

"진흙으로 모양을 잘 빚습니다."

대사가 정색을 하며 말했다.

"나의 모습을 한 번 빚어 보라."

방변은 어쩔 줄을 몰라 하며, 며칠 동안 흙으로 6조 혜능 대사의 모습을 만들었는데, 높이가 7촌寸 정도가 되었고, 그 묘한 솜씨가 몹시 뛰어났다. 만든 것을 대사에게 보여드리니, 대사가 웃으며 말씀하셨다.

"그대는 진흙으로 만든 모습의 성질은 잘 알지만, 불성은 알지 못하는구나!"

대사께서 방변의 이마를 어루만지며 말씀하셨다.

"그대는 영원토록 인천人天의 복전福田이 되거라."

대사가 석장을 휘둘러 땅을 내리치니 즉시 샘물이 솟았고 연못이 되었다는 쪽정이 같은 말에 신경 쓰지 말라. 그것을 보고 '대단하신 분이시구나' 하고, '저런 것이 조사스님의 신통력이구나'라고 여긴다면 종교적인 '문자주의'에 빠진 사람이다. 아무리 경전이라 할지라도 문자 그대로 진실일 수는 없다. 그런 쭉정이는 어디에나 있다. 이런 말 정도는 그냥 무시하고 넘어가 주는 것이 지혜로운 이의 공부 자세다.

방변은 조각가였던 모양이다. 대사는 자신의 모습을 한번 빚어 보라고 말씀하신다. 말하자면 근기에 맞는 공부 재료를 주신 것이다. 그것을 알아채지 못하고 방변은 6조 스님의 육신과 닮은 조각을 빚어내는 데만 온통 신경이 가 있다. 낙처落處를 몰랐던 것이다.

대사는 조각가인 방변에게 조각을 빚을 때, 매 순간 모양을 빚어내는 그 놈을 확인하라는 것이다. 손이 조각을 빚나? 머리가 모양을 빚어내나? 당신은 무엇을 가지고 조각을 빚어내고 있는가? 그것을 물으신 것이다.

며칠 동안 만든 것을 보여드리니, 대사는 "진흙으로 모습을 만들 줄은 알지만, 그 모습을 만들어 낸 놈이 누구인지는 알지 못하는구나" 하고 꾸짖는다. 상相은 알지만, 성性은 모르는 것이다.

이 방변이 바로 우리들 어리석은 중생의 모습이다. 매일 매일 한결같이 '이 마음'을 쓰고 있으면서도 마음을 모른다. 이 마음을 가지고 길을 걷고, 일을 하고, 밥을 먹고, 숨도 쉬고, 말도 하며 매 순간 살아가고 있지만, 정작 '이 마음'을 모른다.

6조 스님께서 우리를 북돋아주기 위해 축원해 주신다.

"그대는 영원토록 인간과 천인들의 복전이 되거라."

와륜 선사

● 어떤 스님이 와륜 선사臥輪禪師의 게송을 말했다.

"와륜에게는 솜씨가 있어서

능히 온갖 생각을 잘 끊고

경계를 대함에 마음이 일어나지 않으니

깨달음이 나날이 자라는구나."

6조 대사께서 그 게송을 듣고 말씀하셨다.

"이 게송은 아직 마음을 밝히지 못했구나. 만약 그것에 의지해서 수행한다면, 번뇌만 더할 것이다."
그리고는 한 게송을 보이셨다.

"혜능은 솜씨가 없어서
능히 온갖 생각을 끊지 못해
경계를 대함에 마음이 자꾸 일어나니
깨달음이 어떻게 자랄 수 있으랴?"

와룬 스님은 아마도 견성을 한 뒤에 보임 공부를 하고 있는가 보다. 법에 관심을 기울이며, 법문을 듣고, 스승에 의지해 보임을 해 나가다 보면, 점점 더 분별망상과 생각에는 덜 휘둘리게 되고, 경계에 덜 끄달리게 되며, 이 법의 자리에 더욱더 익숙해진다. 깨달음이 나날이 자라나게 된다.

그러나 아직 완전히 하나가 되지는 못하다 보니, 계속해서 세간과 출세간을 왔다 갔다 한다. 생각에 끄달려 가다가도 다시 회심하여 돌아오는 시간이 짧아진다. 그러나 여전히 미세망념이 올라온다. 미세한 생각들이 올라올 때마다 분별심보다는 이 법을 챙기게 된다. 아직은 여전히 세간과 법이 둘로 나누어져 있어서, 법을 따로 챙겨야 하는 것이다.

그러나 그렇게 꾸준히 법의 자리에 익숙해지며, 보임이 되어가다 보면, 어느 순간, 불이법不二法을 확인하게 된다.

세간과 출세간이 둘이 아니고, 번뇌와 보리가 둘이 아니며, 경계와 내가 둘이 아님을 깨닫게 되니, 이제부터는 따로 법을 챙기거나, 진리를 확보하려는 생각 자체가 사라진다.

6조 스님께서는 와룬의 공부가 아직 진행 중이며 완전히 불이중도에 계합하지는 못하였음을 알고, 아직 마음 바탕을 완전히 밝히지 못했으니, 그런 식으로만 계속 수행해 나간다면 얽매임만 더할 것이라고 했다. 그런 방식의 공부에 의지해 마음이 머물러 있게 될 것을 경계한 가르침이다. 거기에서 한 발 더 나아가 완전히 불이법에 계합하게 하고자 하신 가르침이다.

'혜능은 온갖 생각을 끊지 못한다'는 말은 여전히 생각이 다 올라온다는 말이다. 와룬은 생각이 올라올 때마다 분별의 생각을 끊고, 무분별로 가려고 애쓸 것이지만, 혜능은 생각이 올라오더라도 그 생각이라는 번뇌가 곧 보리임을 알기에, 생각을 끊고자 애쓰지 않는다. 생각이 일어나지만 일어나지 않음과 둘이 아닌 것이다. 생각은 더 이상 싸울 대상도 아니고, 조복 받아야 할 적도 아니다. 그러니 혜능은 생각을 끊지 못한다.

경계를 대하면 인연 따라 마음이 수없이 일어나지만, 일어나면서도 그 일어나는 생각에 걸림이 없어, 일어나도 일어난 바가 없다.

혜능은 스스로 자신의 깨달음이 신통하다거나, 대단하다거나, 생각을 끊어 없애는 재주가 있다는 생각조차 없다.

그러니 혜능의 깨달음이 어찌 자라겠는가? 이미 완전한 깨달음인 데, 더 이상 자랄 것이 무엇인가? 와륜은 아직 깨달음이 부족하여 자란다고 하였지만, 혜능에게 깨달음은 자랄 것이 없다.

남쪽의 돈오와 북쪽의 점수

혜능의 남돈, 신수의 북점

● 혜능 조사께서 조계曹溪의 보림사寶林寺에 계실 때, 신수神秀 대사
께서는 형남荊南의 옥천사玉泉寺에 계셨다. 당시 양 종파宗派가 모
두 크게 사람들을 교화하였는데, 사람들은 이를 '남쪽의 혜능과
북쪽의 신수(南能北秀)'라 불렀다. 남쪽과 북쪽의 두 종파가 있어
각각 돈교頓敎와 점교漸敎로 나뉘어져, 배우는 사람들은 각 종파
의 종취宗趣를 잘 알지 못했다.

6조께서 대중들에게 말씀하셨다.

"법은 본래 하나의 근본이 있지만(法本一宗) 사람에게는 남과 북이
있고, 법은 곧 하나의 종류(一種)밖에 없지만 법을 보는 데는 빠르고
느림이 있다. 무엇을 일러 돈점頓漸이라 하는가? 법에는 단박(頓)과

점차(漸)가 없지만, 사람의 근기에는 영리함과 둔함이 있으니 돈점이라고 한다."

그러나 신수를 따르는 대중들은 종종 '남종南宗의 조사는 글자를 읽을 줄도 모르는데, 무슨 대단한 가르침이 있겠는가?'라고 비난하였다. 이에 신수 대사가 말했다.

"그분은 스승 없이 지혜를 얻어서 최상승의 진리를 깊이 깨달았으니, 나는 그에게 미치지 못한다. 또 나의 스승이신 5조五祖께서 친히 의발衣鉢과 법法을 전해 주었는데, 어찌 헛되다 하겠는가? 나는 한스럽게도 멀리 떨어져 있어서 직접 만날 수 없는데도, 나라의 은혜를 입고 있으니 허망할 뿐이다. 너희들은 여기 머물러 있지 말고, 조계로 가서 공부를 마치도록 하라."

법은 이미 드러나 있다. 완성되어 있다. 이미 완성되어 있는 법을 다만 중생들은 자신의 분별심으로 인해 확인하지 못할 뿐이다. 그렇기에 이 법은 수행이나 특정한 방법을 통해 완성시켜 나가는 공부가 아니다. 만들어내는 공부가 아니다.

만약 깨달음이 본래부터 나에게 없기 때문에 만들어 내야 한다면, 그것은 생겨났다가 사라지는 법이니 생사법生死法, 생멸법生滅法일 뿐이다. 이 법은 불생불멸법不生不滅法이다.

이처럼 본래부터 있던 것이라면 점차적으로 만들어 갈 필요가 없다. 모르고 있다가 그저 문득 확인될 뿐이다. 문득 확인되는 것은 점차가 아니라 몰록이다. 점교가 아니라 돈교이며, 점차가 아니라 단박이다.

그러나 이렇게 말하는 것 또한 하나의 방편일 뿐이니, 어느 한쪽만이 절대적으로 옳다고 고집할 것은 없다. 깨닫고 나면 단박이니, 점차니 하는 말들이 전혀 관심사항이 아닐 것이다. 그것 또한 하나의 분별 아닌가?

법에는 본래 하나의 근본이 있을 뿐, 단박이니 점차니 하여 둘로 나눌 것이 없다. 다만 사람의 근기에 영리함과 둔함이 있으니, 돈점이라 했을 뿐이다.

견성에 이르기까지도 단박과 점차의 방편을 말할 수 있고, 견성 이후의 보임 또한 단박과 점차를 말할 수 있다.

견성을 하고자 한다면, 먼저 발심을 하고 꾸준히 이 법에 관심을 기울이며, 법문을 들으면서 자기 자신이 누구인지에 대해 목말라 해야 한다. 내가 누구인지를 확인하고 싶지만 도저히 알 수는 없다. 오로지 모르고 모르고 또 모르는 '모를 뿐'의 긴긴 터널 같은 시간을 오직 이 법에 대한 간절함을 가지고 버텨내야 한다.

바로 이 시간이 분별심의 습관을 조금씩 버려가는 시간이며, 이러한 기간을 방편으로 점차라고도 할 수 있을 것이다. 그러나 그 말은 어디까지나 중생의 입장에서 본 방편일 뿐, 견성의 입장에서 본다면 그런 시간은 여전히 법을 모르는 시간일 뿐이다. 그러다가 문득 법이 드러나게 되면, 그것은 몰록이다. 문득 확인된다. 그러니 점차라고는 하지만, 법이 드러나는 것은 몰록이고 단박이다. 법의 입장에서는 문득 확인되니 돈오頓悟이고, 중생의 입장에서는 그 오랜 시간을 꽉 막힌 채 있어야 하니 그 시간을 점차漸次라고 여길 수도 있는 것이다.

또한 견성 이후의 보임도 마찬가지다. 견성이라는 것은 곧 자기 성품을 확인한 것이기에, 견성이 곧 성불이다. 법의 입장에서는 견성하는 순간 공부는 끝난 것이다. 즉, 더 이상 확인해야 할 또 다른 '더 높은 법' 같은 것은 없다. 처음 견성할 때의 법은 기초적인 법이고, 보임 이후의 법은 더 고차원적인 법인 것이 아니다.

그런 면에서는 돈오이고, 돈교다. 그러나 중생들은 견성을 했다고 할지라도, 오랜 습習 때문에 자기의 본성을 확인하고서도 본성에 익숙하지 못하고 오히려 중생의 분별심에 더욱 익숙하다. 그러니 순간순간 계속해서 자기 성품과 분별 사이를 왔다 갔다 하기도 하고, 자기 생각에 속아서 끄달려 가기도 한다.

그래서 훗날 간화선을 창시한 대혜 스님께서도 '견성 이후의 공부는 낯선 곳에 익숙해지고, 익숙한 곳에 낯설어지는 과정'이라고 하셨다. 낯선 곳은 자기 성품이며 무분별이고, 익숙한 곳은 중생의 성품인 분별이다. 자기 성품에 점차적으로 익숙해지고 뿌리내리는 시간이 필요한 것이다.

이 시기를 방편으로 말하자면, 점차요, 점교라고 할 수도 있는 것이다. 그러나 그것은 어디까지나 방편일 뿐, 진실의 자리는 점차적으로 드러나는 것이 아니다. 견성의 순간 이미 문득 드러났고 그것으로 모든 확인은 끝난다. 그 이후의 공부는 자기 성품을 갈고 닦는 공부가 아니라, 중생의 습기를 조복 받는 공부다. 그러니 성품 입장에서는 점차가 아니라 돈오다.

지성 비구

● 신수는 지성志誠 스님에게 말하였다.

"너는 총명하고 지혜가 많으니 나를 위해 조계로 가서 법을 듣고 오너라. 법을 듣거든, 마음을 다해 기억했다가, 돌아와 나에게 말해다오."

지성이 명을 받고서 조계에 이르러 대중을 따라 가르침을 받았으나, 자신이 어디에서 왔는지를 말하지는 않았다. 그때 6조께서 대중들에게 말씀하셨다.

"지금 법을 도둑질하는 사람이 이 가운데 숨어 있구나."

지성이 나와 절을 하고는 전후의 사정을 말씀드리자, 6조께서 말씀하셨다.

"네가 옥천玉泉에서 왔으니, 틀림없이 염탐꾼이 맞구나?"

지성이 대답했다.

"아닙니다."

6조께서 말씀하셨다.

"어째서 아니란 말이냐?"

지성이 대답했다.

"말씀드리지 않았다면 염탐꾼이겠지만, 이미 말씀을 다 드렸으므로 염탐꾼은 아닙니다."

6조께서 말씀하셨다.

"그대의 스승은 어떻게 대중에게 법을 보여주느냐?"

지성이 대답했다.

"늘 대중들에게 '마음을 쉬고, 고요히 관하며, 오래 앉고 눕지 말라 (長坐不臥)'고 가르치십니다."

6조께서 말씀하셨다.

"마음을 쉬고, 고요히 관하는 것은 병病이지, 선禪이 아니다. 항상 앉음으로써 몸을 구속한다면, 진리를 얻는 데 어떤 이익이 있겠느냐? 나의 게송을 들어라.

살아 있을 때는 앉아서 눕지 못하고
죽어서는 누워서 앉지를 못하니
더럽고 냄새 나는 몸을 붙잡고서
어떻게 공부가 되겠는가?"

지성이 거듭 절하며 말했다.

"저는 신수 대사가 계신 곳에서 9년 동안 도를 배웠으나 깨닫지를 못했는데, 오늘 스님의 한 말씀을 듣고서 문득 본래 마음을 깨달았습니다. 저에게는 삶과 죽음의 일이 큰일이오니, 스님의 큰 자비로써 다시 가르침을 주십시오."

6조께서 말씀하셨다.

"내가 듣기로 그대의 스승은 학인들에게 계戒·정定·혜慧의 법을 가르친다고 들었다. 그대의 스승은 계·정·혜를 어떻게 설하시는지를 나에게 말해 줄 수 있겠느냐?"

지성이 말했다.

"신수 대사께서는 모든 악한 행동을 하지 않는 것이 계戒요, 모든 선한 일을 받들어 행하는 것이 혜慧이며, 스스로 그 뜻을 깨끗하게 하는 것을 정定이라고 말씀하십니다. 스님께서는 어떠한 법으로 학인들을 가르쳐 주십니까?"

6조께서 말씀하셨다.

"내가 만약 사람들에게 줄 법이 있다고 말한다면, 그것은 그대를 속이는 것이다. 다만 경우에 따라서 얽매인 것을 풀어줄 뿐이지만, 이것을 거짓으로 일러 삼매三昧라 말하느니라. 그대의 스승이 말하는 바의 그런 계·정·혜는 진실로 이상하구나. 내가 보는 계·정·혜는 그것과는 다르다."

지성이 말했다.

"계·정·혜는 다만 한 가지일 뿐인데, 어찌하여 다르다고 하십니까?"

6조께서 말씀하셨다.

"그대의 스승이 말하는 계·정·혜는 대승의 사람들을 교화하는 방편이고, 내가 말하는 계·정·혜는 최상승의 사람들을 교화하는 방편이다. 깨달음이 같지 않으므로, 자성을 보는 것 또한 느리고 빠름이 있다. 내가 설하는 법이 신수 대사의 것과 같은지를 들어보라. 나의 설법은 자성을 떠나지 않는다(不離自性). 본체를 떠나 법을 설하면 상相으로 설하는 것이고, 그것은 언제나 자성을 미혹되게 한다. 일체 만법은 언제나 자성으로부터 일어나 작용함을 알아야 하니, 이것이 바로 참된 계·정·혜의 법이다. 나의 게송을 들어라.

마음의 바탕에 그릇됨이 없으면 자성自性의 계戒요,
마음의 바탕에 어리석음이 없으면 자성의 혜慧이며,
마음의 바탕에 혼란스러움이 없으면 자성의 정定이다.
늘지도 않고 줄지도 않는 것이 자기의 금강金剛이요,
몸이 가고 오는 것이 본래의 삼매이다."

지성이 게송을 듣고 뉘우치며 6조께 용서를 빌며 게송 하나를 지어 바쳤다.

"5온은 환영과 같은 몸인데
환영이 어찌 궁극의 진실일 수 있는가?
돌이켜 진여眞如로 나아가려 하면
법이 도리어 깨끗하지 않다."

6조께서는 지성의 게송을 그럴듯하게 여기시고 다시 지성에게 말

쓴하셨다.

"그대의 스승이 말하는 계·정·혜는 작은 근기의 지혜를 가진 사람에게 권하는 것이고, 내가 말하는 계·정·혜는 큰 근기의 지혜를 가진 사람에게 권하는 것이다. 만약 자성을 깨닫는다면, 보리菩提도 열반涅槃도 세우지 않고, 해탈지견解脫知見도 세우지 않는다. 얻을 만한 한 법도 없어야, 비로소 능히 만법을 세울 수 있다. 만약 이 도리를 안다면, 곧 불신佛身이라 하고, 보리열반菩提涅槃이라고도 하며, 해탈지견이라고도 일컫는다.

견성한 사람은 법을 세워도 좋고 세우지 않아도 좋다. 오고 감에 자유롭고, 막힘도 없고 걸림도 없어, 쓸 필요가 있을 때는 쓰고, 말에 응해서는 답해 주며, 널리 화신化身을 나타내지만, 자성을 벗어나지 않으니, 곧 자재한 신통(自在神通)과 유희삼매遊戲三昧를 얻은 것이어서, 이를 일러 견성見性이라고 한다."

지성이 다시 6조께 여쭈었다.

"어떤 것이 세우지 않는다는 뜻입니까?"

6조께서 말씀하셨다.

"자성에는 그릇됨도 없고, 어리석음도 없으며, 어지러움도 없다. 순간순간 반야로 비추어 보아, 늘 법의 모습에서 벗어나면, 자유자재하게 마음대로 할 수 있는데, 세울 것이 무엇이 있겠는가?

자성이 스스로 깨달으면, 문득 깨닫고 문득 닦으니(頓悟頓修), 점차漸次가 없고, 일체의 그 어떤 법도 세우지 않는다. 모든 법이 적멸한데, 무슨 차례와 단계가 있겠는가?"

지성이 절을 올리고서 곁에서 모시는 시자侍子가 되기를 자청하였으며, 조석朝夕으로 게을리 하지 않았다.

신수의 제자였던 지성은 스승의 뜻을 받들어, 6조에게 가서 법을 듣는다. 6조께서는 지성에게 신수 스님이 어떻게 법을 보여 주는지를 물었고, 지성은 '마음을 쉬고, 고요히 관하며, 오래 앉고 눕지 말라'는 신수의 수행법을 설명한다.

이에 6조는 마음을 억지로 쉬려고 애쓰고, 고요히 관찰하려고 노력하는 것은 유위有爲이기 때문에 병病이라고 말한다. 참된 선은 그 어떤 수행법이나, 억지스런 노력이 아니다. 오래 앉고 눕지 않는 것은 몸을 구속하는 것인데, 이 공부는 몸 공부가 아니라 마음 공부이기에, 몸을 써서 진리를 얻을 수는 없다. 더럽고 냄새 나는 이 몸을 붙잡고 수행한다고 애써 봐야 참된 공부의 길은 아니다.

이 공부는 마음의 길이니, 다만 마음으로 행할 뿐, 몸으로 특정한 동작을 지속하거나, 몸으로 애쓰고 노력하는 행위 속에 있지 않다. 그렇다고 몸으로 행하는 것과는 전혀 상관없이 도가 있는 것도 아니다. 몸은 어떻게 하든, 행위를 하든 안 하든, 수행을 하든 안 하든, 좌선을 하든 안 하든 전혀 상관할 바가 아니다. 몸을 가지고 논할 것은 없다.

이 공부는 마음 공부이기에, 마음 공부만 잘한다면 앉아서 좌선을 해도 좋고 하지 않아도 좋다. 겉모습과는 전혀 상관이 없다.

6조께서는 다시 한번 신수 스님은 계·정·혜戒定慧 3학三學을 어떻게 가르치는지를 묻는다. 신수의 가르침은 일반적으로 우리가 알고 있는 방편의 계·정·혜다. 그러나 6조의 계·정·혜는 일반적인 방편의 길이 아니라, 자성을 떠나지 않고 설하는 자성의 3학이다.

마음바탕 즉, 자성에 그릇됨이 없는 것이 자성의 계다. 억지로 현실적인 도덕과 윤리를 지키려고 애쓰는 것이 참된 계가 아니라, 자성에 뿌리 내리고 있으면 저절로 그릇됨이 없으니, 곧 자성의 계다.

자성에 어리석음이 없어 자성에 밝으면 곧 혜이고, 자성에 혼란스러움이 없으면 곧 정이다.

만약 자성을 깨닫는다면, 보리도 열반도 세우지 않고 해탈지견도 세우지 않는다. 보리·열반·해탈지견이라고 할 만한, 얻을 만한 단 한 법도 없어야 능히 만법을 세울 수 있다. 억지로 중생심을 돌이켜 진여심으로 나아가려 한다면, 그것이 곧 진여를 세우는 것이어서 법이 도리어 깨끗하지 않다.

견성했다면, 법을 세워도 좋고 세우지 않아도 좋다. 아무 상관이 없다. 해도 한 바가 없기 때문이다. 세워도 세움이 없다. 오고 감에 아무런 걸림이 없다. 와도 온 바가 없고, 가도 간 바가 없기 때문이다. 막힘도 걸림도 없다. 그러면서도 쓸 필요가 있을 때는 자유자재하게 쓰고, 질문하면 응답하고, 널리 중생들의 기대에 부응하여 마땅히 화신불을 마음껏 나타내면서도 한 몸도 나타낸 바가 없다. 어떤 일을 해도 하지 않아도, 모든 것이 자성을 벗어나지 않기 때문이다. 이것이 자재 신통이고 유희삼매다.

신비한 신통력이 생기는 것이 신통이 아니라, 모든 것을 중생들처럼 다 행하지만, 마음속에서 해도 한 바가 없는 것, 그것이 바로 자재신통이다. 그러면 걸릴 것이 없고, 근심걱정이 없다. 삶 자체가 하나의 놀이가 된다. 이것이 바로 유희삼매다.

자성을 깨달으면, 문득 닦아 마치니, 그 어떤 법도 세우지 않는다. 그저 일체법이 적멸할 뿐이다. 적멸이란 완전히 끊어져 세울 만한 한 법도 없음을 의미한다. 텅 비어 아무 것도 없지만, 그러한 공 가운데 묘유妙有를 무한히 나타낸다. 나타내도 나타낸 바가 없이 나타내고, 세워도 세운 바 없이 세운다. 그러니 한 법도 세울 것이 없다. 그러니 어디에 단계와 차례를 두겠는가?

지철 비구

● 지철 스님은 강서 사람이다. 성은 장張씨요, 이름은 행창行昌이며, 어릴 적에는 의협심이 강했다. 남종南宗과 북종北宗이 나뉘어 교화하면서 비록 두 종주이신 혜능 조사와 신수 대사는 너와 나를 나누며 차별하지 않았지만, 따르는 대중들은 서로 다투면서 좋아하고 싫어하는 마음을 내었다. 그때 북종의 대중들이 스스로 신수 대사를 내세워 제6조第六祖로 삼았으며, 혜능 조사가 법의法衣를 전수받은 사실이 천하에 알려지는 것을 꺼려, 행창을 시켜 조사를 해칠 것

을 부탁하였다.

6조 대사는 타심통他心通으로 그 사실을 미리 알고 금 10냥을 자리 사이에 놓아두었다. 밤이 늦어 행창이 조실祖室로 들어와 해치려 하자 대사께서는 목을 길게 들이밀었다. 행창이 3번 칼을 휘둘렀는데 전혀 다친 바가 없었다. 대사께서 말씀하셨다.

"바른 칼은 삿되지 않고, 삿된 칼은 바르지 않다. 그대에게 황금을 빚지고 있을 뿐, 목숨을 빚지지는 않았다."

행창이 놀라서 쓰러졌다가 한참 뒤에 깨어나서는, 슬피 울며 잘못을 뉘우치고는 곧 출가하기를 원했다. 6조 대사는 금을 주며 말씀하셨다.

"그대는 우선 가거라. 대중들이 도리어 그대를 해칠까 두렵다. 그대는 훗날 모습을 바꾸어 다시 오도록 하라. 그때는 그대를 받아들이겠다."

행창은 그 뜻을 받들어 밤을 이용해 달아났다. 훗날 행창은 어떤 스님에게 의지하여 출가를 했고, 어느 날 6조의 말씀을 기억하고는 멀리서 찾아와 예를 갖추어 인사를 드렸다. 6조 대사께서 말씀하셨다.

"내가 오랫동안 너를 생각했는데, 어찌 이리 늦게 왔느냐?"

행창이 대답했다.

"지난날 스님께서 죄를 용서해 주신 은덕으로 지금 출가하여 고행을 하고 있지만 이것만 가지고서는 그 은혜를 갚을 길이 없습니다. 은혜에 보답하는 길은 오직 법을 전하여 중생을 제도하는 것에 있습니다. 저는 일찍이 『열반경』을 보았으나, 아직 상常(항상함)과 무상

無常(항상 하지 않음)의 뜻을 밝히지 못하였습니다. 스님께서 자비를 베푸셔서 자세히 설명해 주십시오."

대사께서 말씀하셨다.

"무상無常은 곧 불성이고, 유상有常은 곧 일체 선악의 모든 법에 대해 분별하는 마음이다."

행창이 말했다.

"스님의 말씀은 경문經文과는 크게 어긋납니다."

대사께서 말씀하셨다.

"나는 부처님의 심인心印을 전하거늘, 어찌 불경佛經과 어긋난다는 말이냐?"

행창이 말했다.

"경전에서는 불성이 곧 상常이라 하였는데, 스님께서는 도리어 무상이라 하시고, 경전에서는 선과 악의 모든 법과 보리심菩提心까지 모두가 무상無常하다 하였는데, 스님께서는 도리어 상常이라 하십니다. 이것이 곧 경문과 다른 것이니 저의 의혹은 더할 뿐입니다."

대사께서 말씀하셨다.

"『열반경』은 내가 옛날 무진장 스님이 한 편 독송하는 것을 듣고 그에게 강설한 적이 있다. 그때 나의 말은 한 글자 한 뜻도 경문과 어긋난 것이 없었다. 지금 그대에게도 결코 다르게 말하지 않았다."

행창이 말했다.

"저는 식견識見이 얕고 어두우니, 스님께서 자세히 말씀해 주십시오."

대사께서 말씀하셨다.

"그대는 알지 못하느냐? 불성이 만약 상常이라면, 다시 무슨 선하고 악한 모든 현상들을 말했겠는가? 나아가 불성이 항상하다면, 겁劫이 다할지라도 보리심을 발하는 사람이 한 사람도 없었을 것이다. 그런 까닭에 나는 불성을 무상이라고 했으니, 이것이 바로 부처님께서 말씀하신 참되고 항상 한 도이다.

또 일체 제법一切諸法이 무상하다면, 하나하나의 사물은 제각기 스스로의 자성이 있어서 생겨나고 사라지게 될 것이니, 참되고 항상 한 본성이 두루 미치지 못하는 곳이 있는 것이다. 그러므로 내가 일체제법이 상常이라고 말한 것은 바로 부처님께서 말씀하신 참된 무상의 뜻이다.

범부凡夫와 외도外道는 삿된 항상함에 집착하고, 모든 2승二乘들은 항상함을 무상하다고 헤아리는 등 8가지의 전도된 생각을 만들어 내기 때문에, 부처님께서는 요의교了義敎인『열반경』을 통해 그들의 치우친 견해를 타파하고자 참된 상락아정常樂我淨을 밝혀 말씀하신 것이다.

그대는 지금 말에만 의지하고 참뜻을 모른 채, 단멸斷滅에 빠진 무상함을 가지고 항상함을 죽임으로써, 부처님의 원만하고 묘한 최후의 가르침을 잘못 이해하고 있다. 그러니 비록 천 번을 읽더라도 무슨 이익이 있겠는가?"

행창이 문득 크게 깨닫고는 게송으로 말했다.

"무상無常한 마음을 지키고 있기 때문에
부처님께서는 항상하는 자성을 설하셨다.
방편을 알지 못하면
연못에서 조약돌을 줍는 것과 같다.

내가 지금 애써 공을 들이지도 않았는데
불성佛性이 눈앞에 나타났으니
이는 조사께서 주신 것이 아니요,
나 또한 얻은 바가 없구나."

대사께서 말씀하셨다.
"너는 이제 철저하게 되었으니, 이름을 지철志徹이라고 하라."
지철이 감사의 절을 올리고 물러갔다.

행창은 신수를 6조로 삼으려는 이들의 사주를 받고 혜능을
해치려 하였지만 실패하고 오히려 훗날 출가하여 다시 찾아와 6조 스
님께 법을 묻는다.
　보통 우리는 "불성은 항상하며 불변하고, 일체 선악의 모든 법은
무상하게 변해간다"고 알고 있다. 그러나 6조께서는 거꾸로 "불성은
무상하고, 일체 선악의 모든 법은 항상한다"고 말씀하신다.

말이란 전부 방편이다. '이렇다'고 말한다고 해서 '이렇다'는 것에 마음이 머물러, '이런 것'을 참된 진리라고 여기면서, '이렇지 않은 것'은 진리가 아니라고 배척해서는 안 된다.

불법은 중생들이 묶여 있는 포승줄을 풀어주는 가르침이다. 중생들은 삿된 가르침이나 삿된 생각이라는 포승줄에도 묶여 있지만, 때로는 옳은 가르침과 옳은 생각이라는 포승줄에도 묶여 있다. 사람들은 삿된 생각보다는 옳은 생각에 집착하는 것이 더 좋은 일이고, 진리라고 여기겠지만, 이 법에서는 옳은 것에 집착하는 것과 삿된 것에 집착하는 것이 똑같이 중도에서 어긋난다.

양 극단의 어느 한쪽에라도 묶여 있고 집착하여 머물러 있으면 그것이 우리를 괴롭게 만드는 포승줄이기 때문이다.

좋은 것에 집착하면 집착하는 것이 내 것이 되지 않을 때 괴롭다. 싫은 것에 집착하면 싫은 것이 내게로 자꾸만 오게 될 때 괴롭다. 결국 좋은 것이든, 싫은 것이든 사로잡히고, 묶이고, 집착하는 것은 전부 괴로움을 가져올 뿐이다. 그래서 불법에서는 불이법, 불이중도를 설한다.

취하거나 버리는 취사간택심은 전부 중생의 허망한 분별심일 뿐이다. 좋은 것을 취하는 것은 좋고, 나쁜 것을 버리는 것은 나쁜 것이 아니라, 좋은 것을 취하는 것도 나쁜 것을 버리는 것도 전부 분별이요, 취사간택심이기에 중도에서 어긋난다.

불법의 모든 법문은 이러한 취사간택심에 얽매여, 정신적인 포승줄에 묶여 있는 모든 이들의 묶인 줄을 풀어주는 역할을 한다. 그래서 해탈이란 묶여 있는 것에서 풀려난다는 뜻이다.

아무리 좋은 것이라도 거기에 묶여 있으면 그것은 괴로움이다. 부처가 아무리 좋아도 부처에 집착한다면 그는 참된 불법을 행하는 이가 아니다. 그래서 불교에서는 불성을 깨달으라고 하고서 다시 불성에 집착하는 포승줄을 끊어주기 위해 불성도 공하다고 설한다. 본래무일물本來無一物이며, 무지역무득無智亦無得이고, 열반도 없고, 불성도 없다고 설한다.

『열반경』을 비롯한 일반적인 불교의 가르침에서 열반은 항상하다고 말하지만, 6조 대사는 오히려 열반이 무상하다고 말함으로써 열반이 항상하다는 생각에 사로잡힌 중생의 포박을 풀어준다. 일체 선악의 모든 법은 무상하다고 알고 있지만, 6조 대사는 오히려 일체 선악의 모든 법은 항상하다고 설함으로써 무상하다는 데 집착하는 생각을 끊어 없애준다.

이처럼 불법은 묶여 있는 포승줄을 풀어주는 역할을 할 뿐, 정해진 진리, 절대적인 진리라는 단 하나의 '전적으로 옳은 것'은 설하지 않는다. 그것을 절대적 진리로 인정할 경우 중생들은 또 다시 그 진리에 집착함으로써 결박당할 것이기 때문이다.

이처럼 참된 선지식은 중생이 어디에 묶여 있는지를 살펴보시고, 그 묶인 실타래를 풀어주신다. 그것이 선지식의 자비로운 이끄심이다. 참된 제자라면 스승님께 자신이 궁금해 하고 풀지 못하는 과제를 말씀드리거나, 질문 드리고, 스승은 그 질문을 통해 제자가 어디에 묶여 있는지를 살피고, 곧장 그 포승줄을 풀어준다.

제자는 스스로 어디에 묶여 있는지도 모르고, 어느 정도 공부가 되고 있는지도 모르며, 어떻게 공부를 해야 할지, 어떻게 이 포승줄과 집착을 끊어 없앨지를 알 수 없다. 그저 모르고 모를 뿐으로 꽉 막혀 있을 뿐이다.

그것을 풀어 주는 역할은 오로지 선지식의 할 일이다. 제자는 이런 바른 선지식을 찾고, 찾았다면 선지식에 의지해 자신의 모든 것을 숨김없이 내보이고, 궁금한 것을 해결한다. 그것이 공부지, 앉아서 좌선하는 것만이 공부가 아니다. 그러니 제자는 더 이상 할 것이 없다. 선지식을 믿고 따르며 선지식의 가르침에 귀 기울이는 것 외에 할 것이 없다. 그럼에도 불구하고 제자는 전혀 애써 공들이지 않았는데 저절로 묶여 있던 포승줄에서 놓여나고, 불성이 눈앞에 나타나는 놀라운 일이 벌어진다. 이것이야말로 참된 무위無爲의 공부다.

이런 무위의 공부가 익을 대로 익어갈 때 비로소 제자는 지철志徹이라는 이름을 받아도 부족함이 없다.

신회 비구

● 한 동자가 있었는데, 이름은 신회神會이고, 양양襄陽 고高씨의 아들

이다. 13세에 옥천사玉泉寺로부터 6조를 찾아와 인사를 드리니 6조께서 말씀하셨다.

"먼 곳에서 고생스럽게 찾아왔는데, 근본根本은 가지고 왔느냐? 만약 근본을 가지고 왔다면 마땅히 주인공을 알 것이니 한번 말해 보거라."

신회가 말했다.

"무주無住를 근본으로 삼으니, 보는 것 그것이 곧 주인공입니다."

대사께서 말씀하셨다.

"이 사미沙彌가 어찌 함부로 경솔한 말을 하는가?"

대사께서 주장자로 세 번을 때리자, 신회가 다시 여쭈었다.

"스님께서는 좌선을 하실 때 보십니까, 보지 않으십니까?"

대사께서 말씀하셨다.

"내가 너를 때린 것이 아프냐, 아프지 않으냐?"

신회가 답하였다.

"아프기도 하고 아프지 않기도 합니다."

대사께서 말씀하셨다.

"나 역시 보기도 하고 보지 않기도 한다."

신회가 물었다.

"어떤 것이 보기도 하고 보지 않기도 하는 것입니까?"

대사께서 말씀하셨다.

"내가 보는 것은 항상 자기 마음의 허물을 보는 것이고, 보지 않는 것은 다른 사람의 옳고 그름, 좋고 싫음을 보지 않는다는 것이다.

그러니 보기도 하고 보지 않기도 한다. 네가 말한 아프기도 하고 아프지 않기도 하다는 것은 어떤 것이냐? 네가 만약 아프지 않다면 목석木石과 같은 것이고, 아프다면 범부와 같으니 마땅히 화가 나고 원통한 생각을 일으킬 것이다. 네가 앞서 말한 보는 것과 보지 않는 것은 양변兩邊이고, 아프고 아프지 않은 것은 곧 생멸生滅이다. 너는 아직 자성을 보지도 못했으면서 어찌 감히 희론戲論을 하느냐?"

신회는 절을 올리고 깊이 뉘우치며 용서를 빌었다.

대사께서 다시 말씀하셨다.

"네가 만약 마음이 어리석어 자성을 보지 못하였다면, 선지식에게 물어서 길을 찾아야만 한다. 또 네가 만약에 마음을 깨달았다면, 곧 스스로 자성을 보았으므로 여법하게 수행할 것이다. 너는 스스로 어리석어 자기 마음을 보지 못하였으면서도, 도리어 나에게 보는지 보지 않는지를 묻는 것이냐? 내가 보는 것은 내 스스로가 알 뿐이니, 어찌 너의 어리석음을 대신할 수 있겠느냐? 또한 네가 만약 스스로의 자성을 보았다고 하더라도, 역시 나의 어리석음을 네가 대신할 수 없다. 어찌 스스로 알지도 못하고, 스스로 보지도 못하면서, 나에게 보는지 보지 않는지를 묻느냐?"

신회가 거듭 절하기를 백여 번을 한 다음 허물을 사죄하였으며, 정성을 다해 조사를 시봉하며 모시고 곁을 떠나지 않았다.

어느 날 조사께서 대중에게 이르셨다.

"나에게 한 물건이 있는데, 머리도 없고 꼬리도 없으며, 이름도 없고 글자도 없으며, 앞도 없고 뒤도 없다. 그대들은 알겠는가?"

신회가 앞으로 나와서 말했다.

"이는 모든 부처님의 본원本源이요, 저 신회의 불성입니다."

대사께서 말씀하셨다.

"그대에게 이름도 없고 글자도 없다고 말했거늘, 그대는 '본원이요, 불성'이라고 말하는구나? 네가 앞으로 개당開堂하여 한 곳을 관장하는 종사宗師가 되더라도 한낱 지해종도知解宗徒밖에 되지 못할 것이다."

신회는 훗날 낙양洛陽으로 들어가 크게 조계의 돈교頓敎를 널리 펴고, 『현종기顯宗記』라는 책을 써서 후세에 남겼다.

6조 대사는 여러 종파의 문도들이 나쁜 마음을 가지고 조사의 밑으로 모여들어 따져 물으며 비난하는 것을 보시고, 이들을 불쌍히 여겨 말씀하셨다.

"도를 배우는 사람이라면 일체의 좋고 나쁜 모든 생각을 마땅히 모두 없애야 한다. 무엇이라고 이름 붙일 만한 것이 없는 것을 일러 자성自性이라 하고, 둘이 없는 성품을 일러 참된 본성(實性)이라고 한다.

이 진실한 본성 위에 모든 가르침의 문을 세우니, 언하言下에 문득 스스로 보아야 한다."

모든 사람들이 이 말씀을 듣고 모두 절을 하면서, 조사를 스승으로 모시고자 청하였다.

무주無住, 즉 머물지 않는 것을 근본으로 삼으니, 보는 것 그 것이 곧 주인공이다. 틀린 말은 아니다. 그러나 스스로 자성을 확인하지 않고서 머리로 이해하여 이런 말을 했다면 그것은 참되지 못하다. 무주를 근본으로 삼는다고 하는 그 말에도 머물러서는 안 된다.

　　견성하지 못한 신회가 말한다면, 보기도 하고 보지 않기도 한다거나, 아프기도 하고 아프지 않기도 한다는 말이 곧 양 극단으로 떨어진 말이며, 생멸심이어서 진실하지 않지만, 6조께서 말씀하신다면 보기도 하고 보지 않기도 한다는 말과, 아프기도 하고 아프지 않기도 하다는 말이 전부 불이중도를 드러낸 말로서 진실하다.

　　말은 어차피 모두 다 방편이다. 어느 한쪽에 치우친 마음을 중도로 이끌기 위한 임시방편일 뿐이다. 그러니 방편을 올바르게 쓴다면 어떤 말이든 그것이 그 사람에게, 그 시점에, 그 맥락에서 올바를 수 있겠지만, 방편에 스스로 치우쳐 있다면 그것은 어떤 말이든 바르지 못하다. 이처럼 아무리 옳은 말이라고 해도 그것은 그 상황과 맥락 속에서만 옳을 수 있는 임시적인 방편일 뿐이다. 그럼에도 자성을 보지 못한 자가 견성을 흉내 내고, 진실을 흉내 내는 말을 했다면, 그 말이 아무리 올바른 방편이라 할지라도 희론戱論일 뿐이다.

　　어느 날 조사께서 '한 물건'을 묻자, 신회는 '모든 부처님의 본원이요, 신회의 불성이다'라고 답했으나, 그 또한 자성을 보지 못하고 한 말이라면 한낱 알음알이로 법을 공부하는 어리석은 자일 뿐이다. 그처럼 알음알이와 분별심으로 불법을 해석해서 공부하는 이를 선에서는 지해종도라고 하여 매우 비판한다.

이 공부는 알음알이로 해석하고 이해해서 아는 공부가 아니다. 이 공부는 일체의 좋고 나쁜 생각을 마땅히 모두 없애야 한다. 아무리 그럴듯한 말로 불법을 해설하거나, 방편을 설하더라도, 스스로 자성을 확인하지 못했다면, 그 말은 여전히 지해종도의 삿된 견해일 뿐이다.

이 공부는 참된 본성 위에 세우는 가르침이니, 머리로 이해할 것이 아니라, 오로지 본성을 확인하겠다는 발심 하나로 꽉 막혀 있다가, 법문을 듣고 언하에 문득 스스로 볼 뿐이다.

당나라 조정의 초청

● 신룡神龍 2년(706) 정월 대보름날, 측천무후則天武后와 중종中宗이
조사祖師께 조서詔書를 보내왔다.

"짐이 혜안慧安 국사와 신수神秀 대사 두 스님을 청하여 궁중에서
공양을 모시며, 온갖 일들로 바쁜 틈틈이 항상 일승一乘을 탐구하
여 왔습니다. 그런데 두 스님께서 사양하면서 말씀하시기를, '남방
에 혜능 선사가 있으니 홍인 대사의 옷과 법을 비밀리에 전해 받고,
부처님의 심인心印을 전하고 있으니, 그를 청하여 물어 보시는 것이
좋겠습니다'라고 하였습니다. 그리하여 내시內侍 설간薛簡을 보내어
조서를 전하여 모시기를 청하오니, 대사께서는 자비로운 마음으로
빠른 시일에 서울로 와 주시기를 바랍니다."

대사께서는 병을 핑계로 초청을 사양하고, 산중에서 죽을 때까지 지내기를 바란다는 표表를 올렸다.

설간이 말했다.

"서울에 있는 모든 대덕大德 선승禪僧들은 모두 말하기를, '도를 알고자 한다면 반드시 좌선하여 선정을 익혀야 한다. 선정을 닦지 않고 해탈을 얻은 자는 없다'라고 하는데, 대사께서 말씀하시는 법은 어떻습니까?"

혜능 대사께서 말씀하셨다.

"도는 마음으로 깨닫는 것인데, 어찌 앉는 것에 도가 있겠습니까? 경전에서 설하길, '만약 여래가 앉거나 눕는다고 말한다면 이는 삿된 도를 행하는 것이다. 무슨 까닭인가? 여래는 오는 바도 없고, 또한 가는 바도 없기 때문이다'라고 하였습니다. 생도 없고 멸도 없는 것이 여래의 청정선이요, 모든 법이 텅 비어 고요한 것이 여래의 청정한 자리입니다. 마침내는 깨달음도 없는데, 하물며 어찌 앉음이겠습니까?"

설간이 말했다.

"제가 서울로 돌아가면 임금께서 반드시 물으실 것입니다. 원하오니 스님께서는 자비로써 심요心要를 가르쳐 주십시오. 황후와 임금께 전하여 올리고, 서울의 도를 배우려는 사람들에게도 전하겠습니다. 법을 전하되, 마치 하나의 등불이 수천 수만의 등으로 나뉘어 불이 붙어 어두운 곳이 모두 밝아져서 밝음이 끝없는 것과 같이 하겠습니다."

대사께서 말씀하셨다.

"도에는 밝음과 어두움이 없습니다. 밝고 어두움은 서로 상대적인 의미입니다. 밝고 밝아 다함이 없다고 할지라도 역시 끝이 있게 마련입니다. 상대하여 세운 이름이기 때문입니다. 『유마경』에 이르기를, '법은 비교할 수 없으니, 상대가 없기 때문이다'라고 하였습니다."

설간이 말했다.

"밝음은 지혜를 비유하고, 어둠은 번뇌를 비유합니다. 도를 닦는 사람이 만약 번뇌를 지혜로 비추어 없애지 않는다면, 끝없는 생사 윤회를 무엇에 의지하여 벗어나겠습니까?"

대사가 말씀하셨다.

"번뇌가 곧 보리이니, 이는 둘도 없고 다름도 없습니다. 만약 번뇌를 지혜로 비추어 없앤다고 한다면, 이것은 2승二乘의 견해로서, 양의 수레나 사슴의 수레의 근기와 같습니다. 지혜가 뛰어난 대근기라면, 전혀 이와 같지 않습니다."

설간이 말했다.

"그렇다면 어떤 것이 대승의 견해입니까?"

대사께서 말씀하셨다.

"밝음과 밝지 않음을 범부는 둘로 보지만, 지혜로운 자는 그 자성이 둘이 아님을 깨닫습니다. 둘 없는 자성이 바로 진실한 자성입니다. 진실한 자성은 어리석은 범부라고 해서 줄어들지도 않고, 지혜로운 성인이라고 해서 늘어나지도 않으며, 번뇌 속에서도 어지럽지 않고, 선정 속에서도 고요하지 않습니다. 단멸도 아니고 상주도 아니며(不斷不常), 오고 가는 것도 아니고(不來不去), 중간에 있지도 않고 안팎에 있지도 않으며, 나지도 않고 멸하지도 않습니다(不生不滅). 자성과 모습이 한결같아 늘 머물러 변하지 않는 것을 일러 도道라고 합니다."

설간이 말했다.

"조사祖師께서는 불생불멸不生不滅을 설하시는데, 외도外道의 불생불멸과는 어떻게 다릅니까?"

대사께서 말씀하셨다.

"외도가 말하는 불생불멸이란, 생을 멈추는 것이 멸이고, 멸로부터 다시 생이 나타나는 것이니, 멸은 오히려 멸이 아니요, 생하였다고 설하지만 생하는 것이 아닙니다. 내가 말하는 불생불멸은 본래 생이 없고, 지금 또한 멸도 없습니다. 그러므로 외도와는 같지 않습니다.

그대가 심요心要를 알고자 한다면, 다만 일체의 선악을 헤아리지 마십시오. 그러면 저절로 청정한 마음의 본체로 들어가나니, 깨끗한 마음의 본체는 맑고 고요하며 묘한 작용이 끝이 없습니다."

설간이 가르침을 받고서 문득 크게 깨달아 조사께 절하고 감사의 예를 올렸다. 그리고는 대궐로 돌아가 조사의 말씀을 표表로써 아뢰었고, 그해 9월 3일 황제는 조서詔書를 내려 조사를 찬양하며 말했다.

"대사께서는 늙음과 병을 핑계 삼아 짐의 청을 사양하셨으면서도 짐을 위해 도를 닦으시니 이 나라의 복전福田이십니다. 대사야말로 마치 유마 거사가 병을 핑계 삼아 비야리성에서 대승을 널리 펴고 부처님의 마음법을 전하며 불이법不二法을 설한 것과 같습니다.

설간으로부터 대사께서 가르쳐 주신 여래의 지견을 전해 들었습니다. 짐은 선善을 쌓은 공덕과 오랜 선근善根의 덕분인지, 마침 스님께서 세상에 나타나셔서 설하시는 최상승의 돈오법문을 만났으니, 스님의 은혜에 감사드리며 머리 위로 우러러 받드옵니다."

아울러 붉은색 비단으로 만든 가사袈裟와 수정水晶으로 만든 발우鉢盂를 바치고는, 소주韶州의 자사刺史에게 명하여 사찰을 보수하게 하고, 대사의 옛 거처를 국은사國恩寺라 부르게 하였다.

중종과 측천무후가 설간을 보내 대사께 서울로 와 주시기를 간청하지만 병을 핑계로 가지 않자, 설간을 보내 법을 묻는다.

서울에 있는 모든 대덕 선승들은 모두 "도를 알고자 한다면 반드시 좌선하여 선정을 익혀야 한다"고 말하는데 대사의 법은 어떠한지를 여쭌다.

'서울에 있는 모든 대덕 선승'이 바로 지금 우리 불교계 대부분의 승속에서 함께 가르치는 바다. 그때뿐만 아니라 지금까지도 모든 대덕스님들은 대부분 "좌선하여 선정을 닦지 않고서는 해탈하지 못한다"고 가르친다.

여기 6조 혜능 대사의 명명백백한 답변이 이렇게 있음에도 불구하고 조계의 후예들이 어찌 이 말을 귀담아 듣지 않는 것일까? 6조 스님의 이 말씀은 오히려 방편으로 한 말이니, 그 말은 흘려 듣고, 그래도 여전히 좌선과 선정은 닦아야 한다고 말할 것인가?

이 말은 단순히 좌선하지 말라는 말이 아니라, 법의 본질이 무엇인지를 안내하는 아주 중요한 선의 실천이다. 그래서 『육조단경』을 비롯해 수많은 선어록에서는 좌선·관심·수행 등을 끝끝내 비판하고 있는 것이다. 분명한 그 이유가 있다.

도는 마음으로 깨닫는 것이지, 몸으로 앉는 것의 문제가 아니다. 앉을 것도 없고, 앉지 않을 것도 없다. 앉을 것이냐 설 것이냐, 걸을 것이냐, 누울 것이냐는 전혀 상관할 바가 아니다. 몸의 모양을 중요시여긴다면 삿된 도를 행하는 것이다. 여래는 와도 오는 바가 없고, 가도 가는 바가 없다. 앉아도 앉는 바가 없고, 서도 선 바가 없다. 이 법에는 생멸이 없고, 텅 비어 고요한 자리이지만, '생멸이 없고 텅 비어 고요하다'를 붙잡아서도 안 된다.

마침내는 깨달음도 없다. 『반야심경』에서도 '무지역무득 이무소득고無智亦無得 以無所得故'라고 하여, 지혜도 없고, 깨달음을 얻음도 없으니, 본래 얻을 바가 없기 때문이라고 하였다. 이처럼 한 법도 얻을 바가 없는데 어찌 앉음을 말하겠는가?

대사께서 말씀하신다. 중생들은 자신을 지혜가 없어 어둡고 어리석다고 여기기 때문에 수행을 통해 지혜를 증득하여 밝게 깨달아 해탈을 누리고자 한다. 무명에서 지혜로, 어둠에서 밝음으로 나아가고자 한다. 그러나 도에는 본래 밝음과 어둠이 따로 없다고 설하신다. 『유마경』에도 법은 비교할 수 없으니, 상대가 없기 때문이라고 하였듯, 상대하여 세운 이름은 모두 참이 아니다. 밝음이 곧 어둠이고, 번뇌가 곧 보리다.

수많은 중생들과 수많은 수행자들은 어둠에서 밝음으로 나아가고자 하고, 번뇌를 버리고 보리를 얻고자 한다. 그러나 참된 불이중도에서는 중생과 부처가, 번뇌와 보리가 둘이 아니다.

이렇듯 둘로 나누는 이승二乘의 견해는 『법화경』에서 비유한 양의 수레나 사슴의 수레와 같으니, 대근기라면 그 모든 양 변의 방편을 버리고 대백우거大白牛車라는 일불승一佛乘에 귀의할 일이다. 물론 이 또한 삼승과 이승을 버리고 일불승을 선택하고자 하면 그 또한 양 변이어서 중도가 아니다.

둘 없는 자성이야말로 참된 자성이다. 참된 자성은 늘어나거나 줄어들지도 않고, 번뇌 속에서도 어지럽지 않고, 선정 속에서도 고요하지 않다. 혼란의 한 가운데에 고요함이 함께 있고, 선정의 한 가운데 번뇌가 함께 있지만, 그 어느 것도 취하지 않는다. 그 둘이 전혀 둘이 아니다.

참된 불이중도는 상주나 단멸도 아니고, 오거나 가는 것도 아니고, 중간이나 안팎도 아니며, 나지도 멸하지도 않는다. 자성은 이처럼 여여如如하여 변하지 않으니 이것이 곧 도다.

참된 불생불멸은 생과 멸이 따로 없다. 생이 있는 바로 그 자리에 멸이 있고, 멸과 동시에 생이 있어서, 생과 멸이 둘이 아니다.

법문을 상대하여 보임

● 6조 대사께서 하루는 제자 법해法海, 지성志誠, 법달法達, 신회神
會, 지상智常, 지통智通, 지철志徹, 지도志道, 법진法珍, 법여法如 등
을 불러서 말씀하셨다.

"그대들은 다른 사람들과는 같지 않으니, 내가 죽은 뒤에 각자 한
지방의 스승이 될 것이다. 내가 이제 그대들에게 법을 설하는 방
법을 가르쳐서, 근본의 종지宗旨를 잃어버리지 않도록 하겠다.

먼저 3과법문三科法門을 제시하고, 36가지 상대법(三十六對法)을
사용하되 드러내고 감출 때에는 양 극단을 벗어나거라. 일체 모든
법을 설하면서 늘 자성에서 벗어나지 말아라.

만약 어떤 사람이 너희에게 법을 묻는다면, 모두 짝을 이루게 하
여 상대법(對法)을 사용하되, 그 두 가지의 생겨나고 사라짐이 서
로를 원인으로 인연 따라 생멸함을 보이면 마침내 상대되는 두 법

이 모두 제거되어 다시 갈 곳이 없을 것이다.

3과법문三科法門이란 음陰·계界·입入이다. 음陰이란 5음五陰이니, 색·수·상·행·식이다. 입入은 12입十二入이니, 바깥의 6진六塵인 색·성·향·미·촉·법과 안의 6문六門인 안眼·이耳·비鼻·설舌·신身·의意이다. 계界는 곧 18계十八界이니, 6진六塵·6문六門·6식六識이다.

자성은 만법을 능히 머금고 포함하기 때문에 함장식含藏識이라 한다.

만약 생각으로 헤아리기 시작하면, 이것이 곧 전식轉識*이다. 8식이 7식과 6식으로 전변轉變하니, 6식六識이 생기고 6문六門으로 나아가 6진六塵을 만난다.

이와 같이 18계十八界는 모두 자성으로부터 일어나 작용한다. 자성이 만약 삿되면 18계가 모두 삿되어지고, 자성이 만약 바르면 18계가 모두 바르게 된다.

나쁜 마음을 품고 쓰면 곧 중생의 작용이고, 선한 마음을 품고 쓰면 곧 부처의 작용이다. 작용은 무엇으로 말미암는가? 자성으로부터 말미암는다.

대법對法에는 바깥 경계인 무정물無情物에 5가지 상대가 있으니, 하늘과 땅, 해와 달, 밝음과 어둠, 음과 양, 물과 불 등이 서로 더불어 상대가 된다.

● 전식轉識: 제8식인 아뢰야식을 제외한 안·이·비·설·신의 6식과 말나식인 7식.

법상法相과 관련된 말에도 12가지 상대가 있으니, 말과 말이 지칭하는 대상, 있음과 없음, 유색有色과 무색無色, 유상有相과 무상無相, 유루有漏와 무루無漏, 색色과 공空, 움직임과 고요함(動靜), 맑음과 탁함(淸濁), 범부凡夫와 성인聖人, 승僧과 속俗, 늙음과 젊음(老少), 크고 작음(大小)이 그것이다.

자성이 작용을 일으킴에도 19가지 상대가 있으니, 길고 짧음(長短), 삿됨과 바름(正邪), 어리석음과 지혜로움(痴慧), 우둔함과 똑똑함(愚智), 혼란과 안정(亂定), 계율을 지킴과 어김(戒非), 곧음과 굽음(直曲), 실제와 허구(實虛), 험난과 평탄(險平), 번뇌煩惱와 보리菩提, 항상함(常)과 무상함(無常), 자비와 해악(慈毒), 연민하는 마음과 해치려는 마음(悲害), 기쁨과 성냄(喜瞋), 집착 없는 마음과 아끼는 마음(捨慳), 나아감과 물러남(進退), 생겨남과 소멸함(生滅), 법신法身과 색신色身, 화신化身과 보신報身 등이 그것이다.

대사께서 말씀하셨다.

"이 36대법三十六對法을 만약 쓸 줄 안다면, 곧장 모든 경전과 법을 관통하고, 나오고 들어감(出入)에 양 변을 떠나며, 늘 자성을 움직여 쓸 수 있다. 또한 남들과 말을 할 때는 밖으로 모습에서 모습을 떠나고, 안으로는 공에서 공을 벗어난다. 만약 온통 상相에만 집착한다면 사견邪見만 키울 것이고, 온통 공空에만 집착한다면 무명無明만 키울 것이다.

공에 집착하는 사람은 경전을 비방하면서 곧바로 문자를 쓰지 않는다고 말하지만, 이미 문자를 쓰지 않는다고 하면서 말하고 있으니, 그 말마저 벌써 문자의 모습이기 때문에, 스스로 한 말과 합치되지 않는 것이다."

다시 말씀하셨다.

"도는 문자를 세우지 않는다고 곧장 말하지만(不立文字), 이 세우지 않는다(不立)는 두 글자 역시 문자이다. 남들이 말하는 것을 보고 곧 그를 비방하며 문자에 집착한다고 말하지만, 그대들은 모름지기 알라. 스스로 어리석은 것은 괜찮으나, 다시 부처님의 경전을 비방해서는 안 된다. 경전을 비방하는 죄업의 장애는 헤아릴 수 없이 크다.

만약 상相에 집착하여 밖으로 법을 만들어 진리를 구하거나, 혹은 절을 크게 세우고서 있느니 없느니 하는 허물을 말한다면, 이러한 사람은 아무리 오랜 세월을 지나도 견성할 수 없다.

다만 법문을 듣고 법에 의지해 수행할 뿐, 다시 그 어떤 것도 생각하지 않아서, 깨달음의 성품을 가로막지 않도록 하라. 만약 법을 듣고도 수행하지 않는다면, 사람들로 하여금 도리어 삿된 생각을 내게 할 뿐이다. 단지 법에 의지해 수행하고, 상相에 머물지 말고 법을 베풀도록 하라.

그대들이 만약 깨달아 이것에 의지하여 설(依此說)하고, 이것을 의지하여 쓰고(依此用), 이것에 의지하여 행(依此行)하며, 이것을 의지하여 지으면(依此作) 근본 종지를 잃지 않을 것이다.

만약 누군가가 그대들에게 법을 묻는다면, 있음을 물으면 없음으로써 대답하고, 없음을 물으면 있음으로써 대답하며, 범부를 물으면 성인으로써 대답하고, 성인을 물으면 범부로써 대답하라. 두 말이 서로 인연이 되게 하여 중도의 뜻을 잃지 않도록 하라.

그대들은 한 번 물음에 한 번 답하되, 나머지 물음에 대해서도 한결같이 이처럼 한다면, 도리를 잃지 않을 것이다.

가령 어떤 사람이 '무엇이 어두운 것인가?' 하고 물으면, '밝음이 인因이요, 어둠은 연緣이니 밝음이 사라지는 것이 곧 어둠이다'라고 답하여라. 이와 같이 밝음으로써 어둠을 드러내고, 어둠으로써 밝음을 드러냄으로써, 오고 감에 서로 원인이 되어 중도의 뜻이 저절로 성취되도록 하라.

나머지 다른 물음에 대해서도 모두 이와 같이 하라. 그대들이 훗날 법을 전할 때에는 마땅히 이와 같이 가르치고 전하여 종지를 잃지 않도록 하라.”

6조께서 제자들을 불러 장차 한 지방의 스승이 되어 법문을 펴야 할 제자들에게 법문하는 방법을 설한다.

법문에서 가장 중요한 것은 상대법을 사용하여 불이중도를 밝히는 것이다. 상대법에는 무정물과 관련하여 하늘과 땅, 해와 달, 밝음과 어둠 등의 5가지, 법상과 관련하여 12가지, 자성의 작용을 일으킴에 19가지 등 총 36가지의 상대법이 있다.

상대법이란 곧 연기법이며, 연기중도요, 불이중도를 말한다. 서로 상대되는 두 가지 법이 '이것이 있으므로 저것이 있고, 저것이 있으므로 이것이 있음'을 밝힘으로써 그 두 가지는 서로 인연하여 생겨난 것일 뿐 실체가 없음을 밝혀 그 두 가지가 전부 공함을 드러내는 것이다. 그럼으로써 수행자는 '이것'에도, '저것'에도 머물지 못하고, 집착하지 못하여, 갈 길이 끊어진다.

예를 들어 한 제자가 '불성은 있습니까?' 하고 물으면, '없다'고 대답하고, '불성은 없습니까?'라고 물으면, '있다'라고 대답함으로써 그 제자가 치우쳐 있는 있고 없음의 집착에서 벗어나게 해 준다. 불성에 집착해 있는 이에게는 불성도 없다는 방편으로 불성에 대한 집착을 제거해 주고, 불성이 없다는 데 집착해 있는 이에게는 불성이 있다는 방편으로 없다는 집착을 깨주는 것이다. 그럼으로써 불성이 있다는 데도, 없다는 데도 머물지 못하게 하여 불이중도를 드러낸다.

'있다'는 것은 곧 '없다'를 의지해서 만들어진 상대적인 개념일 뿐이다. '있음'이 생겨나면 곧 그 있음에 기대어 '없음'도 생겨나고, '있음'이 사라지면 곧 '없음'도 함께 사라진다. 이처럼 '있음'과 '없음'이 서로 인연 따라 연기적으로 생겨난 것이니, 그 양변 어디에도 머물러 집착하지 않는다면, 있고 없음의 양변이 사라지고 중도가 드러난다.

길고 짧음이란 정해진 실체가 아니다. 그 두 가지 개념은 서로를 의지해 생겨날 뿐이다. 긴 것이 있으면 그것과 비교해서 짧은 것이 있고, 짧은 것이 있으면 그것과 비교해서 긴 것이 생겨난다. 길고 짧은 것은 서로를 인연으로 하여 임시적으로 생겨난 개념일 뿐, 본래 길거나 짧은 것은 그 실체가 없다.

삿됨과 바름, 어리석음과 지혜로움, 번뇌와 보리, 밝음과 어둠 등의 상대법도 마찬가지다. 본래부터 삿됨이 있는 것이 아니라 바름이라는 말에 상대하여 삿됨이 성립될 뿐이다. 어리석음이라는 개념이 생겨날 때 그와 상대하여 지혜로움이라는 상대적인 개념이 생겨날 뿐, 본래 어리석음과 지혜로움이 정해져 있는 것은 아니다.

스스로 중생이라 하고 어리석고 삿되며 어둡고 번뇌가 많다고 집착하는 이에게는 '당신이 바로 부처이며, 당신의 근원은 본래 지혜롭고 바르며 밝고 깨달음 그 자체다'라고 설해 줌으로써 중생이라는 한쪽의 극단에 치우치지 못하게 가르침을 준다. 또한 스스로 부처라는 데 치우쳐 있는 사람에게는 중생을 드러내 줌으로써 부처도 아니라고 설한다.

부처라는 것도 하나의 개념일 뿐이다. 중생이라는 개념이 생겨날 때 부처라는 개념도 함께 생겨날 뿐이다.

묶여 있는 이가 있어야 풀려난 이도 생겨날 수 있는 것과 같다. 묶여 있는 자와 풀려난 자는 서로를 인연으로 하여 상대적으로 생겨나고 서로를 인연으로 하여 사라질 뿐이다. 이처럼 인연 따라 생겨나는 모든 것들은 서로를 인연으로 하여 생겨나고 사라지는 연기법의 존재이며, 인연가합의 임시적 존재이고, 생겨나면 사라지는 생멸법의 존재일 뿐이다. 연기법, 생멸법의 존재에는 그 어떤 실체도 없다. 다만 상대를 인연으로 하여 잠깐 거짓으로 생겨났다가 사라질 뿐. 그러니 어디에도 집착할 바가 없고, 머물 것도 없다.

이처럼 중생이 어디에 치우쳐 있는지를 보고, 그 상대법을 설해 줌으로써, 그것이 인연 따라 생겨난 허망한 개념일 뿐임을 깨닫게 하여 그 어느 쪽에도 머물지 못하고, 집착하지 못하게 만들어, 일체의 분별을 없애 주는 것이야말로 연기법의 법문이고, 불이중도不二中道의 가르침이다.

중생의 실체적인 관념을 깨뜨리고, 자성을 드러내 주기 위한 또 하나의 중요한 방편의 가르침이 있으니, 그것이 바로 3과법문三科法門이다. 쉽게 말하면 5온五蘊, 12처十二處, 18계十八界의 가르침이다.

일체 삼라만상과 인간을 정신적인 네 가지와 물질적인 한 가지로 구분한 것이 색·수·상·행·식 5온五蘊이고, 인식 주관과 객관을 각각 6가지로 구분한 것이 12처十二處이며, 거기에 6가지 의식을 더해 18계十八界가 된다. 이 우주 삼라만상을 3과법문으로 설명하고 있다.

그런데 이 온처계蘊處界 모두가 결국 하나의 자성으로부터 일어나 작용한다는 것이다. 하나의 바다에서 수많은 파도가 일어나듯, 5온·12처·18계가 전부 수많은 파도일 뿐이지만, 결국 하나의 바다로서 일여一如하다.

바다가 모든 파도를 품고 있듯 자성은 만법을 능히 머금고 포함하기 때문에 함장식이라고도 한다. 제8식 아뢰야식이 일체의 모든 업의 종자를 품고 있다는 의미와 여기에서는 완전히 다른 의미로 사용된다. 여기에서는 함장식을 자성으로 보았다. 만약 생각으로 헤아리기 시작한다면 그것이 곧 온갖 의식, 분별심으로 전변轉變하여 근경식根境識이라는 18계를 생겨나게 하는 것이다.

3과법문을 설하는 이유는 5온·12처·18계가 각각 낱낱이 자성이 없으며, 실체가 없이 인연 따라 생겨났다가 사라지는 허망한 생멸법일 뿐이기에 진정한 자아라고 할 수 없다는 것을 설명하기 위함이다. 5온·12처·18계는 무아無我다. '나'라고 할 만한 고정된 실체가 없음을 살펴보는 초기불교부터 이어져 내려온 가르침이다.

우리가 '있다', '존재한다', '나다'라고 여기는 일체 모든 것이 바로 5온·12처·18계이고, 그것은 전부 실체가 아니며, 나도 아니다. 이 모든 것들은 다만 바다 위에 인연 따라 파도가 잠깐 치고 사라지듯이, 자성이라는 바다 위에서 잠깐 일어나는 파도와 같다.

이와 같이 '나'라는 존재의 허망함, 이 우주의 허망함을 본다면 자아에도 집착하지 않고, 우주 삼라만상에도 집착하지 않게 될 것이다. 아상과 법상, 아집과 법집이 사라진다.

이와 같이 6조 스님께서는 제자들에게 상대법과 근경식의 3과법문을 통해 일체중생을 교화하도록 이끄신다.

부촉하여 유통함

● 대사께서는 태극太極 원년元年 임자壬子(712) 7월에 문인들에게 신
주新州 국은사國恩寺로 가서 탑을 세울 것을 명하시고, 공사를 재
촉하여 다음해 여름에 낙성을 하였다. 7월 1일 대중을 모으고 말
씀하셨다.

"8월이 되면 나는 이 세상을 떠나고자 한다. 혹여 의심나는 것이
있거든 미리 묻도록 하라. 그대들의 의심을 부수어 어리석음이 끝
나도록 하겠다. 내가 가고 난 뒤에는 너희를 가르칠 사람이 없을
것이다."

법해 등이 그 말을 듣고 모두 눈물을 흘리는데, 오직 신회만이 마
음이 움직이지 않았고, 또한 울지도 않았다.

대사께서 말씀하셨다.

"어린 신회는 도리어 좋은 일과 좋지 않은 일이 같음을 알고, 비난

과 칭찬에 흔들리지 않으며, 슬픔과 기쁨을 내지 않는데, 나머지 사람들은 그렇지 못하구나. 너희들은 수년 동안 산중에 있으면서 무슨 도를 닦은 것이냐? 너희들이 지금 슬피 우는 것은 누구를 걱정하는 것이냐? 만약 내가 가는 곳을 알지 못해 걱정한다면, 나는 스스로 내 갈 곳을 알고 있다. 내가 만약 갈 곳을 알지 못한다면, 그대들에게 미리 알리지 못했을 것이다. 그대들이 슬퍼하는 것은 아마도 내가 갈 곳이 어딘지를 알지 못하기 때문일 것이나, 만약 내가 갈 곳을 안다면 슬퍼할 필요가 없을 것이다. 법성法性에는 본래 나고 죽음도 가고 옴도 없다.

그대들은 모두 앉아 보라. 내가 그대들에게 게송을 하나 설해줄 것이니, 그 이름은 진가동정게眞假動靜偈이다. 너희들이 이 게송을 외우면 나와 뜻을 함께하는 것이며, 이것에 의지해 수행하면 종지를 잃지 않을 것이다."

대중이 절을 하고 대사께 게송을 말씀해 주시길 청하자 게송을 설하셨다.

"일체 모든 것에 참된 것은 없으니,
참된 것을 보려 하지 말라.
만약 참된 것을 보았다면,
그것은 모두 참이 아니다.

만약 스스로에게 능히 참됨이 있다고 한다면

거짓을 여읜 마음이야말로 참된 것이다.
자기 마음이 거짓을 여의지 못했다면
참이 아니니, 그 어디에 참됨이 있겠는가?

유정有情이라면 움직이지만
무정無情은 움직이지 못하니
만약 부동행不動行을 닦는다면
무정물無情物의 부동不動과 같을 것이다.

만약 참으로 부동을 찾는다면
움직임 위에 움직이지 않음(不動)이 있다.
움직이지 않는 것이 부동이라면
무정물에는 부처의 씨앗이 없을 것이다.

능히 모양을 잘 분별하지만
첫 번째 자리(第一義)에서 움직이지 않는다.
오직 이와 같이 보고 행하면
곧 진여의 작용이다.

도를 배우는 모든 이들에게 말하나니
모름지기 노력하여 도에 뜻을 품으라.
대승大乘의 문門에서

도리어 생사生死의 지혜에 집착하지 말라.

만약 언하言下에 곧장 상응相應한다면
더불어 부처의 뜻을 논할 수 있지만,
만약 참답게 상응하지 못했다면
합장하여 환희심이 나도록 하겠노라.

이 선종에는 본래 다툼이 없으니
다툰다면 곧 도의 뜻을 잃는다.
법문에 집착하고 그릇되게 다투면
자성이 생사에 떨어지고 만다.”

게송을 들은 대중들은 모두 일어나 절을 하고 함께 조사의 뜻을 받들었으며, 각자 마음을 가다듬고 법에 따라 수행하였으므로 감히 다투는 일은 없었다.
대사께서 세상에 오랫동안 머물지 않으실 것을 안 상좌 법해法海가 거듭 절하며 여쭈었다.
“스님께서 돌아가신 뒤에 법의法衣와 법法은 누구에게 부촉付屬하시겠습니까?”
대사께서 말씀하셨다.
“내가 대범사에서 법을 설한 이래 지금에 이르기까지 한 설법을 간추려 적어 널리 전하되, 그 이름을 『법보단경法寶壇經』이라고 하

라. 너희는 이 경을 잘 지키고 번갈아 전해 주어 모든 중생들을 제도하라. 이 법에 의지해 설하기만 한다면, 그것을 바른 법이라 할 것이다. 지금 그대들에게 법을 설하지만, 법의法衣를 전하지 않는 것은, 너희의 믿음과 근기가 순숙純熟하여 결정코 의심 없이 큰 일을 감당할 수 있기 때문이다. 또한 앞의 조사이신 달마 대사께서 분부하신 게송의 뜻에 의거하더라도 옷은 전하지 않는 것이 옳다. 달마 대사의 게송은 이와 같다.

"내가 본래 이 땅에 온 것은
법을 전해 어리석은 중생을 구제하기 위함이니,
한 꽃에서 다섯 개의 꽃잎이 피고나면
열매는 저절로 맺어질 것이다."

대사께서 다시 말씀하셨다.
"그대들이 만약 일체종지를 성취하고자 한다면 모름지기 일상삼매一相三昧와 일행삼매一行三昧를 통달해야 한다. 만약 일체 모든 곳에서 상相에 머물지 않고, 그 상 가운데 좋아하거나 싫어하는 마음을 내지 않으며, 또한 취하거나 버림이 없고, 이익을 생각하지 않고, 이루어짐과 무너짐을 같은 일로 보고, 안락하고 한가하고 편안하고 고요하며, 텅 비어 걸림 없이 통하고, 담담하고 욕심이 없다면, 이것을 일러 일상삼매라고 한다.
만약 일체 모든 곳에서 가고 머물고 앉고 눕는(行住坐臥) 모든 행위에서 순수하고 한결같이 곧은 마음(直心)이면, 도량에서 움직이지 않고 참된 정토를 이룰 것이니, 이것을 일러 일행삼매—行三昧라고 한다.

만약 사람이 이 두 가지 삼매를 갖춘다면, 마치 땅의 종자가 크게 성장할 가능성을 갖추어서 그 열매를 익게 만드는 것과 같으니, 일상삼매와 일행삼매도 이와 같다.

내가 지금 법을 설하는 것은 마치 때 맞춰 내리는 비가 대지를 두루 적셔주는 것과 같다. 그대들의 불성은 비유하면 온갖 종자와 같으니, 이 법비를 만나 젖게 되면 모두가 싹을 틔울 것이다.

나의 뜻을 계승한다면 반드시 깨달음을 얻을 것이며, 나의 수행에 의지한다면 반드시 묘한 깨달음의 열매를 얻을 것이다. 나의 게송을 들어라.

마음의 땅이 모든 종자를 다 품고 있어서
널리 내리는 비에 모두 싹이 움튼다.
문득 깨달음의 꽃이 피어나면
깨달음의 열매 또한 저절로 이루어지리라."

대사께서 다시 말씀하셨다.

"이 법은 둘이 없고, 이 마음 역시 그러하다. 이 도道는 청정하며, 또한 여러 가지 상相이 없다. 그대들은 삼가 고요함을 보지도 말고, 그 마음을 텅 비우지도 말라. 이 마음은 본래 깨끗하여 취하거나 버릴 것이 없다. 각자 정진하고, 인연 따라 잘 가거라."

그때 무리들은 절하고 물러갔다.

7월 8일에 대사께서는 문득 문인들에게 말씀하셨다.

"나는 신주新州로 돌아가고자 하니, 그대들은 속히 배와 노를 준비하거라."

대중이 슬퍼하며 심히 강하게 만류하자 대사께서 말씀하셨다.

"모든 부처님이 출현하시어 열반을 보여주셨다. 온 것은 반드시 가게 되어 있으니, 이치가 또한 그러하다. 나의 이 몸도 돌아갈 때는 반드시 가야 할 곳이 있다."

대중이 여쭈었다.

"대사께서 지금 가시면, 언제 돌아오십니까?"

대사께서 말씀하셨다.

"낙엽이 떨어져 뿌리로 돌아가면, 돌아올 때를 말할 수 없다."

대중이 여쭈었다.

"정법안장正法眼藏은 누구에게 전하여 부촉하실 것인지요?"

대사께서 말씀하셨다.

"도가 있는 자가 얻을 것이고, 마음이 없는 자가 통할 것이다."

또 여쭈었다.

"이 다음에 재난은 없을까요?"

대사께서 말씀하셨다.

"내가 입적하고 난 뒤 5~6년이 지나면, 한 사람이 와서 내 머리를 가져 가려 할 것이다. 나의 말을 들어라. '머리 위로 부모님을 봉

양하고, 입 안에 밥을 구한다. 만滿의 재난을 만나지만, 양류楊柳
가 관리가 되리라.'"

또 말씀하셨다.

"내가 가고 난 뒤 70년이 지나면 두 분의 보살이 동방으로부터 올
것이다. 한 사람은 출가자이며, 다른 한 사람은 재가자로서 이 두
분이 동시에 널리 교화를 펼치며 나의 종지를 세울 것이고, 가람
을 세우고 많은 법제자들을 배출하게 될 것이다."

대중이 여쭈었다.

"위로부터 부처님과 조사스님들께서 세상에 출현하신 이래 법이
몇 대를 전해 내려왔는지를 가르쳐 주십시오."

대사께서 말씀하셨다.

"옛 부처님(古佛)께서 세상에 출현하심은 무수히 많아 헤아릴 수
가 없다. 이제 7불七佛을 그 시초로 삼으니, 과거 장엄겁莊嚴劫의
비바시불毘婆尸佛, 시기불尸棄佛, 비사부불毘舍浮佛과 현재 현겁賢
劫의 구류손불拘留孫佛, 구나함모니불拘那含牟尼佛, 가섭불迦葉佛,
석가모니불釋迦牟尼佛 등이 7불이시다.

석가모니불께서 최초에 마하가섭 존자摩訶迦葉尊者에게 법을 전
하셨으며,

제2조는 아난 존자阿難尊者

제3조는 상나화수 존자商那和修尊者

제4조는 우바국다 존자優波鞠多尊者

제5조는 제다가 존자提多迦尊者

제6조는 미차가 존자彌遮迦尊者

제7조는 바수밀다 존자婆須蜜多尊者

제8조는 불타난제 존자佛馱難提尊者

제9조는 복태밀다 존자伏馱蜜多尊者

제10조는 협 존자脇尊者

제11조는 부나야사 존자富那夜奢尊者

제12조는 마명 대사馬鳴大士

제13조는 가비마라 존자迦毗摩羅尊者

제14조는 용수 대사龍樹大士

제15조는 가나제바 존자迦那提婆尊者

제16조는 라후라다 존자羅侯羅多尊者

제17조는 승가난제 존자僧伽難提尊者

제18조는 가야사다 존자伽耶舍多尊者

제19조는 구마라다 존자鳩摩羅多尊者

제20조는 사야다 존자闍耶多尊者

제21조는 바수반두 존자婆修盤頭尊者

제22조는 마나라 존자摩拏羅尊者

제23조는 학륵나 존자鶴勒那尊者

제24조는 사자 존자師子尊者

제25조는 바사사다 존자婆舍斯多尊者

제26조는 불여밀다 존자不如蜜多尊者

제27조는 반야다라 존자般若多羅尊者

제28조는 보리달마 존자菩提達摩尊者로 이 땅의 초조가 되시고,

제29조는 혜가 대사慧可大師

제30조는 승찬 대사僧璨大師

제31조는 도신 대사道信大師

제32조는 홍인 대사弘忍大師이며,

나는 제33조가 된다.

과거의 모든 조사께서는 각자 스승의 법을 이어받으셨으니, 그대들도 향후에 대대로 전해주어 어긋나지 않도록 하라."

대사는 개원開元 원년元年(713) 계축癸丑 8월 3일에 국은사國恩寺에서 재齋를 마치고 여러 대중에게 말씀하셨다.

"그대들은 각자의 자리에 앉아라. 내가 너희와 이별하고자 한다."

법해가 여쭈었다.

"스님께서는 어떤 교법敎法을 남기시어 후대의 어리석은 사람들로 하여금 불성을 볼 수 있도록 하겠습니까?"

대사께서 말씀하셨다.

"그대들은 자세히 들어라. 훗날 어리석은 사람이 만약 중생을 안다면 이것이 곧 불성이요, 만약 중생을 알지 못한다면 만 겁 동안 부처를 찾아다녀도 부처를 만나기 어려울 것이다. 내가 이제 너희들에게 자기 마음의 중생을 알게 함으로써 자기 마음의 불성을 보게 하겠다.

부처를 보고자 한다면 다만 중생을 알지니, 중생이 부처에 어리석

을 뿐, 부처가 중생에 어리석은 것은 아니다. 자기 성품을 만약 깨닫는다면 중생이 곧 부처이고, 자기 성품에 어리석으면 부처가 곧 중생이다. 자기 성품이 평등하면 중생이 바로 부처이고, 자기 성품이 삿되고 험하면 부처가 바로 중생이다. 너희들의 마음이 만약 험하고 왜곡되었다면 부처가 중생 가운데 있는 것이고, 한 생각이 평등하고 곧으면 곧 중생이 부처를 이룬다.

내 마음이 스스로 있는 부처이고, 자기 부처가 곧 참된 부처(眞佛)이니, 스스로에게 만약 부처의 마음이 없다면 어느 곳에서 참된 부처를 구하겠는가? 너희들 자신의 마음이 곧 부처이니 다시는 여우같이 의심하지 말라. 바깥에는 한 물건도 세울 수 없으니, 모든 것은 본래 마음이 수만 가지 종류의 현실을 만들어 낸 것이다. 그러므로 경전에 이르기를, '마음이 생기면 온갖 종류의 현실이 생겨나고, 마음이 사라지면 온갖 종류의 현실이 사라진다(心生種種法生 心滅種種法滅)'라고 한 것이다.

내가 이제 한 게송을 남기고 너희들과 이별하려 한다. 게송은 이름하여 자성진불게自性眞佛偈이다. 후세의 사람들이 이 게송의 뜻을 알아서 스스로 본래 마음을 본다면, 스스로 불성을 이룰 것이다. 게송은 이러하다.

진여眞如 자성自性이 곧 참된 부처(眞佛)이고,
사견邪見과 3독三毒이 곧 마왕魔王이다.
삿되고 어리석을 때는 마왕이 집에 있는 것이고

정견正見이 서 있을 때는 부처가 방에 있는 것이다.

성품 가운데 사견邪見과 3독三毒이 생기면
곧바로 마왕이 집에 와서 머물고
정견正見으로 스스로 3독심을 제거하면
마왕이 부처로 변하여 참되어 거짓이 없다.

법신法身과 보신報身과 화신化身,
세 몸이 본래 한 몸이니,
만약 성품 가운데 능히 스스로 본다면
곧바로 성불成佛이요, 깨달음의 원인이다.

본래 화신으로부터 청정한 성품이 생기고
청정한 성품은 늘 화신 가운데 항상 있다.
성품이 화신으로 하여금 바른 도를 행하게 하면
당장에 원만하고 참되어 다함이 없다.

음란한 성품이 본래 청정한 성품에서 나왔으니
음란함을 없애면 곧바로 청정한 성품의 몸이다.
성품 가운데에서 각자 스스로 5욕五欲을 여의면
견성의 찰나가 곧장 참이 된다.

금생에 만약 돈교문頓敎門을 만난다면

문득 자성을 깨달아 세존을 친견할 것이다.

만약 수행하여 부처가 되기를 구한다면

어느 곳에서 참됨을 구할지 알 수 없다.

만약 마음 가운데에서 스스로 참됨을 볼 수 있다면

참됨이 있는 것이 곧 성불의 원인이 된다.

자성을 보지 못하고 바깥에서 부처를 찾으면

일으키는 마음마다 모두 어리석을 뿐이다.

돈교법문頓敎法門을 이미 이렇게 남겼으니

세상 사람들을 구원하려거든 모름지기 스스로 닦으라.

앞으로 도를 배우려는 이들에게 알리오니

이러한 견해마저 짓지 않는다면 크게 쉬리라."

대사께서 게송을 다 설하시고 나서 말씀하셨다.

"너희들은 잘 있거라. 내가 입멸한 뒤에 세속의 정으로 슬퍼하며 울지 말라. 다른 사람의 조문을 받거나 상복을 입거나 한다면 나의 제자가 아니며, 참된 법도 아니다. 다만 자기의 본래 마음을 알고, 자기 본래 성품을 보면, 움직임도 고요함도 없고, 생도 멸도 없으며, 가고 오는 것도 없고, 옳고 그름도 없고, 머묾도 감도 없다. 너희들의 마음이 어리석어 내 뜻을 알지 못할까 걱정되어, 이

제 다시 너희들에게 부족하니, 너희는 꼭 견성하도록 하라. 내가 입멸한 다음에 이것에 의지하여 수행하면 내가 있을 때와 같겠지만, 만약 내 가르침을 어긴다면 설사 내가 세상에 있더라도 아무런 이익이 없을 것이다."

다시 게송으로 말씀하셨다.

"올올兀兀하여 선도 닦지 않고
등등騰騰하여 악도 짓지 않는다.
적적寂寂하여 보고 들음도 끊어지고
탕탕蕩蕩하여 마음에 집착이 없다."

대사께서 게송을 설하시고, 단정히 앉아 3경三更에 이르자 홀연히 문인들에게 "나는 간다"고 말씀하시고는 문득 돌아가셨다. 그때 기이한 향기가 방 안에 가득하고, 흰 무지개가 땅에 닿았으며, 수풀이 희게 변하고, 짐승들도 슬피 울었다.

11월 광주廣州, 소주韶州, 신주新州 3군의 관료와 문인과 출가와 재가자가 대사의 진신眞身을 다투며 모셔 가려 하여 갈 곳을 정하지 못했다. 이에 향을 사르며 기도하기를 "향 연기가 가리키는 곳이 대사께서 돌아가실 곳입니다" 하니, 이때 향 연기가 곧바로 조계를 향했다. 11월 13일 진신을 모신 신감神龕과 전해 받은 의발衣鉢을 옮겨 돌아왔다.

다음해 7월 25일 신감을 꺼내자 제자 방변方辯이 향내 나는 진흙으로 진신을 발랐다. 문인들이 머리를 취해 갈 것이라고 했던 예언을 기억해 내고는 마침내 쇳조각과 옻칠을 한 베로 대사의 목을 단단히 보호하고 탑에 넣었다. 홀연히 탑 안에서 흰 빛이 나타나 곧장 하늘로 치솟았다가 3일이 지나서야 사라졌다.

소주韶州 자사가 조정에 알리고 명을 받들어 비석을 세우고 대사의 도행道行을 기록하였다.

대사의 춘추春秋는 76세. 24세에 의발을 전해 받고, 39세에 삭발하시고, 법을 설하여 중생을 이롭게 하신 지는 37년이다. 뜻을 얻어 법을 이은 사람이 43명이고, 도를 깨달아 범부를 넘어선 사람은 그 수를 헤아릴 수도 없다. 달마가 전한 믿음의 옷과 중종이 하사한 마납摩衲가사와 보발寶鉢, 그리고 방변이 만든 스님의 진신상과 수행 도구들은, 탑을 지키는 시자가 맡아 보림도량寶林道場에 오래도록 잘 모셨다. 『육조단경』을 전하고 유통시켜, 종지를 드러내셨고, 삼보를 융성하게 하고, 널리 중생들을 이롭게 하셨다.

6조는 죽고 나서 어디로 가는 것일까? 법성에는 본래 나고 죽음도 없고, 가고 옴도 없다. 살아 있는 매 순간 우리는 다만 '이 자리'에 있었고, 죽는다고 할지라도 '이 자리'를 벗어날 수 없다. 이 법성의 자리에서 일체 삼라만상이 나오고 사라진다.

6조의 육신 또한 하나의 파도일 뿐이다. 파도는 곧 바다로 돌아간다. 어디가 바다인가? 바로 파도가 곧장 바다이지, 또 다른 바다는 없다. 살든 죽든 언제나 이 자리를 벗어날 수 없다.

참된 것이 따로 있는 것이 아니다. 만약 누군가가 참된 것을 찾았다고 하거나, 알았다고 하면 그것은 참된 것이 아니다. 참된 것은 찾거나 알 대상이 아니기 때문이다.

참됨이 있다면 다만 분별을 여읜 마음이다. 본바탕은 언제나 참되다. 다만 그 본바탕 위에 파도가 치기 때문에 그것이 참되지 않은 것처럼 보일 뿐이지만, 그 역시 바다이기에 참되다. 파도에 사로잡히지 않으면 언제나 바다일 뿐이다. 분별하지만 않으면 언제나 참됨이다.

그렇다고 억지로 파도가 치지 않도록, 억지로 분별망상과 거짓된 생각이 일어나지 않도록 하기 위해 노력할 것은 없다. 억지로 분별을 일으키지 않게 하려고 노력하는 것이 곧 부동행不動行이다. 그러나 그런 부동행은 참된 부동이 아니다.

참된 부동행이란 끊임없는 움직임이 있으면서도 그것이 움직임이 없다는 것을 깨닫는 것이다. 파도를 억지로 멈추려고 할 것이 아니다. 파도를 멈춰서 바다로 만들려고 애쓸 것이 무엇인가? 다만 파도가 바로 바다라는 사실을 깨닫는다면, 파도를 멈출 것도 없이, 파도가 끊임없이 치고 있는 그 순간에도 여전히 파도는 바다임을 알 것이다. 움직임이 있는 그 순간 부동의 바다도 거기에 있다. 파도가 곧 바다이듯, 움직임이 곧 부동이다.

능히 세상 모든 것들을 잘 분별하면서도, 분별에 휘둘리지 않는다.

생각을 다 일으키면서도 생각의 자성이 공함을 안다. 능히 모양을 잘 분별하지만, 첫 번째 자리에서 움직이지 않는다. 첫 번째 자리란 곧 분별이 일어나기 이전의 자리다. 바다의 자리다.

도를 배우는 이들이라면 모름지기 도에 뜻을 품으면 된다. 도를 얻는 방법은 도에 뜻을 품고 발심하는 것이다. 마음먹은 대로 이루어진다. 도에 뜻을 품으면 도가 이루어지고, 세속에 뜻을 품으면 세속적으로 뜻하는 바를 이룰 것이다.

생사법의 지혜, 세간의 지혜에 집착하지 말고, 출세간의 지혜를 발심하라. 발심하여 바른 법을 자주 접하고, 간절히 노력함도 없이 노력한다면 곧 언하에 곧장 상응할 수 있다. 선에는 본래 다툼이 없다. 둘로 나누면 거기에서 다툼이 생긴다. 분별하지 않는 곳에 다툼이 없다. 분별하지만 않으면 곧장 도가 드러난다.

6조께서는 달마의 게송에 따라 더 이상 법의를 누군가에게 부촉하지 않는다. 다만 『법보단경』을 전하여 일체 중생들에게 전하도록 모든 제자들에게 부촉하신다. 앞으로는 법의를 전해 받은 조사에게 의지하지 말고, 오로지 법에 의지하라. 그것이 곧 석가모니부처님께서 열반 시에 설하셨던 자등명법등명自燈明法燈明이다.

다시 한번 일상삼매一相三昧와 일행삼매一行三昧를 설하신다. 6조 혜능 스님의 일상삼매와 일행삼매는 앉아서 좌선을 통해 만들어내는 삼매가 아니다. 일체 모든 곳에서, 행주좌와 모든 행위를 하는 모든 순간에 순간순간 직심을 행하는 것이 곧 일행삼매다. 일상삼매는 어떤 특정한 하나의 상에 사로잡히거나, 분별상에 갇히는 것 없이, 무상 無相이라는 일상一相의 분별 없는 하나의 진실에 뿌리 내린 채, 그 어떤 분별도 일으키지 않고, 취사간택하지 않으며, 무생법인無生法忍을 증득하고, 텅 비어 걸림 없이 통하는 것이다. 본래 우리에게는 불성이라는 부처의 종자가 있으니, 발심하여 법비를 맞으면 곧 모두가 싹을 틔울 것이다. 법비란 곧 법문을 듣는 것이다.

6조께서는 입멸 뒤 5~6년 후에 어떤 사람이 머리를 가져 가려 할 것이며, 만의 재난을 만나며, 양류가 관리가 된다는 말씀을 하신다. 이는 신라의 스님이었던 김대비金大悲가 장정만張淨滿이라는 효심이 지극한 이를 큰 돈을 주고 고용해 혜능의 머리를 베어 귀국하도록 시킨 사건을 말한다. 이 사건을 처리한 사람이 곡강 현령 양간楊侃과 소주 자사 유무첨柳無忝이라고 한다.

6조 열반 이후 70년 뒤에 출가자와 재가자 한 분씩 두 분의 보살이 온다는 것은 곧 마조도일馬祖導一(709~788) 스님과 방온龐蘊(?~808) 거사를 가리킨다고 한다.

이런 말은 크게 신경 쓸 일이 없다. 이런 말을 듣고 6조 스님은 앞을 내다보는 신통력이 출중하니, 이런 분이 바로 선지식이고 큰스님이겠구나 하고 이해한다면, 완전히 『육조단경』을 잘못 읽은 어리석은 이다. 모든 역사는 문자 그대로 이해하지 말고, 그 낙처만을 살필 일이다.

대중의 물음에 따라 위로부터 석가모니 부처님 이후로 이어져 내려 온 법의 등불을 밝히신다.

법의 등불은 석가모니 부처님 이후로 지금에 이르기까지 한 번도 꺼진 적이 없고, 언제나 완전하게 드러나 있다. 그 법을 확인한 선지식 또한 저 33조뿐 아니라, 무수히 많은 드러나고 드러나지 않은 선지식들이 있어 왔다.

그러나 가장 중요한 법의 등불은 바로 내 안에 있는 등불이다. 이 내 안의 등불을 밝히는 것이야말로 『육조단경』과 조사스님들께서 우리들에게 전하신 일대사인연이다.

아직 법등을 밝히지 못한 중생이라 할지라도, 성품만 깨닫는다면 중생이 곧 부처이고, 한 생각이 평등하고 곧으면 곧 중생이 부처가 된다. 마음이 곧 참된 부처다. 마음이 수만 가지의 현실을 만들어 냈다.

참된 부처는 곧 진여 자성이며, 삿된 견해와 3독심을 따라가면 곧 마왕이 된다. 정견正見으로 3독三毒을 제거하면 마왕이 부처로 변한다. 법신·보신·화신이 곧 한 몸이요, 이 성품 가운데 구족되어 있다.

이 『육조단경』과 인연을 맺은 이라면, 지금 이 글을 읽고 있는 사람이라면, 금생에 돈교문을 만난 것이니, 이와 같이 공부한다면 문득 자성을 깨달아 세존을 친견할 것이다. 그러나 여전히 기도와 온갖 수행 등의 방편에 매달려 부처를 구한다면, 언제 다시 참됨을 만날 수 있을지 알 수 없다.

6조 대사께서 이렇게 돈교법문을 남기셨으니, 부처가 되려거든 모름지기 스스로 닦으라. 6조 대사의 말씀을 잊지 말라.

"너희들에게 부촉하니, 너희는 꼭 견성하도록 하라."

육조단경과 마음공부

초판 1쇄 발행	2018년 3월 25일
초판 4쇄 발행	2024년 3월 1일

지은이	법상
펴낸이	윤재승
펴낸곳	민족사

주간	사기순
기획홍보	윤효진
영업관리	김세정

출판등록	1980년 5월 9일 제1-149호
주소	서울 종로구 삼봉로 81 두산위브파빌리온 1131호
전화	02-732-2403, 2404
팩스	02-739-7565
홈페이지	www.minjoksa.org
페이스북	www.facebook.com/minjoksa
이메일	minjoksabook@naver.com

ISBN 978-89-98742-99-7 03220